Josephine Siebe
Lustige Geschichten

Josephine Siebe

Lustige Geschichten

Im Auftrag hergestellte Sonderausgabe
Alle Rechte vorbehalten
Umschlag von Ferdinand Kessler
© by Herold Verlag Brück KG, Stuttgart

INHALT

DAS LUSTIGE PUPPENBUCH
    Der Puppenberg 8
    Die hochmütige Puppe Iseline 14
    Flicklorchen und die Puppe Rosinchen 24
    In Frau Merlins Wunderland 33

BIMBO, EINE LUSTIGE AFFENGESCHICHTE
    Auf dem Feldburger Jahrmarkt.............. 44
    Im Gärtnerhaus......................... 53
    Ein gestörtes Weihnachtsfest 62
    Im Urwald 73
    Schelm Jolis Abenteuer 84
    Im Menschenhaus....................... 92
    Im Urwald verirrt 101
    Bimbo erhält seine Freiheit wieder 111
    Wieder im Urwald 120
    In die Heimat zurück 133

FRITZ IMMERFROH
    Fritz Immerfrohs Heimatort................. 148
    Gestalten............................. 150
    Weihnachtszauber 153
    Schulerlebnisse 156
    Wie Fritz zu zwei Mark kam 159
    Die Kirmeshose 163
    Die Äpfel und das Gespenst 167

DIE SCHELME VON STEINACH
    Auf der Apfelstraße....................... 174
    Ein letzter Schultag...................... 182
    Auf der Schelmenburg 190
    Schloß Moorheide 198
    Zwei Buben und eine große Dummheit 226

DAS LUSTIGE PUPPENBUCH

Der Puppenberg

»Weißt du, wo die Puppen herkommen?« fragte Ludibald die kleine Annedore, als sie im Bett lag und auf das Mädchen wartete.
»Aus den Puppenläden«, antwortete Annedore flink.
»Ja, und die bekommen sie aus den Fabriken, und solche Fabriken gibt es eine ganze Anzahl, besonders im Thüringer Wald. Und weißt du auch, kleines Mädchen, warum sie in Thüringen so besonders feine Puppen herstellen?«
Ja, das wußte nun die kleine Annedore nicht, und sie riß die Augen weit auf, als Ludibald sagte: »Weil der Thüringer Wald die Heimat der Puppen ist. Nun, von dieser Heimat der Puppen will ich dir jetzt erzählen.«
»Im Thüringer Wald, nicht weit von Sonneberg, gibt es einen großen, langgestreckten Berg, den Puppenberg, und daß in diesem Berg die Heimat der Puppen ist, das weiß ich genau. Die Puppen haben darin eine Höhle, in der sie wohnen. Aber im Puppenreich geht es viel friedlicher und freundlicher zu als bei den Menschen. Im Puppenreich gibt es keinen Streit und Zank, da herrscht Friede, und alle haben einander lieb. Die Puppen sind Nachkommen der Zwerge, sie sind aber viel hübscher, feiner und zierlicher. Es leben heute noch einige Zwerge im Puppenland, und sie sind sehr angesehen, und fast kein Menschengroßvater wird mit so viel Liebe und Achtung umgeben wie so ein Zwergengroßvater im Puppenland. Alljährlich verlassen nun ein paar Puppen den Berg, drei Jahre müssen sie unter den Menschen leben, ehe sie zurückkehren dürfen, und wenn sie

diese Zeit verpassen, dreimal drei Jahre. Das ist hart, denn, ach du lieber Himmel, was erleben die Puppen alles in der Welt!«
»Ich denke, sie werden doch in Fabriken gemacht?« unterbrach Annedore ein wenig ungläubig die Erzählung.
»Ja, freilich, das werden sie auch, aber kein Mensch weiß, daß die Thüringer nur darum so hübsche Puppen anfertigen können, weil der Puppenberg in ihrem Lande liegt und sie die richtigen Vorbilder haben. Es wohnen darin lange nicht so viele Puppen, wie die kleinen Mädchen auf der Welt brauchen, darum kommen immer wieder neue Puppen aus dem Berg, damit die Menschen gute Vorbilder haben und selbst ähnliche anfertigen können.
So ein Puppenfräulein oder -büblein aus dem Puppenberg setzt sich ein Tarnkäpplein auf, wird unsichtbar und geht zu den Menschen. Da träumt dann wohl ein Puppenmacher oder eine junge Künstlerin von einer Puppe, und sie wissen nicht, daß in Wirklichkeit so ein kleines Puppenwesen auf ihrem Bett sitzt. Sie sehen die Puppe und denken: Holla, so eine Puppe muß ich nächstens herstellen. Das wird was für die kleinen Mädchen sein. Und sie setzen sich hin und fertigen die Puppe nach dem Vorbild aus dem Puppenberg an. So gelangen die schönsten Puppen in die Welt.
Da so ein Puppenfräulein aus dem Puppenberg, manchmal ist's auch ein Büblein, nun aber drei oder gar dreimal drei Jahre unter den Menschen bleiben muß, so schlüpft es heimlich in einen Puppenladen, und der Besitzer wundert sich dann vielleicht, woher auf einmal die neue Puppe gekommen ist. Er verkauft sie, und die Puppen aus dem Puppenberg kommen so zu den kleinen Mädchen.
Aber die armen Puppen aus dem Puppenberg erleben da manchmal schlimme Dinge. Es kommt vor, daß sie ihr Tarnkäppchen verlieren, auf Dachböden in Kisten verpackt werden und dann nimmer den Heimweg finden. Arg schlimm ist das. Es ist schon manche Puppe in der weiten Welt verlorengegan-

gen.
In den Puppenberg kann man nur einmal im Jahr gelangen, eine bestimmte Blume muß man in der Hand halten, der Mond muß scheinen, und nur ein Sonntagskind findet den Weg.«
»Ich bin ein Sonntagskind!« rief Annedore flink.
»Wer weiß, ob du ein richtiges Sonntagskind bist«, brummelte der Alte. »Die richtigen Sonntagskinder müssen mittags um zwölf Uhr auf die Welt gekommen sein.«
»Das bin ich!« rief Annedore. »Mutti sagt, es hätte gerade zwölf geschlagen. Darum bekam ich auch immer Punkt zwölf Uhr mittags meine Geburtstagsgeschenke.«
»Na, siehst du, und weil du ein richtiges Sonntagskind bist, darum wirst du auch jetzt gut schlafen.«
Ach nein, dazu hatte Annedore gar keine Lust, Sie bettelte: »Sag mir doch, wie es im Puppenberg aussieht.«
»Na, wunderwunderschön. Da gibt es lauter kleine Stuben, in denen schneeweiße Bettchen stehen, in jeder Stube hängt ein großer Bergkristall, darum ist es taghell darin. Dann gibt es Gärten, Springbrunnen, einen Saal, dessen Wände ganz aus Bergkristall sind und in dem ein Thron steht.«
»Haben die Puppen eine Königin?« fragte Annedore.
»Nein, aber eine Urgroßmutter, und ihr und dem ältesten Zwerg gehorchen alle auf das Wort. Es kommt ganz, ganz selten vor, daß eine Puppe gestraft werden muß, das sind dann meist solche, die bei den Menschen waren. Die Strafe im Puppenland aber besteht darin, daß die unfolgsame Puppe die liebe alte Urgroßmutter nicht ansehen darf. Sie darf nicht in den Kristallsaal, hört ein paar Tage nicht die liebe, freundliche Stimme, und das ist eine schlimme Strafe.«
Annedore seufzte. Sie hatte ordentlich Mitleid mit den Puppen und fragte rasch: »Dauert das lange?«
»Ach wo, meist bitten die Puppen schon am ersten Tag ganz zerknirscht um Verzeihung, sie lieben alle ihre Urgroßmutter so sehr, daß sie es gar nicht ertragen können, sie nicht mehr se-

hen zu dürfen. Und wenn sie ins Menschenland gehen sollen, dann weinen sie auch immer sehr, weil ihnen der Abschied, besonders von der Urgroßmutter, immer so schwer wird. Es wird aber ausgelost. Der uralte Zwerg Pimpelpampelmann hat eine Schale, darin Sind Kugeln, die sehen alle gleich aus, und jede Puppe muß eine Kugel nehmen.
Ein paar von den Kugeln verändern sich aber und werden goldgelb, wenn man sie aus der Schale nimmt. Wer so eine Kugel zieht, muß dann zu den Menschen gehen. Es dürfen freilich nur immer die klügsten Puppen eine Kugel ziehen, und ehe sie ins Menschenland gehen, gibt es ein großes Abschiedsfest. Dann wird tagelang vorher alles geputzt und Kuchen aus den Blättern der wilden Rosen gebacken. Es wohnen ein paar Bienenschwärme in dem Berg, von denen bekommen die Puppen Honig, und draußen am Berge wachsen wilde Rosen, die brechen die Puppen in den Mondnächten. Das gibt dann ein Festmahl. Die Puppen haben auch einen Obstgarten, darin wachsen Kirschen an Sträuchern und noch allerlei köstliche Früchte auf winzigen Bäumen. Über dem Garten ist ein Spalt im Berg, da rinnt der Regen herein, scheint die Sonne in den Berg und läßt die Früchte reifen.
Die Puppen müssen auch arbeiten. Jede Puppe muß eine bestimmte Arbeit tun, und sie sind sehr fleißig und murren eigentlich nie. Je jünger eine Puppe ist, desto fleißiger muß sie sein, nur die alten Puppen, die lieben kleinen Großmütter, die sitzen in großen Korbstühlen und brauchen keine Hand zu rühren. Die anderen Puppen bedienen sie.
Den Großmüttern dürfen aber auch immer nur die ganz braven dienen. Es ist eine ganz große Ehre, wenn es zum Beispiel an einem Sonntag im Kristallsaal heißt: Rosalinde und Melinde dienen diese Woche den Großmüttern, und dann jubeln Rosalinde und Melinde laut.«
»Sterben denn die Puppen nie?« fragte Annedore.
»Wenn die Puppen alt sind, hundert Jahre und älter, dann neh-

men sie eines Tages Abschied von allen, das ist dann aber nicht traurig, sondern alle sind vergnügt, und alle geleiten die uralte Großmutter zur Himmelskammer. Da hinein scheint nämlich durch einen Spalt im Berg auch die Sonne, und in der Himmelskammer legt sich die Großmutter auf ein weißes Bett und schläft ein. Nach einem Monat aber liegt statt der Großmutter ein allerliebstes junges Puppenkind auf dem Bett, und es wird ein großes, großes Fest im Puppenland gefeiert.
Es gibt überhaupt viele Feste im Puppenland. Die schönsten sind Hochzeiten und Ausziehtage. Ganz besonders beliebt sind aber auch die Erzähltage. An solchen Tagen erzählen die Großmütter und die Puppen, die von den Menschen heimgekehrt sind, Geschichten aus dem Menschenland. Sie erzählen von Kindergeburtstagen und Weihnachten, erzählen von guten und bösen Kindern, von den Puppenfabriken und wie es überhaupt im Menschenland zugeht. Und über manche vornehme Dame, die in ihrer Kindheit ihre Puppen übel behandelt hatte, wird da noch heute per ›das böse Käthchen, die schlimme Liese, die unartige Grete‹, und so weiter gesprochen. Auch von den Puppen, die nie wiedergekommen sind, wird erzählt, und dann weinen alle kleinen und großen Puppen, und die ganze prächtige Höhle klingt wider vom Wehklagen der armen Puppen.«
»Woher weißt du denn das alles?« fragte Annedore und riß ein wenig die Augen auf, weil sie anfing, sehr müde zu werden.
»Von einer Frau, die einmal die Puppen belauscht hat. An einem Sommerabend, als der Mond schien und die Johanniskäfer flogen, ging eine Frau traurig, sehr, sehr traurig an dem langen, grauen Puppenberg entlang. Ihr tat das Herz weh. Die Frau hatte nämlich eine Pflegetochter. Sie hatte das arme Waisenkind zu sich genommen, als sie selbst noch eine ganz junge Frau war, und dann war die hübsche, blonde Rose eines Tages auf und davon gegangen. Sie hatte nicht lernen wollen, sie hatte sich zur Arbeit zu schade gefühlt, und dann war sie einem

vornehmen Manne gefolgt und lag nun im Sterben. Jetzt rief sie in ihrer großen Not nach der Pflegemutter, denn ihr Mann war in die weite Welt gegangen, weil er all sein Geld verloren hatte. In der Nähe des Puppenberges in einem kleinen Haus lag die schöne Rose, und darum ging die einsame Frau in der Nacht den Weg. Sie fürchtete sich nicht, denn sie dachte nur immer an ihr armes Pflegekind. Aber weil der Weg so lang war und sie so viel weinen mußte, wurde sie müde. Sie setzte sich auf das graue Steingeröll und hing ihren trüben Gedanken nach. Sie hatte unbewußt eine blaue Blume gepflückt, die da neben ihr blühte. Da hörte sie ein leises, leises Knistern und sah eine Schar Puppen herankommen. Voran ging ein Püppchen mit einer großen, weißen Haube, das sah wie eine winzige, liebe alte Menschengroßmutter aus. ›Was ist das?‹ rief die Frau unwillkürlich. Die Puppen erschraken, und alle drängten sich gleich an die kleine, alte Puppe und flehten: ›Tu ihr nichts!‹ Da sagte die Puppengroßmutter: ›Ihr dummen Kinder, seht ihr nicht, daß dies eine gute Frau ist, die einen sehr großen Kummer hat? Habt keine Angst, ich will mir ihr reden.‹ Und dann sprach die Puppengroßmutter mit der traurigen Frau. Die erzählte von ihrem großen, großen Leid, und die Puppengroßmutter erzählte vom Puppenland im Puppenberg. Die traurige Frau war nämlich auch ein ganz richtiges Sonntagskind. Darum konnte sie alles sehen und verstehen, und die gute Puppengroßmutter merkte gleich, was für ein gutes Herz die arme, einsame Frau hatte. Und weil sie wußte, daß es für traurige Menschen am besten ist, wenn sie für andere sorgen und arbeiten dürfen, sagte sie: ›Liebe Frau, ich habe eine große, große Bitte an dich. Schütze die armen Puppenkinder in der weiten Welt draußen. Sieh mal, da haben viele den Rückweg in den Puppenberg nicht gefunden, und ich will dir das Zauberwort sagen, durch das du die richtigen, echten Puppen aus dem Puppenberg erkennst. Nimm dich ihrer an, damit sie durch böse Kinder nicht so viel leiden müssen, und wenn ihre Erdenzeit

um ist, bringe sie hierher zurück.‹
Die traurige Frau sah in das gute, kleine Gesicht und versprach, sie wolle alles tun. Danach zeigte ihr die Puppengroßmutter den Weg und sagte ihr leise das Erkennungswort und schenkte ihr noch einen wundervollen Ring.
Es war der armen Frau wie ein Traum. Sie ging durch die stille, mondhelle Nacht, und sonderbar, es war ihr, als ob ein heller Stern in ihr Herz gefallen wäre. Sie gelangte bald an das Haus und fand die arme Rose noch am Leben. Sie pflegte sie ein paar Tage liebevoll und kehrte dann in die Heimat zurück.«
»Hat die Frau die verlorenen Puppen gefunden?« fragte Annedore. Ihre Stimme klang schon ganz verschlafen.
Der alte Ludibald lachte ein wenig. Er strich sacht, ganz sacht über das blasse Gesichtchen der Kleinen. Annedore schloß die Augen und hörte nichts mehr. Es war ganz sonderbar, auf einmal saß sie mitten in der Puppenhöhle des Puppenberges, und eine sehr freundliche Stimme sagte: »Das ist die Annedore Vonstetten. Sie ist eine gute Puppenmutter.«

Die hochmütige Puppe Iseline

Im Puppenland im Puppenberg gab es einmal eine Puppe, der hatte, als sie noch ganz klein war, eine ältere Puppe Königskerzenmus zu essen gegeben, davon war sie schrecklich hochmütig geworden. Ganz schlimm war es mit ihr. Nicht einmal vor der ältesten Großmutter hatte sie Achtung. Aber alle Ermahnungen und Strafen halfen nichts. Im Puppenreich war man sehr erzürnt über die stolze Iseline, aber ein kleiner dicker Puppenjunge, der mit Vorliebe ein rotes Zipfelmützchen trug und darum Rotzipfel genannt wurde, verteidigte Iseline immer, wenn andere über sie schalten. Er hatte nämlich die schöne Iseline sehr lieb und wollte sie gerne heiraten, aber als er einmal

davon redete, lachte Iseline so, daß ihr sogar der Rücken ein wenig platzte und sie zugenäht werden mußte.
»Rotzipfel, du bist wirklich dumm«, sagte Iseline. »Ehe ich dich nehme, gehe ich lieber zu den Menschen. Überhaupt, ich ginge gerne einmal in die Welt hinaus.«
Es war wirklich so. Iseline gefiel es nicht mehr im Puppenreich. Jedesmal, wenn wieder Puppen zu den Menschen gingen, dachte sie: Könnte ich doch mitgehen.
Ihr Wunsch ging auch in Erfüllung, es muß freilich gesagt werden, daß Iseline ein bißchen mogelte, sie zog die gelbe Kugel und mußte in die Welt hinaus.
Noch nie, solange das Puppenreich bestand, ist eine Puppe mit solcher Freude in die Welt gezogen, wie die stolze Iseline. Sie aß vor ihrem Fortgang auch noch drei Töpfe voll Königskerzenmus, obgleich eine der Großmütter sie warnte: »Tu es nicht, das macht zu stolz. Hochmut ist schlimm. Das nimmt kein gutes Ende.«
Vielleicht werde ich Hofpuppe einer Prinzessin, dachte Iseline, als sie auszog. Sie ging daher auch nicht, wie die anderen Puppen es gehorsam taten, zu einem Puppenmacher oder setzte sich einem kleinen Menschenkind auf das Bett. O nein, Iseline wollte nicht nachgemacht werden, so eine schöne Puppe wie sie durfte es nicht noch einmal geben. Sie lief und lief, aß unterwegs noch einige Königskerzen, die gerade blühten, und kam endlich in eine Stadt.
Dort ging Iseline schnurstracks in den allerfeinsten Puppenladen hinein und setzte sich mitten in das Schaufenster. Sie warf ganz achtlos ihr Tarnkäppchen weg und saß nun schön und stolz da und dachte: Morgen holt mich gewiß der König für seine Tochter.
Nun gab es aber in der Stadt gar keine Prinzessin, weil es dort keinen König gab. Dafür gab es eine dicke, unfreundliche Dame, die sehr, sehr viel Geld besaß. Die hatte eine Tochter, die so verwöhnt war, daß sie den ganzen Tag vor lauter Ver-

wöhntsein weinte; das war ihr nicht recht und das nicht, nichts schmeckte ihr, weil sie immer einen verdorbenen Magen hatte. An nichts hatte sie Freude, weil sie zu viele Spielsachen besaß. Die törichte reiche Frau aber dachte, sie würde ihr Kind glücklich machen, wenn sie ihm immer das Allerschönste kaufte.
An dem Morgen, an dem sich die Puppe Iseline so plötzlich mitten in das Schaufenster des feinen Puppenladens gesetzt hatte, kam gerade die reiche Frau mit ihrer verwöhnten Tochter Ludmilla vorbeigefahren.
»Ich will eine neue Puppe«, sagte Ludmilla weinerlich.
»Aber mein Herzchen, du hast doch schon so viele Puppen, ich will dir lieber ein neues Kleid kaufen«, sagte die Mutter.
»Nein, eine Puppe, und die da möchte ich!« Sie zeigte auf Iseline, und als Iseline das unfreundliche, blasse Gesicht Ludmillas sah, erschrak sie; nein, zu der wollte sie nicht. Sie dachte: Hätte ich doch nur mein Tarnkäppchen zur Hand! Ganz ängstlich begann sie es zu suchen, da sagte auf einmal jemand: »Nimm meins!«
Es war Rotzipfel, der Iseline in die Welt gefolgt war. »Nimm rasch!« tuschelte er.
»Wir möchten die schöne Puppe, die da mitten in Ihrem Schaufenster sitzt, kaufen«, sagte eben drinnen im Laden die reiche Frau.
»Ja, gewiß, gnädige Frau. Vielleicht diese?« Der Ladenbesitzer holte rasch eine Puppe aus dem Schaufenster, und Ludmilla rief: »Nein, die mit dem weißen Kleid aus Seide!«
Es war aber gar keine Puppe mit einem weißen Seidenkleid im Schaufenster. Ludmilla schaute selbst nach – Iseline war fort.
»Sie meinen bestimmt diese«, sagte der Verkäufer und deutete auf eine Puppe, die ein weißes Spitzenkleid trug.
»Nein, nein, nein, die will ich nicht!«
Der Mann, der die reiche Frau gern gut bedienen wollte, schleppte Puppe um Puppe herbei, aber keine gefiel Ludmilla. Endlich nahm ihre Mutter den Rotzipfel in die Hand. »Nimm

doch den!«
Ludmilla weinte: »Ich will die schöne Puppe! So eine schöne Puppe habe ich noch nie gesehen.«
Iseline dachte stolz: Ja, ich bin auch die Schönste, aber mich muß eine Königstochter kaufen. Und weil sie sich in dem Laden nicht recht wohlfühlte, beschloß sie, ihn gleich zu verlassen. Ja, wenn sie das nur hätte tun können! Im Puppenland wurde nie etwas zugeschlossen, aber im Menschenland muß einer leider sein Haus verschließen, und darum wurde der Laden am Abend verschlossen. Iseline war gefangen. Sie nahm ihre Tarnkappe ab und sah sich um. Das war langweilig, sehr langweilig. Alle saßen so steif und stumm da, und dazu war alles dunkel. Da war sie nun in dem finsteren Laden gefangen, fror und dachte an die verlassene Heimat im Puppenberg.
Ja, die stolze Iseline hatte Heimweh, ganz heftiges Heimweh. Sie war noch nie allein im Dunkeln gewesen, denn im Puppenland herrschte immer eine sanfte Helligkeit. Und niemand war da, mit dem sie reden konnte. Sie puffte einen Teddybären, der neben ihr saß, und fragte: »Bleibt es lange so dunkel hier?«
Der Teddybär schwieg, sagte nicht brummbrumm, nicht ja, nicht nein, er war eben ein Bär aus Wolle und Werg und hatte keine Seele.
»Vielleicht kann mir der häßliche Nußknacker wenigstens Antwort geben.« Iseline gab dem Nußknacker, der auf der anderen Seite neben ihr stand, auch einen Stoß. Bums, fiel der um. Es rasselte und klirrte, denn der Nußknacker war in eine Puppenstube hineingefallen.
»Ihr seid alle dumm, ganz dumm!« rief Iseline entrüstet.
»Schimpf nicht so, sonst fresse ich dich. Ich habe mich gerade heute bis hierher durchgenagt«, zischte eine Stimme. Es war eine große Ratte.
Iseline schrie laut: »Hilfe, Hilfe!« Aber niemand half ihr. Plötzlich fiel ihr ihr Tarnkäppchen ein, sie setzte es auf, es splitterte und rasselte wieder, und die Ratte knurrte wütend: »Wo ist sie

denn hin?«
Huschhusch, sauste die Ratte im Schaufenster herum, und Iseline dachte zitternd: Wenn sie mich erwischt, dann bin ich verloren.
»Es muß ein Einbrecher im Laden sein«, hörte sie da jemand sagen.
Ein Licht flammte auf, die Ratte wollte ausreißen und fiel dabei in eine große Schachtel hinein, auf der sie gerade herumturnte.
»Eine Ratte, eine Ratte!« Zwei Männer versuchten, die Ratte zu fangen, und während sie sich um das Tier kümmerten, lief Iseline rasch aus dem Schaufenster in den Laden hinein. Sie entdeckte da ein wunderschönes Puppenbett und wollte sich gerade hineinlegen, als die Ratte zischend und fauchend in das Bett flüchtete. Da warf Iseline rasch das Bett um, und die beiden Männer schrien: »Hier ist sie!« und packten die Ratte.
Iselines Tarnkäppchen hatte sich verschoben, und die Ratte fauchte wütend. »Na warte nur!«
Darob erschrak Iseline so, daß ihr das Käppchen ganz herabfiel.
»Da liegt die schönste Puppe des ganzen Ladens am Boden«, sagte der eine Mann. »Nein, was so eine Ratte nicht alles anrichten kann.« Er nahm Iseline und setzte sie mitten auf den Ladentisch, und die arme Iseline blieb da sitzen und rührte sich nicht vor lauter Angst, es könnte wieder so ein wüstes Rattentier kommen.
Am nächsten Morgen war große Verwunderung im Spielwarengeschäft. Die beiden Wächter hatten von der Ratte erzählt, und daß eine wunderschöne Puppe im Laden gelegen sei.
»Aber die Puppe gehört uns gar nicht!« riefen alle.
»Ganz bestimmt nicht«, sagte die älteste Verkäuferin. »So eine Puppe haben wir noch nie gehabt.«
»Nein, die kennen wir nicht!« riefen alle, selbst der Lehrling sagte es.
»Schön ist sie aber!« Der Ladeninhaber hob Iseline hoch, trug

sie an das Schaufenster und sagte: »Die setzen wir mitten hinein, so eine schöne Puppe lockt die Kinder an. Die könnte für eine Prinzessin bestimmt sein.«
»Fein!« Alle sagten es, als Iseline im Schaufenster saß, und die dumme, eitle, kleine Puppe dachte: Gewiß kommt nun ein König und holt mich in einer goldenen Kutsche für eine Prinzessin.
Und als sie sich gerade ausmalte, wie das sein werde, kam die dicke, reiche Frau Pappenstiel wieder mit ihrer Ludmilla angefahren, und Ludmilla schrie: »Da ist die Puppe wieder, die ich haben will, die hat man gestern sicher versteckt!«
»Unerhört!« schrie Frau Pappenstiel. Sie ging in den Laden hinein und begann mit einer Schimpfkanonade, daß zuerst niemand ein Wort verstand. Und Ludmilla schrie: »Das ist meine Puppe, die wollen wir kaufen!«
Iseline erschrak. Ludmilla gefiel ihr gar nicht, und sie dachte: An dieses ungezogene Mädchen wird mich der Mann doch nicht verkaufen, das ist ja keine Prinzessin.
Aber da zog Frau Pappenstiel ihren Geldbeutel heraus und legte viel, viel Geld auf den Tisch. Der Kaufmann sagte ein paarmal: »Mehr, noch mehr! Das reicht immer noch nicht für eine so schöne Puppe.«
Iselines kleines Puppenherz begann heftig zu schlagen – o weh! Ein Fräulein packte sie, Ludmilla riß sie ihr aber aus den Händen, lief hinaus und kletterte in den Wagen. Die Mutter folgte ihr, der Wagen fuhr an, der Kaufmann sagte: »Auf Wiedersehen!«, alle verbeugten sich, und der Lehrbub machte einen so tiefen Diener, daß er mit der Nase fast das Straßenpflaster berührte.
Iseline gehörte nun Ludmilla Pappenstiel.
Da war sie freilich an keine gute Puppenmutter geraten.
Ludmilla trug sie in ein sehr prunkvolles Haus. Zuerst dachte Iseline: Vielleicht ist es doch ein Schloß und Ludmilla ist sehr nett. Aber das erste, was sie sah, war der arme Rotzipfel, der

mit zerschundenem Gesicht in einer Ecke lag. In einer anderen Ecke lagen gleich drei Teddybären übereinander, und mitten im Zimmer lag ein wunderschönes Puppenkind, auf das Ludmilla achtlos trat.
Wie roh können kleine Menschenmädchen mit ihren Puppen umgehen! Nach einer Stunde sah die schöne Iseline schon ganz zerzaust aus, und als am Nachmittag noch ein wilder Junge zu Besuch kam, der sagte, Puppenspielen wäre fad und albern, da warf Ludmilla Pappenstiel ihre schöne Iseline einfach in eine Ecke. Sie achtete gar nicht darauf, daß die Puppe nun zwischen den Bären lag.
»Brumm«, sagte der eine, als Iseline an seine Nase stieß.
Himmel, der Bär war lebendig. Iseline dachte an die schreckliche Ratte und zitterte heftig.
»Brummbrumm, dummdumm, du brauchst dich nicht zu fürchten«, brummte der Bär. Klapp, flog die Türe zu, Ludmilla hatte mit dem Buben das Spielzimmer verlassen. »Endlich!« Der Bär richtete sich auf, Rotzipfel richtete sich auf, aus einem Schrank hörte man eine zarte Stimme: »Ach, laßt mich heraus!« Da merkte Iseline, sie war nicht die einzige lebendige Puppe, die Ludmilla gehörte. Rotzipfel lief, so schnell er konnte, zum Schrank, Bemm, der Bär, kam auch dazu, und beiden gelang es, die Tür zu öffnen. Was kam da heraus? Ein schmutziges, zerzaustes Puppenkind. Das Kleidchen war früher einmal rosa, nun voller Flecken, die Haare waren wie ein kleiner Urwald, und mitten auf der Nase, auf den Bäckchen hatte das Puppenkind schwarze Flecke, Tintenflecke, die ihm Ludmilla angemalt hatte.
»Iseline«, rief das schmutzige Püppchen, »o Iseline, kennst du mich noch?«
Es war Belinde, die liebliche Puppe, die vor einem Jahr mit Melinde, ihrer Schwester, das Puppenland verlassen hatte, und nun sah Iseline die früher so niedliche Belinde in diesem Zustand wieder.

»In drei Wochen siehst du auch so aus«, sagte Belinde. »Oh, Ludmilla ist sehr, sehr böse und ungezogen!«
Iseline schauerte zusammen. »Ich will heim in den Puppenberg!« rief sie. »O Rotzipfel, lieber Rotzipfel, hilf du mir!«
»Das geht doch nicht«, murmelte Rotzipfel traurig. »Drei Jahre müssen wir bei den Menschen bleiben.«
»Brummbrumm, dummdumm«, knurrte der Bär, »aber hier können wir ausreißen.«
»Ja, ausreißen, heidi, hopsassa, ausreißen!« schrie eine Stimme, und bumms, pardauz, sauste aus dem Spielschrank ein Kasperl heraus. »Meine verehrten Herrschaften, ich, der Kasperl Wuppdich, bin bei meiner Ehre auch lebendig, putzlebendig bin ich«, und der Kasperl, der eher wie ein kleiner Schmierfink als wie ein bunter, netter Kasperl aussah, machte einen Purzelbaum, und Iseline schrie laut auf, denn Kasperl hatte sie mit einem Bein vor den Magen gestoßen.
»Entschuldigen Sie, mein teures Fräulein!« Kasperl klappte wie ein Taschenmesser zusammen und schnitt ein sehr betrübtes Gesicht. Da mußte sogar die hochmütige Iseline ein wenig lächeln.
»Hurra, sie hat gelacht, sie liebt mich, sie wird mich heiraten«, schrie der Kasperl, »fein, fein, wollen wir gleich Hochzeit halten?«
»Unsinn, ausreißen wollen wir doch.«
Ausreißen mit einem Teddybären, einem Kasperl und dem dicken Rotzipfel zusammen, schön war das nicht. Iseline sagte: »Ich bleibe lieber hier! Gegen mich wird Ludmilla schon gut sein, weil ich so schön bin.«
»Affe«, rief der Bär.
»Bitte, wer hat mich gerufen?« Aus dem dritten Schrank kroch ein Äffchen heraus. Das sah aber erst aus! Es hatte einen aufgeschnittenen Leib und einen gebrochenen Fuß, ein Ohr hing herunter. Es bot einen jämmerlichen Anblick!
»Joko«, brummte Bemm, »bist du es?«

»Bemm!« Da lagen sich Affe und Bär in den Armen, und der Bär erzählte, sie wären beide von einem Wundermann angefertigt worden und hätten Seelenwasser getrunken.
»Hab' ich auch!« schrie der Kasperl. »Ich bin schon zwei Jahre unterwegs.«
Nun kam es heraus: Kasperl Wuppdich, Bemm und Joko stammten aus derselben Gegend. Kasperl sah die Gefährten trübselig an: »Seid ihr auch ausgerissen?« fragte er.
»Ausgerissen? Bist du denn ausgerissen?« fragten die beiden.
Kasperl seufzte. »Ja, und nun will ich wieder ausreißen und heimreisen und nie mehr ausreißen, und die schöne Iseline soll auch ausreißen, und kurz und gut, es wird eine große Ausreißerei geben und –«
»Ludmilla kommt, rasch, rasch, versteckt euch!«
Bemm kroch in seinen Winkel zurück, Kasperl und Joko krochen unter den Spiegelschrank. Rotzipfel faßte Iselines Hand: »Komm, wir verstecken uns«, aber Iseline sagte hochmütig: »Nein, mich hat doch Ludmilla lieb.«
Rotzipfel und Belinde hatten gerade noch Zeit, auch unter einen Schrank zu schlüpfen, als Ludmilla eintrat. »Da liegt meine neue Puppe!« rief sie und hob Iseline auf. Drei kleine Mädchen kamen mit ihr in das Zimmer, und Iseline ging von Hand zu Hand.
Alle priesen ihre Schönheit, und Ludmilla sagte eingebildet: »Natürlich muß ich doch die schönste Puppe haben!«
»Aber sie sieht schon etwas schmutzig aus, und du hast sie doch erst bekommen«, sagte eines der Mädchen.
»Bah, wenn sie entzwei ist, kauft mir meine Mutter eine noch schönere Puppe.« Ludmilla lachte. »Du hast wohl nur eine Puppe, Bärbel?«
»Ja«, sagte die Kleine, »die hab' ich aber sehr lieb.«
»Du bist aber dumm! Eine Puppe kann man doch nicht liebhaben! So ein Unsinn! Wenn ich will, werfe ich sie an die Wand.«
Ludmilla konnte es gar nicht leiden, wenn man ihr widersprach.

Aber die kleine Bärbel sagte doch: »Schäme dich! Wie kannst du so häßlich mit der armen Puppe umgehen!«
»Jetzt werfe ich sie sofort an die Wand.«
Bums, flog Iseline in die Ecke, und von ihrem feinen Näschen brach ein Stück ab. Das tat weh!
»Aber Ludmilla, die teure Puppe!« Frau Pappenstiel hatte das Ganze mit angesehen. Sie sagte selten etwas, wenn sie aber etwas sagte, dann wurde sie gleich sehr böse. Ludmilla bekam tüchtig Schelte, und dann nahm Frau Pappenstiel Iseline und sagte: »Die wird jetzt eingeschlossen. Vier Wochen darfst du mit ihr nicht mehr spielen!«
Iseline war ganz verdattert. Auf einmal lag sie in einem dunklen Schrank, in dem es schrecklich nach Mottenpulver roch. Ein Schlüssel knarrte, und sie war eingeschlossen.
Das war schlimm für Iseline. Da lag sie mutterseelenallein zwischen Pelzsachen in dem dunklen Schrank und dachte an die schöne Heimat und die verlassenen Gefährtinnen. Sie dachte auch voll Sehnsucht an Rotzipfel, Bemm, Joko und die arme Belinde. Ach, sicher würden die nun ausreißen und sie allein lassen. Iseline seufzte und stöhnte, aber der dicke Muff, auf dem sie lag, hatte für so etwas kein Gefühl. Es war eben nur ein Muff.
»Wenn sie doch auf mich warteten, ich ginge ja jetzt gern mit!« Iseline stöhnte, und draußen sagte das Zimmermädchen Emma: »Ich weiß gar nicht, der Schrank knarrt so, vielleicht ist gar eine Maus drin.«
Iseline erschrak. Sie dachte: Nun sitze ich vielleicht mit einer Maus zusammen, o weh, o weh!
Wie lange sie so im Dunkeln gelegen hatte, wußte sie nicht, aber auf einmal hörte sie draußen ein Stimmlein wispern: »Iseline, Iseline!«
»Rotzipfel«, rief Iseline, so laut sie konnte. »O Rotzipfel, hilf mir doch!«
»Verzag nicht«, tröstete das gute Rotzipfelchen, »wir haben be-

schlossen, dich zu befreien, du mußt nur Geduld haben.«
»Ach ja«, rief Iseline kläglich, »und dann reißen wir aus!«
»Jawohl, es wird ausgerissen, mein allerschönstes Fräulein!« schrie der Kasperl draußen. »Nur Geduld, Geduld! Mit Geduld und Käsekuchen werden wir das Weite suchen.« Und dann verstummten die Stimmen, es wurde ganz, ganz still um Iseline. Die lag viele, viele Tage im Pelzschrank und wartete auf ihre Befreiung.

Flicklorchen und die Puppe Rosinchen

Wer war denn Flicklorchen? Ein armes, altes Frauchen, das froh sein mußte, in dem großen Hause des reichen Kaufmannes Schock ein Unterkommen gefunden zu haben. Man hatte ihr vier Treppen hoch im Dachstock eine hübsche, helle Stube eingeräumt. Flicklorchen war eine Verwandte von Frau Schock, aber das durften um Himmels willen die Leute im Städtchen nicht wissen. Frau Schock war eine sehr eingebildete Frau, die meinte, es sei eine Schande, daß ihre Mutter im Bäckerladen Semmeln und Brot verkauft hatte.
Statt Tante Lorchen, wie sich das gehört hätte, wurde die alte Frau von allen Leuten im Hause Flicklorchen genannt. Denn dafür, daß sie mutterseelenallein oben wohnen durfte und ihr Essen bekam, mußte sie für die vielen Nichten den lieben langen Tag nähen und flicken, was es nur zu nähen und zu flicken gab im Hause. Und da gab es sehr viel. Die drei Kinder des Hauses rissen vom Hemdchen bis zum Schürzchen alles in kürzester Zeit entzwei, und bei jedem Riß, bei jedem zerrissenen Höslein hieß es: »Ach, Flicklorchen kann das nähen, dazu ist sie ja da.«
Die gute, freundliche Tante hatte den lieben langen Tag zu tun. Mitunter reichten die Tagesstunden nicht aus, und sie saß

noch bis tief in die Nacht hinein an ihrem Arbeitstisch, denn Frau Schock, die selbst keine Nadel anrührte, sagte gleich, wenn einmal etwas nicht fertig war: »Nun, das bißchen Arbeit könnte längst fertig sein. Das dauert aber lange!«
Und wie die Mutter, so waren auch die Kinder. Gab das ein Geschrei, gab das ein Geschimpfe, wenn morgens die Sachen nicht sauber und tadellos vor den Betten lagen. »Flicklorchen ist faul!« schrien die Kinder, die alle drei in der Schule selbst die faulsten waren.
Dann weinte das arme Flicklorchen manchmal, nähte noch emsiger, aber je größer die Buben wurden, desto größere Risse gab es auch in den Anzügen. Und trotz ihres Reichtums war Frau Schock sehr, sehr sparsam. Sie war nicht bereit, neue Hosen zu kaufen, immer hieß es: »Flicklorchen kann das noch ausbessern.« Fast Unmögliches wurde von der armen Tante verlangt. Der Vater kümmerte sich nicht darum. Der war den ganzen Tag im Geschäft, verdiente viel Geld, und wenn er einmal das arme Flicklorchen sah, sagte er wohl: »Na, die kann froh sein, so ein sorgenfreies Unterkommen gefunden zu haben.«
Flicklorchen klagte nie. Sie war immer sanft und still, aber wenn die Kinder im Garten lärmten und lachten, dann dachte Flicklorchen wohl: Warum bin ich so allein auf der Welt? Warum hat mich niemand lieb? Einmal lag ein Fink vor ihrem Fenster. Es war im Winter, und das Tierchen war halb erstarrt. Flicklorchen nahm ihn in ihr warmes Zimmer und pflegte ihn. Er wurde gesund und zwitscherte vergnügt, bis – ja bis eines Tages die Kinder die Katze in das Zimmer ließen. Die biß den Fink tot, und mit Flicklorchens Freude war es vorbei.
Frau Schock tat dieser Vorfall leid. Sie versprach Flicklorchen zwar einen Kanarienvogel zu Weihnachten, aber die Tante schüttelte den Kopf, sie wollte keinen; außerdem vergaß Frau Schock auch meistens, was sie versprach. Ach, die Alte wollte überhaupt nicht an Weihnachten denken, das war immer ein

einsames, trauriges Fest für sie, an dem sie sich noch mehr als sonst verlassen fühlte. Die Kinder des Hauses, die doch ein wenig ein schlechtes Gewissen hatten, versprachen zwar Flicklorchen allerlei gute Dinge zum Fest. Wenn es aber so weit war, vergaßen sie es, ebenso wie die Mutter, und am Heiligen Abend saß Flicklorchen so einsam wie immer in ihrem Stübchen.
Unten brannten die Kerzen am Baum, unten jauchzten die Kinder, unten waren vornehme Gäste, und es gab ein Festmahl, und vor Flicklorchen lagen ein paar kärgliche Gaben, kein Bäumchen leuchtete, nur ein winziges rotes Lichtlein, das hatte die mitleidige Köchin der armen Alten gebracht.
Flicklorchen nahm ihre Bibel und las still und voll Andacht darin. Sie war in all ihrer Armut und Verlassenheit doch noch zufrieden.
Das kleine Licht war schon beinahe herabgebrannt, als auf einmal die Kinder die Treppe heraufgepoltert kamen. Sie schrien und lärmten, und das Flicklorchen dachte: Ach, vielleicht haben sie doch an mich gedacht!
Doch an die Verlassenheit der Tante hatten die drei nicht gedacht, nur deren geschickte Hände brauchten sie. Ellens neue Puppe, ein ganz entzückendes Puppenkind, war in der ersten Begeisterung vom Tisch gefallen und hatte sich das hübsche, bunte Kleid zerrissen. Die Kinder hatten den ganzen Abend nicht an die Flicklore gedacht, aber nun fiel sie ihnen ein, und sie rannten zu ihr und riefen: »Flick das Kleid!«
Das Bitten hielten sie nämlich für überflüssig, sie waren es gewohnt, daß Flicklore gleich zu jeder Arbeit bereit war, so daß sie ganz erstaunt waren, als diese antwortete: »Heute nicht!«
»Doch, ich muß meine Puppe gleich wieder haben.« Ellen stampfte mit dem Fuß auf, aber diesmal erreichte sie ihren Willen nicht. Flicklorchen sagte: »Solch einen feinen Stoff kann ich nur am Tage flicken.«
Da ließ Ellen schmollend die Puppe liegen und lief ärgerlich

hinab. »Nimm sie doch mit!« rief ihr Flicklorchen nach, aber Ellen schrie trotzig zurück: »Eine Puppe mit einem zerrissenen Kleid mag ich nicht!«
»Armes Puppenkind«, murmelte die freundliche Alte, als die Kinder laut und schlecht gelaunt die Treppe hinabpolterten. »Gut, daß du kein Gefühl hast, du bist zu keiner guten Puppenmutter gekommen.«
»Wer sagt dir denn, daß ich kein Gefühl habe?« ertönte plötzlich eine feine Stimme, und schwapp, saß die Puppe kerzengerade auf dem Tisch und sah Flicklorchen mit ihren großen Augen ernsthaft an. »Ich bin doch eine lebendige Puppe.«
»Jemine, so etwas habe ich mein Leben lang weder gesehen noch gehört!« rief Flicklorchen verdutzt. »Eine lebendige Puppe! Ja, woher kommst du denn?«
»Aus dem Puppenberg.«
»Puppenberg? Wo liegt denn der?«
»Im Thüringer Land.«
»Und warum bist du denn dort fortgegangen?«
»Ach, weil ich mußte.«
Die Puppe sah auf einmal sehr, sehr traurig drein, und dann erzählte sie von ihrer Heimat im Puppenberg, und daß alle Jahre einige Puppen zu den Menschen gehen müßten. »Dieses Jahr hat es mich getroffen«, klagte die schöne Puppe.
»Gehst du denn nie wieder in deine Heimat zurück?«
»Doch, in drei Jahren, aber wenn ich da die Zeit verpasse, muß ich dreimal drei Jahre warten.«
»Du arme Puppe!«
»Nenne mich Rosinchen, so heiße ich nämlich«, sagte die lebendige Puppe.
Da sagte Flicklorchen noch einmal aus tiefstem Herzen: »Armes Rosinchen!«
»Warum bedauerst du mich so?«
»Weil Ellen, zu der du gekommen bist, nicht gut zu dir sein wird.«

»Hoho«, rief Rosinchen, »ich kann mich auch wehren. Am liebsten bliebe ich ja bei dir, bei dir gefällt es mir, es riecht hier viel mehr nach Weihnachten und Heimat als drunten in dem schrecklich großen Zimmer.«
»Ja, das kommt davon, daß bei mir ein echtes Wachslichtlein gebrannt hat, und drunten haben sie nur elektrische Kerzen am Baum.«
»Wie ist denn das?« rief Rosinchen. »Wenn unsere Urmutter vom Weihnachtsfeste der Menschen erzählte, dann hat sie immer gesagt, daß Lichter, richtige Lichter am Baum brennen und es nach Tanne, Äpfeln und Pfefferkuchen duftet wie bei dir.«
Und Rosinchen stand auf und spazierte auf Flicklorchens Tisch herum, roch an den Pfefferkuchen, knabberte auch ein bißchen daran und sagte: »Ich will immer bei dir bleiben, liebe Frau, du gefällst mir!«
»Lieber Himmel, da würde Ellen schön schimpfen«, sagte Flicklorchen. »Die hat mir nicht einmal meinen Fink gegönnt. Und jeden Tag sitze ich sonst hier und flicke Zerrissenes, das ist sehr langweilig.«
»Flicken?« rief Rosinchen. »Das tue ich gerade schrecklich gern. Ich war die beste Flickerin im ganzen Puppenland; denn weißt du, unsere Puppenbuben, die zerreißen auch ihre Hosen. Und weben kann ich auch. Unsere alte, dicke Oberspinne, die darauf achtete, daß wir immer gute Spinnfäden bekommen, hat oft gesagt: ›Rosinchen ist eine Meisterin.‹« Flicklorchen sah noch immer ganz erstaunt auf die plappernde Puppe. Weil sie ihr aber wie ein kleines Kind vorkam, dachte sie: Es muß wohl jetzt ins Bett. Sie fragte: »Rosinchen, willst du nicht schlafen?«
»Bewahre! Weihnachten feiern will ich. Paß auf, ich kann auch Weihnachtslieder singen! Die Puppen, die im Menschenland waren, haben sie uns gelehrt. Horch mal!« – Rosinchen, stellte sich mitten auf den Tisch und begann mit ihrer ganz feinen, hellen Stimme alle alten Weihnachtslieder zu singen. Flicklorchen zündete schnell noch eine kleine Wachskerze an, da war

es wirklich feierlich und gemütlich in der Stube. So ein schönes Weihnachtsfest hatte die alte Frau seit ihren Kindertagen nicht wieder erlebt. Bis draußen die Glocken Mitternacht läuteten, saßen die beiden zusammen, und Rosinchen erzählte immerzu vom Puppenland im Puppenberg. Zuletzt machte ihr Flicklorchen ein feines, warmes Bettchen zurecht. Sie hatte noch aus ihrer eigenen Kindheit ein paar passende Bezüge, mit denen überzog sie ihre Sofakissen, und dann legte sie Rosinchen in eine Sofaecke, und als die Puppe dalag, sagte die alte Flicklore traurig: »Wenn ich dich doch behalten könnte!«
»Oh, das werden wir schon fertigbringen.« Rosinchen streckte ihr Näschen aus den Kissen heraus, und nun sah Flicklorchen, daß die Kleine eigentlich ein richtiges Schelmengesicht hatte. »Ich will bei dir bleiben, und wenn die Ellen da unten grob ist, dann soll sie sehen, was ihr geschieht.«
Und huschelkuschel schmiegte sich Rosinchen in die Kissen und schlief nach fünf Minuten ganz fest.
Auch Flicklorchen schlief bald ein und erwachte von einem fröhlichen Gesang. Rosinchen sang ihr ein Weihnachtslied zum Morgengruß. Und nun kochte Flicklorchen Kaffee, die Puppe saß neben ihr auf dem Tisch, und beide feierten fröhlich den Morgen des ersten Weihnachtstages. Eine Stunde später kam Ellen herauf, um die Puppe zu holen. Sie packte sie fest an und war gleich sehr grob zu ihr. »Diese zarte Puppe mußt du sanfter behandeln«, mahnte die Tante ernst.
»Pah, Puppe ist Puppe. Sie gehört mir, ich kann – au!« Ritsch, war Rosinchens feines Kleid noch mehr zerrissen. Wie war das nur gekommen? An Ellens neuem Armband war das Kleid hängengeblieben, aber Ellen sagte: »Dafür kann ich nichts.«
»Laß die Puppe nur da, später flicke ich das Kleid.«
»Gleich«, forderte Ellen.
»Nein, jetzt gehe ich erst in die Kirche!« Diesmal gab Flicklorchen wieder nicht nach, sie flickte Rosinchens Kleid wirklich nicht, denn Rosinchen sagte: »Das hat Zeit. Eile mit Weile.«

Ellen war sehr wütend, da Flicklorchen am Nachmittag noch nicht fertig war. Sie ahnte nicht, wie gut sich die beiden unterhielten. Rosinchen war ein richtiger kleiner Schelm. Kaum hatte sie Flicklorchen auf dem Schoß, um ihr Kleidchen zu flikken, wutsch, sprang sie auf den Boden, lief im Zimmer herum und trieb allerlei übermütige Dinge. Sie schaute unter das Sofa, stand vor Flicklorchens Spiegel, und dabei erzählte sie immer wieder von ihrer Heimat und sagte dann ganz bestimmt: »Ich bleibe bei dir.«
»Das geht nicht, Ellen gibt dich nicht her!«
»Sie wird schon.« Rosinchen blieb dabei, und als Ellen am nächsten Tag ihre Puppe holte, sah Flicklorchen, wie diese ihr zublinzelte, gerade so, als wollte sie sagen: »Ich komme schon wieder!«
Und Rosinchen kam wieder.
Eine halbe Stunde später brachte Ellen weinend das Puppenkind wieder. Kaffee war über das seidene Kleidchen geschüttet worden. »Ich konnte nichts dafür«, klagte Ellen.
»Flicklorchen wollte wissen, wie das gekommen war und bekam heraus, daß sich die Geschwister gezankt hatten.
»Ja, dann freilich!«
»Aber an die Tasse haben wir nicht gestoßen.«
»Rosinchen, was hast du wieder gemacht?« fragte später die alte Frau.
»Den Kaffee ausgegossen; die drei waren zu wild«, sagte das Püppchen, »und wenn sie sich wieder streiten, fall' ich in die Suppe oder sonstwo hinein.«
Am nächsten Morgen fiel das Rosinchen in die Schokoladencreme, und Ellen bekam Schelte; sie trug die Puppe wieder zu Flicklorchen, und bei dieser gab es wieder einen vergnügten Nachmittag. »Du kleiner Schelm«, sagte die alte Frau, »meine andere Flickarbeit bleibt ja liegen, wenn du immer solche Possen treibst.«
»Ich helfe dir!«

»Du?« Flicklorchen lachte, aber da nahm die Puppe Strumpf, Garn und Nadel und begann zu stopfen. Und sie arbeitete so sorgfältig, wie es Flicklorchen selbst nicht einmal konnte. Davon ahnte niemand etwas. Mit der neuen Weihnachtspuppe war das eine sonderbare Sache. Immer lag sie in etwas, in der süßen Speise, im Kompott, in der Tinte. In der Nacht schrie Ellen: »Mich hat etwas gezwickt!« und dann lag Rosinchen auf ihrem Bett.
Schließlich sagte Ellen zu Lorchen: »Die Puppe ist scheußlich, ich kann sie nicht leiden, ich mag sie nicht mehr.«
»Gib sie mir«, bat Flicklorchen.
»Pah, was willst du mit einer Puppe?«
Da stand Flicklorchen auf und nahm Geld aus ihrer Sparbüchse – es war nicht viel dazu – und sie kaufte eine wunderschöne Puppe. Diese war stumm, denn sie stammte nicht aus dem Puppenland. Als Ellen wieder einmal Rosinchen mit einem zerrissenen Kleid brachte, sagte Flicklorchen: »Du Ellen, diese schöne Puppe bekommst du. Laß mir dafür die alte Puppe da!«
Alle im Hause lachten über Flicklorchen. Die Buben brüllten durch das ganze Haus: »Flicklorchen spielt mit Puppen! Haha! das einfältige Flicklorchen!«
Die arme alte Frau hatte in diesen Tagen viel unter dem Gespött zu leiden. Aber sie kümmerte sich nicht darum, denn Rosinchen war bei ihr. Niemand sah Rosinchen jemals bei der Alten. Die Puppe hatte ein Versteck, in dem sie verschwand, wenn jemand kam. War aber niemand da, dann war sie die netteste, lustigste kleine Gesellschafterin, die man sich denken konnte. Sie half Flicklore flicken, sie lachte, sang und tanzte, und bis zum späten Abend ging es lustig zu in der Stube.
Flicklorchen war nun nie mehr einsam, stets hatte sie Gesellschaft. Und so viel zu arbeiten brauchte sie auch nicht, denn Rosinchen war die geschickteste und gewandteste Flickerin, die man sich denken konnte. Einmal sagte sie sogar: »Flicklorchen, geh in ein Geschäft und hole mehr Arbeit, es ist zuwenig da!«

Das tat die Alte auch, und so verdiente sie sich noch manche Mark. Und das war sehr gut für sie, denn eines Tages war es zu Ende mit dem Leben im Hause der reichen Verwandten.
Die Familie zog in eine andere Stadt. Flicklorchen mitzunehmen, daran dachte niemand. Frau Schock sagte: »Such dir doch ein anderes Zimmer, du kannst ja auch bei anderen Leuten durch Flicken Geld verdienen!«
Sie wunderte sich aber sehr, daß die alte Tante gar nicht so traurig darüber war. Die zog gern aus dem Hause, sie wollte gar nicht mehr bei den unfreundlichen Verwandten wohnen. Sie fand eine winzige Wohnung in einem Gartenhaus, dahin zog sie mit ihrem Rosinchen. Und sie brauchte auch nicht nach Arbeit suchen, man brachte sie ihr gern ins Haus. Und wenn ein Kleidungsstück noch so schlimm aussah, Flicklorchen konnte es ausbessern. Wenn sich jemand ein Loch in ein wertvolles Kleid gerissen hatte, gleich trug man es zu Flicklorchen, und niemand ahnte, daß Rosinchen es war, die die heikelsten Dinge in Ordnung brachte.
Ein Jahr verging so, noch eins; drei Jahre waren schließlich vorüber, Rosinchen wurde auf einmal still und traurig. Sie lachte und tanzte nicht mehr, und Flicklorchen wußte gar nicht, was mit ihrem Liebling los war. Endlich fragte sie: »Mein liebes Rosinchen, was fehlt dir?«
Da fing Rosinchen bitterlich an zu weinen. Und endlich gestand sie es: es war für sie bald Zeit zur Heimkehr in das Puppenland.
»O Rosinchen!« Flicklorchen sagte nichts weiter, sie saß nur mit einem tieftraurigen Gesicht da, daß der Puppe das Herz weh tat. Sie kletterte der Alten auf den Schoß und sagte: »Ich bleibe bei dir, immer, immer!«
»Solange ich lebe? Ach, du gutes Rosinchen, was sollte ich auch ohne dich anfangen?«
Ja, was hätte Flicklorchen ohne ihr Puppenkind anfangen sollen! So lebten sie weiter zusammen, und als Flicklorchen eines

Tages starb, da fand eine Frau, die sie in den letzten Jahren manchmal besucht hatte, in einem Kasten Rosinchen und einen Zettel dabei, auf dem stand: »In drei Jahren kann Rosinchen in ihre Heimat zurückkehren.«

In Frau Merlins Wunderland

Es war ein schöner, feierlicher Sonntagmorgen. Überall auf den Tischen standen Blumen, schöne, seltene Blüten. Auf dem Kaffeetisch prangten Tassen mit vergoldeten Bändern, und ein großer Kuchen stand dabei. Den hatte Frau Merlin, bei der Annedore wohnte, weil ihre Mutter im Krankenhaus war, gestern gebacken, aber wo all die schönen blühenden Blumen hergekommen waren, das konnte sich Annedore gar nicht erklären. Auch in der Kirche war es schön und feierlich, und so verging der Sonntagmorgen so harmonisch, wie Annedore seit der Mutter Krankheit noch nie einen erlebt hatte.
Nach dem Mittagessen führte Frau Merlin Annedore einen Gang entlang. Am Ende war eine uralte Tür, die schloß Ludibald auf, und alle drei betraten einen großen, weiten Raum, der ganz hell war. Das Licht kam durch eine Reihe kleiner Fenster und oben durch einen blauen Seidenhimmel. Die Fenster waren mit goldgelber Seide verhüllt. Es sah aus, als schiene die Sonne in den Raum. Es sah ganz märchenhaft aus. Da gingen und saßen alle möglichen Puppen herum, kleine und große.
An einer Wand standen viele schneeweiße Bettchen. In der Mitte wuchsen blühende Bäume, um die Tische, Stühle und Bänke gruppiert waren. Blumenlauben, Blumenbeete und ein Springbrunnen verschönerten noch den Märchenraum. In einer vergoldeten Kutsche fuhr eine sehr, sehr schöne Puppe immer im Kreise herum und winkte und nickte aus dem Wagen heraus, den zwei schneeweiße Kaninchen zogen. Auf einem

schwarzen Kaninchen ritt ein kleiner Puppenjunge, der wie ein Bäuerlein gekleidet war. In einer Ecke saß eine ganze Puppenfamilie, und nebenan stand ein Bauernhaus, und drei Bauernmädchen tanzten Ringelreihen in einem Garten mit Blumen in allen Farben. Bunte Vögel flatterten umher. Es gab blühende Rosensträuche, Fliederbüsche und Orangenbäume, auch ein Kätzchen lag im Gras und schnurrte. Das fing aber keine Vögel, die spazierten sogar ganz vergnügt auf seinem Rücken.
Annedore riß die Augen weit auf. Was gab es da alles zu stehen! Wie hübsch war das alles! Puppen in allen Größen, in Trachten und luftigen Kleidern, Wickelkinder und Hofdamen, immer wieder entdeckte Annedore etwas Neues. Auf einmal rief sie erstaunt: »Melinde, Melinde!« Da saß ihre geliebte Puppe Melinde an einem weißen Tisch auf einem weißen Stühlchen und trank mit drei anderen nicht minder schönen Puppendamen Schokolade aus feinen, winzig kleinen silbernen Täßchen.
»Melinde, Melinde!« rief Annedore wieder, und da erst sahen die Puppen die Kleine. Ein paar fielen gleich hin vor Schreck, einige verkrochen sich in ihre Bettchen, die tanzenden Bauernmädchen liefen rasch in ein Haus, ein Kasperl aber schlug einen Purzelbaum über die kleine Kutsche hinweg, setzte sich vor Annedore hin und rief: »Wer ist sie?«
»Sei nicht so ungezogen, Wuppdich«, sagte Frau Merlin. Ihre Augen lachten aber dabei, als der Spaßmacher gleich seine Nase schrecklich tief senkte.
Melinde hatte zuerst ein bißchen erstaunt aufgesehen, jetzt ließ sie aber ihre Schokolade und die schönen Damen im Stich und kam gelaufen. »Annedore, meine liebe, gute Annedore!« rief sie. Flink kletterte sie auf eine kleine Bank, die im Wege stand, und rief mit heller Stimme in den Saal hinein: »Das ist meine Annedore, die ist sehr gut zu ihren Puppen!«
Alle Puppen kamen nun wieder zum Vorschein und standen um Annedore herum. Da sagte Frau Merlin: »Ja, Annedore hat

Puppen sehr lieb, und heute ist sie euer Gast, nun seid einmal alle recht nett zu ihr.«
Heißa, da kribbelte und krabbelte es nun um Annedore herum. Von überall her kamen sie, sie redeten mit ihren zarten Stimmen, und kleine Händchen streckten sich ihr entgegen. Die Dame in dem goldenen Wagen sagte: »Steig ein, Melinde, und fahre mit mir spazieren!«
»Nein«, riefen Melinde und ihre Schwestern Belinde und Selinde, »Annedore soll mit uns Schokolade trinken!«
»Das ist langweilig«, schrie Kasperl, »sie soll lieber mit mir Purzelbäume schlagen!«
»Tanze mit uns Ringelreihen«, baten die Bauernmädchen Annedore.
»Willst du dich auf mein Kaninchen setzen und reiten?« fragte der Bauernjunge.
»Das ist nicht das Richtige, hier mit uns schaukeln muß das Menschenmädchen!« riefen ein paar Puppen, die auf einer Schaukel bei einem blühenden Rosenbusch saßen.
»Das ist alles nicht das Richtige«, sagte Frau Merlin ernsthaft. »Setzt euch einmal alle in einen großen Kreis und spielt mit Annedore Geschichtenerzählen, und zwar soll jede, die drankommt, ihre eigene Geschichte erzählen.«
»Ach ja«, riefen die Puppen, »das wird fein. Wir drehen uns rundum, und wer fällt, der ist dran!«
»Ich falle nicht«, schrie Kasperl. Er packte Annedores Hand, Melinde ergriff die andere, die feine Dame, die aus der goldenen Kutsche gestiegen war, sagte gekränkt: »Eigentlich gebührt das mir zuerst«, aber da rief eine dicke Bauersfrau: »Schippe, schappe, schrumm, Hochmut, der ist dumm«, und die andern lachten alle.
»Los!« Frau Merlin klatschte in die Hände, und alle Puppen begannen sich zu drehen.

>»Ringelringelrosen,
wir wollen alle losen,
ringelringelreih,
eins, zwei, drei!«

Pardauz, lag der Kasperl auf der Nase, und alle riefen: »Er muß zuerst erzählen, ätsch, er hat gesagt, er fällt nicht!«
Der Kasperl zog ein schiefes Gesicht und rief wütend: »Bei meinem linken Bein, mir fällt nichts Rechtes ein!«
»Schadet nichts, du mußt, du mußt aber trotzdem!« riefen die andern Puppen. Sie lachten, denn der kleine unnütze Kasperl hatte noch nie eine Geschichte erzählt, und sie dachten alle, er könne es nicht; er konnte es aber doch. Er schrie, als wäre Annedore stocktaub:

>»Als ich kam aus dem Puppenland
bin ich in die große Stadt gerannt,
da kam ich in ein feines Haus,
potzblitz, sah das mal sauber aus!
Fein, fein, fein, fein,
aber ich paßte nicht hinein.
Ein kleiner Junge
zeigte mir gleich die Zunge;
war das ein Wicht!
Wir vertrugen uns nicht.
Er hat mich an die Decke geschmissen,
mir Arme und Beine ausgerissen.
Zuletzt war ich ganz hin.
Da kam die Frau Merlin,
die kam als Trödelfrau,
besah mich ganz genau,
hat mich dann mitgenommen,
so bin ich hierher gekommen.
Und heioh, heioh,

bin ich jetzt froh
hier in dem Haus.
Meine Geschichte ist aus!«

»Etwas kurz war die Geschichte!« riefen die anderen Puppen leicht enttäuscht.
»Aber Kasperl hat es wirklich gut gemacht.« Frau Merlin streichelte den Kleinen. Er durfte sich nun in die Mitte des Kreises auf einen kleinen Stuhl setzen und zuhören.
»Die schöne Esmeralda kommt jetzt dran!« schrie er.
»Unsinn!« Die Dame aus dem goldenen Wagen sah gekränkt aus. Sie hob ihr Röckchen zierlich in die Höhe, sagte: »Ich falle nie«, und plumps, da lag sie auf dem hochmütigen Näslein, und ausgelacht wurde sie auch noch. Das war ihr sehr peinlich. Esmeralda sah Kasperl, der laut lachte, sehr von oben herab an: »Dir wird noch dein Bauch platzen.«
»Und du platzt vor lauter Eitelkeit.«
»Still! Streiten ist verboten!« rief Frau Merlin streng. »Esmeralda soll erzählen.« Und Esmeralda erzählte.
»So schlimm wie dem Kasperl ist es mir ja nicht gegangen. Ich kam zu einem Puppenmacher, lag dort nur mit einem Hemdchen bekleidet unter anderen Puppen, und ein schönes kleines Mädchen sah mich und zog mir ein wunderschönes Kleid an. Es sagte: ›So eine schöne Puppe muß auch schön gekleidet sein.‹ Ich sah dann wirklich sehr fein aus, und eine Prinzessin kaufte mich.«
»Ach, hast du es gut gehabt.«
»Iseline, sei still!« rief Frau Merlin. »Bist du nicht auch hier? Hast du es jetzt nicht gut?«
Da senkte eine sehr hübsche Puppe den Kopf, und Annedore wußte, dies war die hochmütige Iseline.
»Ach, gut hatte ich es schon. Ich wurde nicht gestoßen, nicht geschlagen, mir wurden auch Arme und Beine nicht ausgerissen, aber langweilig war es, schrecklich langweilig. Den ganzen

lieben langen Tag saß ich unter einer Glasglocke, und manchmal kam die Prinzessin und schaute mich an. Ich war wohl selbst für eine Prinzessin zu schön. Manchmal kamen kleine Mädchen, die besuchten die Prinzessin, und ich sah es ihnen an, sie hätten gern mit mir gespielt, aber das durften sie nicht. So ging die Zeit herum. Prinzessin Jolante, meine kleine Herrin, wurde größer, und eines Tages hieß es, alle Puppen werden eingepackt. Ich kam in eine besondere Kiste, darauf stand mein Name, und darunter ›schönste Puppe der Prinzessin Jolante‹, und in der Kiste würde ich heute noch liegen, wenn nicht –«
»– – ich gekommen wäre!« rief ein Nußknacker. Er tat ganz stolz und schaute Esmeralda an, als wollte er sie verschlingen.
»Ja, der Nußknacker hat mich gerettet. Er hat an einem Abend alle Nägel aus der Kiste gezogen, denn er hatte gemerkt, daß ich nicht eine gewöhnliche Fabrikpuppe war, und dann sind wir geflohen. Oh, das war nicht leicht. Lieber Himmel, mußte ich klettern und springen, über Mauern und Gräben, durch Hecken und über Bäche. Und zuletzt liefen wir doch einem Trödler in den Weg, der nahm uns in seinem Sack mit. Das war schlimm!«
»Sehr schlimm!« Ein Seufzer ließ sich hören. Iseline war es.
»Ich finde aber doch, wir haben Glück gehabt«, rief Belinde, »denn wir sind zu Frau Merlin gekommen!«
»Dazu hast du uns verholfen!« rief Esmeralda dankbar. Und sie erzählte weiter: »Belinde hat immerzu im Sack gerufen: ›Frau Merlin, Frau Merlin!‹ Der Trödler hat es schließlich gehört und hat gedacht, er hätte es geträumt. Weil er aber schon von der Puppendoktorin gehört hatte, beschloß er wirklich, uns hierher zu bringen. Da sind wir nun, und es ist hier beinahe so schön wie im richtigen Puppenland. Nur unsere Urgroßmütter fehlen uns. Aber ich bin sehr, sehr glücklich jetzt, und dem Nußknacker bin ich auch ganz furchtbar dankbar, ihm und Belinde.«
Der häßliche Nußknacker verneigte sich tief, und der Kasperl,

der um einen blühenden Busch herumkasperte, schrie: »Eigentlich müßtest du ihn dafür heiraten!«
»Ja, heiraten!« riefen alle.
»Oh, Esmeralda ist viel zu schön für mich«, knurrte der Nußknacker bescheiden.
»Ich sehe auf das Herz, nicht auf die Schönheit«, sagte Esmeralda und wurde sehr rot dabei, und alle riefen: »Sie liebt ihn!«
Ja, wirklich, die schöne Puppe Esmeralda liebte den Nußknacker und wollte ihn auch heiraten.
Das gab eine Aufregung. Der ganze Puppenkreis purzelte durcheinander, alle riefen: »Wir wollen hier die Hochzeit feiern!«
»Doch nicht gleich heute, heute sollt ihr doch mit Annedore spielen! Hochzeit feiern wir am nächsten Sonntag. Nun, erzählt Annedore noch etwas von euren Schicksalen, sie soll wissen, wie schlimm es den Puppen manchmal bei den Kindern ergeht.«
»Schlecht, schlecht!« riefen gleich zehn Stimmlein.
»Nicht immer«, sagte eine ganz liebe, sanfte Stimme, und eine kleine Puppe, die gar nicht besonders hübsch war, trat in den Kreis und sagte: »Esmeralda hat vorhin erzählt, wie es ihr bei der Prinzessin Jolante ergangen ist. Aber die Prinzessin konnte ja nichts dafür, daß sie mit den Puppen nicht spielen durfte. Sie hat ein gutes, weiches Herz gehabt, und mich hatte sie lieb. Mich hat sie heimlich mit in ihr Bettchen genommen, und ich weiß auch, daß sie eine gute und liebe Mutter geworden ist. Sie hat nämlich keinen Prinzen geheiratet, sondern einen Doktor, der ein großes Heim hat für arme, kranke Kinder.«
»Dort waren wir!« riefen jetzt die drei Bauernmädchen. »Oh, wie haben uns die Kinder manchmal herumgezerrt, aber sie haben uns alle lieb gehabt, die armen kleinen Kinder. Und wir können schon einen Stoß vertragen. Schön war es aber doch da

oben auf der Almwiese bei den kranken Kindern. Wir wären gerne dort geblieben, aber die Kinder, denen wir gehörten, wurden gesund entlassen, da sind wir mit abgereist.«
»Und wie seid ihr hierhergekommen?« fragte Annedore.
»Ach«, sagten die drei, »in dem Abteil, in dem die drei Kinder fuhren, denen wir gehörten, saß auch zufällig Frau Merlin, die war damals gerade am Puppenberg gewesen.«
»Ja«, unterbrach Frau Merlin die drei. »Ich war damals sehr traurig, und die drei kleinen Mädchen sahen meine Tränen und wollten mir etwas zuliebe tun, da schenkten sie mir ihre Puppen. Ihr drei seid meine ersten Pfleglinge gewesen, ihr, meine lieben Bauernpuppen.«
»Und die drei kleinen Mädchen?« fragte Annedore.
»Das sind drei große, gesunde, liebe Mädchen geworden. Sie sind auch meine Schutzkinder geblieben, eine wird Lehrerin, zwei besuchen eine Haushaltungsschule. Sie wohnen alle in einer fernen, großen Stadt, doch schreiben sie mir oft.«
»Bums, bums, bums!« dröhnte es da plötzlich durch das Haus und die Puppen erschraken gewaltig. Esmeralda fiel gleich ihrem Nußknacker um den Hals, und der Kasperl wollte sich durchaus in das Bauernhaus der drei Schwestern verkriechen.
»Seid doch still«, brummte der alte Ludibald, »ihr tut ja, als gäbe es ein Erdbeben. Ich habe die Klingel abgestellt, und es pocht nur jemand an die Haustüre.«
»Ich will aber doch lieber die geheime Pforte zum Puppenland schließen«, sagte Frau Merlin. »Komm, Annedore, morgen darfst du wieder in mein Puppenland gehen!«
Annedore fiel es wirklich schwer, die Puppen zu verlassen, und der Kasperl gab ihr noch einen kräftigen Kuß, als er sah, daß Melinde Annedore auch küßte. Die Kleine lachte über den drolligen Kerl. Der hing sich an ihren Hals und bat: »Hab mich doch auch lieb!«
Das versprach ihm Annedore, und dann folgte sie Frau Merlin

und sah zu ihrer Verwunderung, wie eine zweite Türe zugeschoben wurde, die ganz aussah wie ein Stück Mauer.
»Nun findet niemand mein Puppenland«, sagte die Frau freundlich.

BIMBO,
EINE LUSTIGE AFFENGESCHICHTE

Auf dem Feldburger Jahrmarkt

In Feldburg war Jahrmarkt. Das war ein Leben und Treiben! In den Straßen der kleinen Stadt herrschte ein solches Gedränge, daß der Kaufmann Schulz, an der Ecke des Marktplatzes, der viel auf Reisen war, sagte: »In Frankfurt ist es still dagegen!« Aus der Umgegend waren viele Bauern nach Feldburg gekommen, mit Wagen und Pferden oder zu Fuß, alle wollten auf dem Jahrmarkt einkaufen oder nur schauen, was es da zu sehen gab.
»Potztausend, ja, man müßte vorn und hinten Augen haben«, sagte der dicke Bürgermeister aus Oberheudorf, als er einen Stoß in den Rücken bekam und beinahe in einen Kinderwagen fiel. Es war aber auch wirklich viel zu sehen auf der Festwiese; Stadtleute und Landleute staunten; so einen wundervollen Jahrmarkt hatten sie alle noch nicht gesehen. Es gab Schaubuden aller Art, ein Zaubertheater, eine Taucherbude; einen Stand, an dem ein Mann Feuer und zerschlagene Gläser verspeiste, als wäre es Schlagsahne mit Kuchen. Eine Menagerie war auch da, dazu Karusselle, Schießbuden und viele andere Möglichkeiten zur Belustigung sowie Würstelbuden, und für wenig Geld konnte sich jedermann an Pfefferkuchen sattessen oder, wenn man gerade Lust dazu hatte, drei Blechlöffel kaufen. Ein Ausrufer kündigte das Auftreten einer Riesendame an, eine dicke Frau bot Berge von Pfannkuchen an, und ein Mann mit farbigen Luftballons schrie: »Ein Jahrmarkt ohne Ballon ist kein Jahrmarkt! Aufgepaßt, meine Herrschaften, so schöne Ballons finden Sie nicht wieder!«

Leierkasten dudelten, vor einer Menagerie kreischten zwei Papageien, alle Händler priesen ihre Waren laut an, Buben und Mädel lachten und schrien – es war ein ohrenzerreißender Lärm. »Es ist zum Davonlaufen!« sagte eine dicke Obstfrau, die eingekeilt zwischen zwei Buden saß und so von Menschen umdrängt wurde, daß sie sich nicht mehr rühren konnte.
Zwei Kinder, die vor ihr standen, lachten darüber. »Aber Mutter Wichert«, sagte das Mädchen, ein hübsches, kleines Ding mit lichtblondem Haar und strahlend blauen Augen, »es ist doch so schön hier, und es geht so lustig zu!«
»Schön? Papperlapapp! Schön ist es draußen in eurem Garten, Liesel«, sagte die Obstfrau. »Aber freilich, in eurem Alter bin ich auch bis auf die Kirchturmspitze gesprungen, wenn ich auf den Jahrmarkt durfte, das ist nun mal so.«
Bruder und Schwester lachten laut auf, denn der Gedanke, die dicke Mutter Wichert könnte auf einen Kirchturm springen, kam ihnen sehr komisch vor. Diese lachte selbst scherzhaft mit. Dann sagte sie zu den Kindern: »Nun geht nur, schaut euch alles gut an und kauft euch etwas. Habt ihr denn auch Geld?«
»Na, und ob!« riefen beide strahlend, und der Bub, der wie die Schwester blonde Locken hatte, aber seine Augen waren braun, erzählte wichtig: »Liesel hat von ihrer Patin zu ihrem Geburtstag drei Mark für den Jahrmarkt geschenkt bekommen; sie soll sich dafür kaufen, was sie will.«
»Nun, und was willst du, ein Königreich oder einen Pfefferkuchen?« neckte Mutter Wichert.
»Nein, einen neuen blauen Wagen«, sagte Liesel. »Wir haben von den Eltern noch zwei Mark bekommen, und ich habe auch noch eine, und da wollen wir uns einen Wagen kaufen.«
»So ist's recht«, meinte die Obstfrau, »immer zusammen die Freude genießen!«
Die Geschwister sahen sich ganz erstaunt an; es war doch selbstverständlich, daß sie alles gemeinsam taten und sich über alles gemeinsam freuten. Das war bei ihnen immer so, es kam

ihnen gar nicht als etwas Besonderes vor.
»Na, dann lauft nur und kauft ein, aber seht euch vor, daß aus eurem Wagen nicht etwas anderes wird und ihr nicht vielleicht mit einem Kaffeegeschirr, einem Löwen oder einen Affen nach Hause kommt!« mahnte Mutter Wichert. »Ich habe mal einen Mann gekannt, der wollte sich eine Pfeife kaufen, und dann kam er mit einer Wanduhr heim, und das nächste Mal sollte er seiner Frau eine Teekanne mitbringen und kam mit einem Stiefelknecht an; ja, so geht es manchmal im Leben!«
Die Kinder kicherten fröhlich, und Dietrich sagte: »So etwas tun wir nicht, wir fahren nachher mit dem gekauften Wagen hier vorbei, Mutter Wichert, da kannst du ihn gleich bewundern.« Damit liefen Bruder und Schwester davon, denn sie wollten ihren Wagen so schnell wie möglich holen. Die Mutter wollte mit den beiden Kleinen, mit Heinz und Ursula, nachkommen, und die sollten schon im neuen Wagen gefahren werden.
Aber so schnell kam es nicht zum Wagenkauf. Zuviel gab es zu sehen, zu groß war das Gedränge. Vor der Menagerie lud ein dummer August zum Eintritt ein, und Liesel und Dietrich hörten eine Weile seinen lustigen Reden zu. Auf einmal bemerkte Liesel ein kleines braunschwarzes Tier, das unter einem der grünen Wagen, die neben der Menagerie standen, kauerte.
»Sieh mal, Dietrich«, rief sie und zeigte auf das Tier. Doch schon hatten es auch zwei größere Buben erblickt. »Ein Affe, ein Affe!« brüllten sie, und »Ein Affe, ein Affe!« schrien gleich noch ein paar andere: »Wo kommt er her? Er ist durchgegangen!« – »Fangt ihn, fangt ihn!« riefen drei, vier Stimmen. – Aus der Menagerie stürzte plötzlich eine sehr bunt und seltsam aufgeputzte Frau, ihr folgte der dumme August, und beide schrien aufgeregt: »Unser Affe, unser Affe! Bimbo, Bimbo, du ungezogenes Tier, wo bist du denn?«
Dem Äffchen wurde es himmelangst. Die vielen schreienden Menschen schüchterten es ein, und eiligst entfloh es und klet-

terte pfeilschnell an einem Haltetau der Bude hinauf.
»Haltet ihn, fangt ihn!« jammerten die Dame und der dumme August, und sämtliche Buben brüllten nun ebenfalls: »Haltet ihn, fangt ihn!«
Aber so leicht war der kleine Ausreißer nicht zu fangen, er war ein gar gewandter Kletterer. Einige Buben versuchten, an den Wänden der Bude hinaufzuklettern, doch diese geriet dabei so ins Schwanken, daß ein paar verständige Männer die Buben entsetzt packten und zurückhielten, sonst wäre vielleicht die ganze Menagerie zusammengefallen.
»Bimbo, Bimbo, mein lieber Bimbo!« flehte die Dame. »Komm doch wieder herunter, mein Liebling, du bekommst auch Zukker!«
»Schläge bekommst du, du Biest!« schrie der dumme August, der auf einmal gar nicht mehr lustig, sondern wütend und böse aussah.
»Vor dem dummen August kann man sich wirklich fürchten«, flüsterte Liesel ihrem Bruder ängstlich zu.
»Der arme kleine Affe« murmelte der, »wenn sie ihn fangen, bekommt er Schläge.«
»Man muß die Feuerwehr holen und den Ausreißer tüchtig naß spritzen, dann kommt er schon von selbst zurück«, riet ein Mann.
In diesem Augenblick sah Dietrich neben sich zwei boshaft funkelnde Augen, hörte ein hämisches Lachen, und schon flog ein Stein über die Köpfe der Menge hinweg auf das Dach der Bude, wo das Äffchen jetzt saß. Ein vielstimmiger Schrei ertönte, einige Leute duckten sich, andere flohen unwillkürlich; denn von oben herab rollte ein kleiner brauner Körper in die Menge hinunter – das Äffchen.
»Aber August, o August, was hast du getan!« schrie die Frau. Sie stürzte auf das Tier zu und hob es schluchzend auf.
Der dumme August lachte: »Ach was, der Denkzettel schadet dem Ausreißer nichts, der hat mich schon genug geärgert!«

»Pfui, aber pfui, so ein roher Mensch!« rief Mutter Wichert hinter ihren Obstkörben hervor. Andere Stimmen fielen ein, und alle schimpften auf den dummen August. Die Frau aber klagte: »Unser Bimbo stirbt! Ach, woher bekomme ich nur gleich einen anderen Affen!«
Dietrich und Liesel waren aufgeregt bis dicht an die Bude getreten, und Liesel streckte unwillkürlich dem verwundeten Tier eine goldgelbe Birne hin, die sie in der Tasche hatte. Einige Sekunden lang öffnete Bimbo, dem das Blut über den kleinen Körper rann, seine Augen und sah die Kinder mit einem unbeschreiblich traurigen Blick an, ohne die Birne anzurühren.
»Geben Sie ihn uns, wir wollen ihn wieder gesund pflegen«, rief Dietrich mitleidig. Blitzschnell dachte er daran, daß er daheim schon einmal einen kranken Hund gesund gepflegt und daß niemand darüber gescholten hatte. Sie hatten auch schon einmal einen halbtoten Raben mit heimgenommen, den sie auf dem Felde fanden, und der war auch gesund geworden. Ach, vielleicht würde es ihnen auch hier gelingen.
»Das nützt nichts mehr, Bub«, sagte der dicke Bürgermeister aus Oberheudorf, der sich vorgedrängt hatte und nun breitbeinig vor der Bude stand.
»Vielleicht doch«, erwiderte Liesel, der die Tränen über die Backen liefen.
Dem Hanswurst tat seine unüberlegte Tat längst leid; er bereute, was er im Zorn getan hatte, nicht aus Mitleid, sondern weil ihm das Geld leid tat, das ein neuer Affe kosten würde.
»Vielleicht kauft das kleine Fräulein unsern Bimbo, wir geben ihn billig ab«, sagte er etwas spöttisch.
»Haha, das ist ein guter Witz«, sagte der Oberheudorfer Bürgermeister lachend. »Was soll er denn kosten? Ist 'ne Million genug?«
»Fünf Mark«, rief der dumme August rasch und schaute sich um. Vielleicht war jemand so dumm und gab noch so viel für das halbtote Tier.

Die Leute lachten. Ein frecher Bub rief: »Einen Löwen kriegt man wohl noch dazu und ein Kamel auch, Herr August?«
Dietrich und seine Schwester hatten sich angeblickt, und Liesel nickte, was bedeutete: Ich will, wenn du es willst!
»Es ist dein Geld«, sagte Dietrich zögernd. »Du hast dich doch so auf den Wagen gefreut. Willst du es wirklich?«
»Ich will die fünf Mark bezahlen«, rief auf einmal Liesel; sie wurde dabei rot wie Klatschmohn, weil alle Leute hersahen.
»So ein Unsinn!« schalt eine Frau, und Mutter Wichert zeterte aus ihrer Ecke hervor: »Aber Kinder, seid ihr närrisch geworden? Ihr wolltet euch doch einen Wagen kaufen! Das Tier stirbt euch ja unter den Händen!«
Der dumme August hatte aber geschwind das Äffchen in ein altes Tuch gewickelt und es Liesel auf den Arm gelegt. »Hier, mein kleines Fräulein«, sagte er schrecklich freundlich. »Es ist ein Glück, daß es noch gute, mitleidige Menschen gibt.«
»Das ist doch eine bodenlose Dummheit von den Kindern! Man sollte es nicht erlauben«, brummte der Oberheudorfer Bürgermeister. Andere Leute mischten sich auch ein, und es entstand ein großes Geschrei, man wollte es nicht zulassen, daß die Kinder das Tier kauften. Da wurde der dumme August wieder wütend und drohte, er werde das Äffchen auf der Stelle totschlagen. Wieder sahen sich die Geschwister an, und wieder nickten sie einander zu. Rasch zog Dietrich die blanken Silberstücke aus der Tasche und reichte sie dem dummen August. Der steckte das Geld, obgleich die Leute um ihn herum empört schimpften, vergnügt in die Tasche und schlug plötzlich einen Purzelbaum. Wie ein Rad kollerte er vor der Menagerie hin und her, schnitt Grimassen, stellte sich auf den Kopf und erreichte mit seinen Kunststücken, daß die Zuschauer für einige Augenblicke das Äffchen vergaßen.
Dietrich und Liesel nutzten die Ablenkung und liefen mit dem halbtoten Tier davon. Sie schämten sich beinahe, daß so viele Leute ihr gutes Werk mit angesehen hatten.

»Na, sagte ich's nicht gleich, ein Wagen wird es doch nicht?« sagte Mutter Wichert, als die Kinder an ihrem Stand vorüberkamen. »Nun ist's sogar ein Affe geworden. Ein Kaffeegeschirr wäre besser gewesen.« Sie nahm dann ein paar weiße und rote Zuckerstangen, die sie sonst auch verkaufte, und steckte sie den beiden zu. »Was tut ihr denn jetzt mit dem armen Tier?«
»Wir gehen zu Doktor Lindner, dem Tierarzt«, sagte Dietrich rasch, »nicht wahr, Liesel? Vielleicht verbindet er Bimbo.« Liesel nickte und sah den Bruder strahlend an. Wie klug er war! Immer wußte er einen Ausweg.
»Das ist vernünftig«, lobte Mutter Wichert und steckte Dietrich noch rasch die Taschen voll Johannisbrot. »Geht nur geschwind, vielleicht wird der kleine Schelm wieder gesund.«
Vorläufig lag Bimbo freilich ganz still auf Liesels Arm, und die Kleine klagte auf dem Weg zum Tierarzt: »Er stirbt gewiß. Hoffentlich ist Herr Doktor Lindner zu Hause.«
Der war zu Hause, und er hörte sich freundlich den Bericht der Kinder an, und als Dietrich schüchtern sagte, sie hätten aber nur noch eine Mark, meinte er lachend: »Ich will euren armen Bimbo ganz umsonst heilen, hoffentlich gelingt es mir.«
Er nahm das Tier, legte es auf einen Tisch und untersuchte die Wunde. Dabei wurde sein Gesicht immer heller, und während er das Äffchen sorgsam verband, sagte er zu den Geschwistern, die sein Tun ängstlich beobachteten: »Er wird wieder gesund werden. Hoffentlich habt ihr auch recht viel Freude an ihm. Affen sind manchmal recht unnütze Hausgenossen, ich mag sie freilich trotzdem gut leiden.«
Es war, als hätte dies Bimbo verstanden; er öffnete seine dunklen Augen und sah die Kinder wieder mit einem tieftraurigen Blick an, gerade als wollte er sagen: »Habt mich nur lieb, dann will ich schon folgsam sein.«
Da streichelte ihn Liesel vorsichtig und flüsterte: »Armer, kleiner, lieber Bimbo, du wirst gewiß recht brav sein.«
Inzwischen war Frau Hesse, die Mutter der beiden Kinder, mit

dem vierjährigen Heinz und der fünfjährigen Ursula auch auf dem Jahrmarkt angelangt. Sie hielten alle drei Ausschau nach Dietrich und Liesel und wunderten sich, daß sie ihnen nicht schon mit dem neuen Wagen entgegengekommen waren.
»Ich setz' mich in den Wagen«, erklärte Heinz.
»Ich auch«, rief Ursula, »und Mutti auch«, fügte sie rasch hinzu.
Die Mutter lachte: »Na, so groß wird der Wagen wohl nicht sein. Aber wo mögen nur Dietrich und Liesel bleiben?«
»Frau Hesse, Frau Hesse!« hörten sie da Mutter Wicherts wohlbekannte Stimme. Die dicke Obstfrau winkte, und als die Mutter mit den beiden Kleinen vor ihr stand, erzählte sie von dem Affenkauf der beiden Kinder. »Sie haben beide ein sehr gutes Herz, das muß man sagen«, schloß sie.
Frau Hesse nickte, und ein freundliches Lächeln glitt über ihr Gesicht. »Ein gutes Herz!« wiederholte sie.
Heinz und Ursula hatten mit weit aufgerissenen Augen der Erzählung gelauscht, und der Bub, der noch ein wenig dümmer als das Mädel war, rief fragend: »Ist 'n Affe was zu essen?«
»Nein, 'n Affe ist was aus'm Bilderbuch«, belehrte Ursula wichtigtuerisch den Bruder. Dann fragte sie Mutter Wichert eindringlich: »Sitzt der Affe im Wagen drin?«
»Nein, nein, mein Kind«, erklärte diese, »einen Wagen gibt's nun nicht, aber ein Affe ist doch viel, viel schöner!«
Den Affen wollten sich Heinz und Ursula schon gefallen lassen, daß es aber keinen Wagen geben sollte, das fanden sie sehr betrüblich. Sie brachen plötzlich beide in ein jämmerliches Geschrei aus, und vergeblich versuchte Mutter Wichert sie mit einer Zuckerstange zu trösten, sie weinten immer mehr.
Dietrich und Liesel, die mit ihrem verbundenen Affen eilig zum Jahrmarkt zurückkehrten, um die Mutter mit den beiden Kleinen zu suchen, hörten schon von weitem das Geschrei und merkten auch bald, warum die Geschwister so weinten. »Wir wollen 'n Wagen«, klagten beide. »Ich will im Wagen sitzen«,

heulte Ursula, und Heinz fügte hinzu: »Ich will 'n ziehen.«
Dietrich und Liesel sahen sich erschrocken an: sie hatten die Kleinen um ihre Freude gebracht. Denn daß es Liesels Geburtstagsgeld war, das kümmerte die beiden Kleinen wenig.
»Unser Wagen, unser Wagen!« heulten sie.
Die Mutter wußte sie aber rasch zu beruhigen, und die beiden Großen, wie Dietrich und Lieselinchen von Heinz und Ursula genannt wurden, merkten bald, daß ihnen die Mutter nicht böse war. Da beruhigten sie sich rasch, und mit glühenden Wangen erzählten sie der Mutter noch einmal alles. Sie zeigten ihr Bimbo, der ganz still mit geschlossenen Augen in Liesels Armen lag, und sie berichteten von der Diagnose des Tierarztes. Von den Herrlichkeiten des Jahrmarktes sahen die Kinder an diesem Tage nichts mehr. Bimbo mußte nach Hause gebracht werden, Bimbo brauchte Ruhe und Pflege. Selbst Heinz und Ursula fanden sich damit ab. Vom übriggebliebenen Geld kaufte Dietrich rasch ein paar Spielsachen für die Kleinen und eine Tüte Pfefferkuchen als Wegzehrung, und dann ging es heimwärts. Bimbo lag in einem alten Obstkorb, den ihnen Mutter Wichert geliehen hatte, und die Geschwister trugen ihn alle vier. Heinz und Ursula hielten wenigstens die Händchen am Korb, sie wollten dem armen Bimbo doch auch etwas zuliebe tun.
Pläne wurden geschmiedet und Luftschlösser gebaut, wie es werden würde, wenn Bimbo erst gesund war, wenn er wieder klettern und vielleicht Kunststücke machen konnte. Immer flinker liefen die Kinderbeine. Die vier hatten es am Morgen gar nicht erwarten können, auf den Jahrmarkt zu kommen, nun eilten sie früher, als sie gedacht hatten, vergnügt heimwärts. An den Wagen dachten sie gar nicht mehr, nur an Bimbo und daran, was Vater zu dem neuen Hausgenossen sagen würde. Oh, Vater würde sich freuen, denn Vater liebte ja Tiere so sehr, Tiere und Pflanzen.
»Wir kommen, wir kommen«, schrien alle vier, als sie von wei-

tem das liebe Vaterhaus sahen, »wir kommen, wir kommen!«
»Und Bimbo kommt mit«, krähte Ursula.
»Bimbo mit«, wiederholte Heinz vergnügt, als der Vater das Gartentor öffnete und ihnen entgegenkam.

Im Gärtnerhaus

Das Haus lag vor der Stadt, vor dem Tore eigentlich, denn die kleine, altertümliche Stadt besaß noch zwei wohlerhaltene Stadttore mit Türmen. Die Stadtmauer aber war längst gefallen, und wo sonst ein breiter Wassergraben die Stadt umgürtet hatte, gab es jetzt schöne, breite Spazierwege.
Ein Stückchen weiter hinter den letzten Häusern lag die Gärtnerei von Rudolf Hesse, dem Vater der Kinder. Früher hatte das Haus einem etwas wunderlichen alten Herrn gehört, einem großen Gartenfreund und Blumenliebhaber. Der hatte Rudolf Hesse, der ein entfernter Verwandter seiner Frau war, als armes, verlassenes Waisenkind zu sich genommen, ihn erzogen und ihn Gärtner werden lassen. Das alte Haus mit dem Garten wurde zu einer großen Gärtnerei umgewandelt. Das hatte Onkel Dietrich noch erlebt. Er hatte auch noch den kleinen Dietrich aus der Taufe gehoben, dann aber war er sanft und friedlich gestorben. Er lebte aber fort in den Herzen der Seinen. Am Ende des Gartens lag sein Grab. Das hatte er sich selbst gewünscht, und die Blumen, die der alte Onkel so sehr geliebt hatte, blühten immer auf seinem Grabe. Onkel Dietrichs Blumen zu begießen war die liebste Beschäftigung der Kinder.
Dietrich, Liesel, Ursula und Heinz lebten glücklich in dem alten Haus. Wohl kam mal eine Krankheit, oder dem Vater verdarb ein Unwetter seine Pflanzungen, aber das alles waren keine allzu schweren Sorgen, die gingen vorüber wie flüchtige Wolken und trübten nicht lange die fröhliche Heiterkeit der

Familie. Unter der verständnisvollen Obhut der Eltern wuchsen die vier Kinder zwischen Blumen und Bäumen heran und waren alle Tage lustig und guter Dinge. Sie freuten sich am Wechsel der Jahreszeiten und an Werktagen und Festtagen. Sie waren auch manchmal wild und unartig und bekamen Schelte, wie es so bei Kindern geht. Sie waren aber doch nette, fröhliche, gesunde Kinder. Von Vater und Mutter hatten sie gelernt, alle Tiere und Pflanzen zu lieben, auf sie zu achten und, was ihnen gehörte, sorgsam zu pflegen.
Daher hatten die vier auch keine Angst, daß der Vater das Äffchen vielleicht nicht haben wollte, und als er sich jetzt im Gartentor zeigte, rasten Heinz und Ursula strahlend auf ihn zu. »Wir haben 'n Affen, Vater.« – »Einen lebendigen«, jauchzte Ursula. – »Mit 'm Loch im Kopf«, erklärte Heinz stolz.
Der Vater sah etwas verdutzt drein. Wenn Kinder ausziehen, einen Wagen zu kaufen und einen Affen heimbringen, dann ist das freilich schon eine sonderbare Geschichte.
Nun schrien auch Dietrich und Liesel vergnügt: »Wir haben einen Affen, Vati, einen richtigen Affen!«
Es dauerte ein Weilchen, bis der Vater die Geschichte des Affenkaufs ausführlich zu hören bekam, denn die Kinder redeten so durcheinander, daß endlich die Mutter die Sache erklären mußte.
»Er wird gesund«, versicherte Liesel glückstrahlend, »Herr Doktor Lindner hat es gesagt.«
Es war gerade, als wollte das Äffchen zeigen, daß es Liesels Worte verstanden habe, es öffnete ein wenig die Augen und stieß dann ein kläglich winselndes Schreien aus, es klang beinahe, als weinte ein Kind.
»Tragt das Tier ins Haus«, sagte der Vater, »Fabian soll ihm ein Lager zurechtmachen. Vor allem muß der kleine Kerl warmgehalten werden. Er ist ein südlicheres Klima gewohnt.«
»Fabian, Fabian!« riefen Heinz und Ursula wie aus einem Munde und jagten in den Garten, um den langen Fabian zu su-

chen und ihm von dem neuen Hausgenossen zu erzählen.
Im breiten Mittelweg des Gartens trafen die Kinder Fabian. Er kam gerade mit zwei großen Gießkannen vom Brunnen her. »Na?« knurrte er, als er die Kinder erblickte, und die wußten schon, das war eine Aufforderung, ihr Abenteuer zu erzählen. Fabian war der Obergärtner – so nannten ihn wenigstens die Gartenarbeiter –, eigentlich war er noch vieles andere. Fabian wußte in Haus und Garten Bescheid wie kein zweiter, und wo es etwas zu tun, zu raten und zu helfen gab, immer wurde Fabian herbeigeholt, Fabian war Gärtner, Maurer, Schreiner, er konnte die schönsten Sträuße binden, schadhafte Sachen ausbessern, Puppenstuben tapezieren, Gemüse auf dem Markt verkaufen, dem schwarzen Karo allerlei Kunststücke beibringen, ja sogar dichten konnte Fabian. An Geburtstagen und Weihnachten verfaßte er für die Kinder Verschen, die sehr schön waren, worüber aber die Erwachsenen manchmal herzhaft lachen mußten.
Das war Fabian. Zu ihm liefen die Kinder mit ihrem kleinen Pflegling, und Fabian sagte zweimal »Hm«, das war sehr viel, denn lange Reden hielt er nicht gern. Fabian, der, wie er selbst sagte, so lang wie der Johannistag war, nahm einfach den Korb mit dem Affen auf den Arm und schritt dem Gewächshaus zu. Dort gab es neben dem Heizraum eine kleine, warme Kammer, die ihm als Affenwohnung geeignet erschien. Soviel Dietrich und Liesel unterwegs auch darüber nachgedacht hatten, wo Bimbo wohnen könnte, diese Kammer war ihnen natürlich nicht eingefallen. Daran dachte nur Fabian.
Der machte auch geschwind ein weiches, warmes Heulager zurecht. Die Mutter brachte eine alte Wolldecke, in die Bimbo wie ein kleines Kind gewickelt wurde, und dann kauerte sich das Tierchen still auf sein Lager. Es schien ihm hier ganz gut zu gefallen; wohl winselte und stöhnte es bei jeder Berührung, aber plötzlich streckte es Liesel seine kleine Pfote hin, als wollte es sagen: »Danke schön!«

»Er ist lieb!« rief Liesel begeistert.
»Lieb!« wiederholten Heinz und Ursula und stürmten etwas ungestüm auf Bimbo zu. Doch der fletschte auf einmal wütend die Zähne, sah mit bitterbösen Augen auf die beiden Kleinen und schrie laut.
Heinz und Ursula flüchteten schreiend zurück, und weil Ursula zu weinen anfing, schluchzte Heinz mit. Da wurde plötzlich das Gesicht des Affen wieder sanft und traurig, und er streckte noch einmal seine Pfote aus, als wollte er reumütig sagen: »Ich hab' es doch nicht bös gemeint!«
So war der Friede wiederhergestellt. Von diesem Augenblick an aber gingen Ursula und Heinz zur großen Beruhigung der Mutter immer in einem großen Bogen etwas ängstlich um den neuen Hausgenossen herum. Frau Hesse war nicht ganz glücklich mit dem Gast. Sie wußte, daß Affen manchmal recht boshaft und zuweilen auch bissig sind, und in der ersten Zeit beobachtete sie daher Bimbo immer besorgt. Würde er auch den Kindern nichts tun? – Doch Bimbo zeigte sich anfangs sehr friedlich. Er ließ sich pflegen und verwöhnen, selbst als der Tierarzt kam und nach seiner Wunde sah, verhielt er sich ruhig. Die Wunde heilte überraschend schnell, und schon nach wenigen Tagen konnte Bimbo allerlei Kletterkunststücke ausführen. Da zeigte es sich denn bald, daß er eigentlich ein rechter Schelm war und ihm alle möglichen Dummheiten einfielen. Er nahm Liesels geliebtem Puppenkind Ninette den allerbesten Sonntagshut weg, schmückte sich selbst damit und zerknüllte und zerzauste das hübsche Hütchen so, daß es niemand Ninette verdenken konnte, wenn sie den Hut nicht mehr tragen wollte. Aber auch der alte Spruch, daß ein Affe sehr possierlich sein kann, besonders wenn er einen Apfel frißt, bewahrheitete sich bei Bimbo. Seine Mahlzeiten waren für die Kinder ein Hauptvergnügen, und der Schelm merkte ihre Freude; je mehr sie lachten, desto tollere Grimassen schnitt er, desto eifriger zerzupfte er mit seinen braunen Händen die Speisen. Er leckte

und schleckte, drehte sich und wand sich, daß die Kinder jedesmal in lautes Lachen ausbrachen.
»Er ist richtig eitel, der kleine Kerl«, sagte der Vater. »Seht nur, er will immer bewundert sein.« Und es war wirklich so. Bimbo wollte gelobt werden für seine Taten. Als Fabian einmal mit den Kindern zusah, wie Bimbo einen Apfel verzehrte, und etwas grimmig sagte: »Macht's ihm nur nicht nach! Schön ist das nicht, wie er frißt«, warf ihm Bimbo einen angebissenen Apfel an den Kopf.
»Na, nun schlägt's dreizehn«, brummte Fabian. »So ein Frechdachs!«
Die Kinder schüttelten sich vor Lachen, das aber reizte Bimbo erst recht zu weiteren Taten, und schwapp! flog dem armen Fabian eine Mohrrübe an den Kopf. Das war dem aber doch zuviel: er stellte sich breitbeinig vor Bimbo hin und hielt dem Affen mit seiner tiefen Stimme eine lange Strafpredigt. Es war gewiß die längste Rede, die Fabian jemals in seinem Leben gehalten hatte. Sie ließ sogar die Kinder verstummen, die einfach baff waren über Fabians Sprachleistung, und Heinz riß sein Mäulchen so weit auf, als wollte er mindestens ein Vierpfundbrot verschlingen. Anfangs wollte Bimbo noch etliche andere Bestandteile seiner Mahlzeit folgen lassen, aber jedesmal erhob Fabian drohend seine Stimme, und dann kauerte sich das Äffchen erschrocken zusammen. Zuletzt fing es sogar an zu greinen und zu klagen wie ein kleines Kind, und Fabian sagte befriedigt: »Es hat geholfen!«
Und es hatte wirklich geholfen. Bimbo hatte fortan gewaltigen Respekt vor Fabian. Er folgte ihm aufs Wort, anfangs etwas ängstlich und verschüchtert, nach und nach wurde er aber zutraulicher, und bald liebte er den langen Burschen genauso wie die Eltern und die Kinder. Denn Bimbo liebte wirklich die Familie, die ihn aufgenommen hatte; er war allen gegenüber anhänglich, am meisten aber mochte er Liesel. Es war, als ahnte er, was die Kleine für ein Opfer für ihn gebracht hatte. Kam

sie, dann verklärte sich sein braunes Affengesicht, und er streichelte manchmal mit seinen kleinen Pfötchen liebkosend Liesels zarte Wangen. Er saß auch still auf ihrem Schoß und legte liebkosend seine Arme um den Hals seiner kleinen Herrin. Solange Bimbo noch krank war, blieb er in seiner warmen Kammer im Gewächshaus. Später durften ihn die Kinder mit hinausnehmen in den Garten. Herr Hesse hatte ein Halsband mit einer feinen, langen Kette besorgt, das bekam der kleine Schelm umgelegt, damit er nicht ausriß oder im Garten vielleicht Unheil anrichtete.

Es waren wundervolle Herbsttage. Der Sommer schien noch einmal zurückgekehrt zu sein, um sich an der Farbenpracht und Früchtefülle seines Bruders Herbst zu freuen, so warm und sonnig war es. Auf den Beeten blühten die Herbstblumen in greller Buntheit. Die Rosen hatten sich noch einmal mit kostbaren, duftenden Blüten geschmückt, und die Obstbäume schienen die Menschen förmlich zu bitten, ihnen doch ihren Reichtum abzunehmen, so tief neigten sie ihre Äste. In der Hesseschen Gärtnerei gab es alle Hände voll zu tun. Das Obst mußte gepflückt und für den Verkauf eingepackt werden. Bei besonders kostbaren Sorten, die an Spalieren gezogen wurden, wurde jede Frucht einzeln in Seidenpapier eingewickelt. »Ein Sonntagskleidchen«, nannte es Liesel. Die Kinder mußten in ihrer Freizeit alle mithelfen, selbst Heinz und Ursula suchten eifrig unter den Bäumen nach herabgefallenen Früchten.

Das Haus durchzog ein feiner Obstgeruch, und wenn eine Hausfrau kam, um Blumen oder Früchte zu kaufen, dann atmete sie wohl den köstlichen Duft tief ein, und manche sagte auch: »Hier möchte ich wohnen.« Das fanden die Kinder begreiflich, denn auch ihnen gefiel es gut daheim, und wenn sie aus der Stadt kamen, wo sie zur Schule gingen, waren sie jedesmal froh, wenn sie schon von ferne den heimatlichen Garten sahen. Und Bimbo gefiel es auch gut. In der Menagerie hatte er oft hungern müssen, da waren verkrüppelte oder halbfaule Äp-

fel schon Leckerbissen gewesen, und hier gab es täglich die prächtigsten Früchte. Der kleine Kerl schmauste nach Herzenslust, er wurde gesund und munter dabei und immer übermütiger. »Laßt nur den Bimbo nicht hinaus, er hat so listige Augen«, mahnte der Vater oft, »er sieht aus, als möchte er gerne etwas anstellen.«
Dietrich und Liesel verteidigten dann immer ihren Schützling; das Äffchen war in ihren Augen ein richtiger kleiner Tugendbold, ein Wunder an Klugheit und Gelehrsamkeit. Die Schulkameraden der Kinder bekamen jeden Tag von Bimbo erzählt, und Bimbo war in Dietrichs und Liesels Klasse eine sehr bekannte Persönlichkeit. Mancher Junge, manches Mädel ging an diesen sonnigen Herbsttagen zur Gärtnerei Hesse hinaus, um sich Bimbo anzusehen. Manche Mutter wunderte sich auch wohl, wie bereitwillig jetzt ihre Kinder waren, von Hesses Obst oder Gemüse zu holen.
Auch Mutter Wichert, die eine gute Kundin war, kam, um nach Bimbo zu sehen. Pustend und stöhnend, von dem weiten Wege etwas außer Atem, betrat sie Bimbos Kammer im Treibhaus. Der Affe hing gerade an einer Schaukel, die Fabian für ihn gebastelt hatte. Nachdenklich betrachtete die Obstfrau den Affen, dann schüttelte sie den Kopf und sagte etwas wegwerfend: »Nee, Kinder, so'n kleines Scheusal könnte mir ganz und gar nicht gefall'n. Genau wie'n kleiner Teufel sieht das Biest aus!«
Der arme Bimbo aber meinte, gegen Kunden müßte man besonders höflich sein. Als besondere Höflichkeit nun erschien es ihm, Mutter Wichert etwas näher anzuschauen. Dies wollte er auch ausführen, und hops! saß er der guten Alten auf der Schulter. Die Obstfrau stieß einen durchdringenden Schrei aus. Fabian stürzte herzu und nahm Bimbo fort, der ganz verstört in eine Ecke kroch und ängstlich kreischte.
»Du meine Güte, so ein Untier!« schimpfte Mutter Wichert zornig und floh eilig aus dem Gewächshaus. Draußen behaup-

tete sie dann: »Mich bringen keine hundert Pferde mehr da hinein. Schafft ihn ab, Kinder, schafft ihn ab! Ein Wagen ist allemal besser als so ein Affe. Glaubt mir's, das nimmt einmal kein gutes Ende.«
Das war aber zuviel für Liesel, so schlecht war ihr Liebling nicht. Weinend lief sie zu ihm zurück, Dietrich folgte ihr. Dann saßen sie lange still bei dem Äffchen, das wieder sanft und zutraulich war.
Als die Kinder in das Haus zurückkehrten, war die Obstfrau schon fort. Mit allerlei düsteren Prophezeiungen war sie gegangen, die besonders auf Lina, das Hausmädchen, großen Eindruck gemacht hatten. Sie wollte ohnehin nicht viel von Bimbo wissen und warnte nun ebenfalls: »Der richtet noch einmal großes Unheil an.«
Armer, lieber Bimbo, dachte Liesel und huschte nach dem Abendessen noch einmal in das Gewächshaus, um nach ihrem Liebling zu sehen. Fabian, den sie traf, leuchtete ihr mit seiner Taschenlampe, und beide betraten den Vorraum des Heizraumes. Aber was war das? – Die Tür von Bimbos Kammer stand offen.
»Er ist fort«, stammelte Liesel erschrocken. »Dietrich ist wohl drin«, brummte Fabian. Aber Dietrich war nicht drin und Bimbo auch nicht, die Kammer war leer. »Ausgerissen!« knurrte der Obergärtner.
»Ausgerissen?« schluchzte Liesel, und bald hallte es durch es durch Haus und Garten. – »Bimbo, lieber Bimbo, komm doch!« – »Bimbolein, Bimbolein, wo bist du?« Aber kein Bimbo ließ sich mehr sehen. Fabian leuchtete mit seiner Taschenlampe in alle Winkel, der Vater ging mit einer brennenden Fackel durch den Garten – nirgends war eine Spur des Vermißten.
»Wir müssen ihn heute abend noch finden«, sagte Herr Hesse ärgerlich, »sonst gerät er mir noch an mein Spalierobst, das wir morgen abnehmen wollen, und richtet Schaden an.«
»So einem Untier ist alles zuzutrauen«, versicherte Lina, die

beinahe froh war, daß sich Mutter Wicherts Prophezeiungen so schnell erfüllen sollten.
Die Zeit verging, es wurde acht Uhr, es wurde neun Uhr. Endlich, gegen zehn Uhr, rief Frau Hesse die Kinder ins Haus. »Es hilft nichts, ihr müßt jetzt zu Bett gehen«, sagte sie ärgerlich. Ursula und Heinz waren auch wirklich so müde, daß sie beinahe über ihre eigenen Beinchen stolperten. Liesel hatte dick verweinte Augen, und Dietrich machte ein Gesicht wie vierzehn Tage Regenwetter und drei Meilen schlechter Weg.
»Bimbo ist uns ausgerissen, weil er so viel ausgescholten wurde«, klagte Liesel im Mädchenzimmer.
In diesem Augenblick stieß Lina, die Ursula gerade das Röckchen aufknöpfen wollte, einen gellenden Schrei aus. »Dort, dort, dort!« schrie sie und deutete auf Ursulas Bettchen, aus dem ein kleines, unnützes, schwarzbraunes Gesicht hervorsah; Bimbo saß darin, die Puppe Ninette zärtlich im Arm. »Ach, so'n Untier!« schrie Lina. »Mir wird's ganz gruslig!«
»Bimbo, lieber Bimbo!« jauchzte Liesel, und auf ihren Ruf kamen aus dem Bubenzimmer Dietrich und Heinz angerannt, Heinz im Hemd, die Hose wie eine Siegesfahne schwenkend: »Bimbo ist wieder da, hurra, unser Bimbo ist wieder da!«
Der Lärm in den Kinderzimmern rief die Eltern herbei. Fabian kam und Barthel, der Lehrling. Fabian leuchtete mit seiner Taschenlampe auf den Ausreißer und brummte befriedigt: »Er ist's!«
»Na, freilich ist er's! Affen laufen hier zum Glück nicht wie Hühner herum. In der ganzen Stadt hat sich kein Mensch so'n Untier auf dem Jahrmarkt gekauft«, zeterte Lina.
Aber Linas Brummen dämpfte die Freude der Kinder nicht. Sie trugen den Ausreißer jubelnd in seine warme Kammer zurück. Selbst Heinz schlüpfte noch einmal in seine Hose, er mußte dabei sein. Nur Ursula konnte die Augen nicht mehr offen halten, der Sandmann hatte zu viele feine Sandkörnlein hineingestreut. Liesel gab ihrem Liebling noch den Apfel, den sie vor lauter

Kummer nicht mehr zum Abendbrot essen hatte können, und Fabian hüllte den Ausreißer behutsam in eine Decke. »Dummer Kerl«, brummte er zärtlich, »solche Sachen darfst du nicht machen!«
Glücklich, weil Bimbo wieder da war, gingen die Kinder zu Bett. Es dauerte nicht lange, da schliefen alle vier ruhig und fest. Liesel aber träumte in dieser Nacht, sie säße auf einem großen Schiff und Bimbo kauerte neben ihr. Er sah sie mit seinen klugen Augen an und sagte mit heller Stimme: »Ich möchte dir meine Heimat zeigen, Liesel.«

Ein gestörtes Weihnachtsfest

Daß der Winter bald naht, wenn erst Birnen und Äpfel abgeerntet sind, das wissen nicht nur die Gärtnerskinder. Überall fangen um diese Zeit die Kinder an, von Weihnachten zu reden. Manche beginnen freilich schon früher damit, es soll sogar welche geben, die zwei Tage nach Ostern fragen, wenn sie gerade das letzte Osterei gegessen haben: »Mutter, wann ist Weihnachten? Bald, ja?«
Zu diesen ganz ungeduldigen, zu diesen kleinen Nimmersatten gehörten die Hesseschen Kinder nun freilich nicht, aber auch sie redeten reichlich früh schon von dem Weihnachtsfest. Zuerst fingen Heinz und Ursula davon an, und es dauerte nicht lange, da redeten die älteren Geschwister mit. Je näher das Fest heranrückte, desto dringlicher wurden die Wünsche und Fragen der Kinder.
Einmal kam Ursula gelaufen, und wenn es die anderen nicht bestimmt gewußt hätten, daß es ihre Ursula war, sie hätten die Kleine für einen Schornsteinfeger oder einen Tintenwischer halten können. Ursula war mit Tinte beschmiert wie ein vielgebrauchtes Löschblatt. Auf die erstaunte Frage der Mutter:

»Aber Ursula, was hast du denn gemacht?« antwortete die Kleine fröhlich: »Wunschzettel geschrieben!« Sie brachte einen mit Tinte bekleckstes Wisch und las den lachenden Geschwistern stolz ihr Gekritzel vor: »Puppe, Puppe, Puppe, und viel Pfefferkuchen!«
Eine Stunde später verlangte Heinz von Liesel auch einen Zettel, Feder und Tinte, aber die Schwester gab ihm nur einen Bleistift, und so fiel sein Wunschzettel weniger verschmiert aus.
Je kürzer die Tage wurden, je tiefer der Garten in winterliche Ruhe versank, desto lauter wurden die Hinweise auf Weihnachten im Hause. Ganz still konnte es zwar auch manchmal sein, die Mutter mochte sich vielleicht gerade ein wenig darüber wundern, da ertönte plötzlich eine Stimme, die andern fielen ein, und irgendein bekanntes Weihnachtslied schallte durch das Haus.
Wenn es der Vater hörte, huschte manchmal ein Schatten über sein Gesicht. Den immer fleißigen Mann beschäftigten um diese Zeit ernste und schwere Fragen. Er dachte in der beginnenden Winterzeit viel an ein fernes, fernes Land. Der alte Onkel Dietrich hatte einst in Südamerika, in der brasilianischen Provinz Santa Catharina, Land gekauft, Urwald. Er wollte einen andern Neffen, einen Vetter von Rudolf Hesse, hinschikken, der sollte dort eine deutsche Musterwirtschaft errichten. Aber dem jungen Mann, Reinhold Breitenstein, hatte das Seefahren besser gefallen, er war Seemann geworden, und seine Heimat wurde das Meer. Von Zeit zu Zeit kam er mit seinem Schiff nach Brasilien und erkundigte sich dort nach dem gekauften Land. Einmal hatte er auch einen deutschen Ansiedler als Pächter gewonnen, aber der war fortgezogen, niemand wußte wohin, und das Land lag noch immer unbebaut da.
Herr Hesse hatte Reinhold Breitenstein dessen Erbteil abgekauft, nun gehörte das ganze Land ihm allein. Er hatte schon manchmal daran gedacht, mit seiner Familie dorthin auszuwandern. Die neue, große Aufgabe lockte ihn. Seine Gärtnerei in

Feldburg war klein, er konnte sie auch nicht vergrößern, da der Grund und Boden ringsherum einer Baugenossenschaft gehörte, die lieber die Gärtnerei noch dazu gekauft hätte, statt etwas von ihrem Besitz abzugeben. Rudolf Hesse hatte schon als Junge die Sehnsucht gehabt, fremde Länder kennenzulernen, um einmal unter anderen Verhältnissen das Blühen und Gedeihen der Pflanzen zu beobachten. Aber der Gedanke an seine Frau, an seine Kinder hielt ihn immer wieder zurück. Nun war im Herbst die Nachricht von seinem Vetter Breitenstein gekommen, er sei wieder einmal kurze Zeit in Brasilien gewesen und habe dort gehört, daß Rudolf Hesses Besitz einfach andern Ansiedlern zur Verfügung gestellt werden sollte. »Fahre nach Brasilien und mache selbst Besitzrechte geltend«, hatte er an Rudolf Hesse geschrieben. Die Reise nach Südamerika schien ihm, dem Seemann, kein großes Hindernis. Herr Hesse wollte nun wirklich nach Weihnachten die Reise antreten, aber zunächst allein, Fabian sollte während seiner Abwesenheit die Gärtnerei hier verwalten.
»Nimm uns alle mit«, bat seine Frau mit schwerem Herzen, als er von seinem Vorhaben sprach.
»Die Reise ist zu anstrengend für dich und die Kinder«, sagte ihr Mann, »du kannst vielleicht das Klima nicht vertragen, und dann, wo sollen unsere Kinder dort in die Schule gehen?« Die Mutter nickte traurig. Gewiß, ihr Mann hatte recht, aber der Gedanke, ihn allein so weit reisen zu lassen, war ihr nicht angenehm.
Die Kinder ahnten noch nichts von des Vaters Plan. Sie genossen in glücklicher Weihnachtsvorfreude die Tage, und Bimbo bekam in dieser Zeit sehr, sehr viel von den Vorbereitungen zu dem schönen Fest zu hören und zu sehen.
»Er versteht alles«, behaupteten die Kinder.
»Er freut sich«, meinte Heinz.
»Er sieht immer so nachdenklich dabei aus.«
»Freust du dich, gelt ja, lieber Bimbo?« fragte Ursula.

»Freuen, der Affe? Der hat doch nur Unsinn im Kopf! Seht nur, was er für boshafte Augen hat«, schalt Lina, die den armen Bimbo nun einmal nicht leiden konnte.
Schwapp, flog Lina ein Tannenzapfen an den Kopf. Bimbo hatte gestern einige als Spielzeug bekommen. Das Äffchen merkte Linas Abneigung, und darum konnte es sie auch nicht leiden.
»Da sehts ihr's!« schrie Lina erbost. »Na, ich sag's ja, der richtet noch einmal Unheil an. Wie sieht er denn auch aus? Wie ein lebendiger Teufel.«
»Aber Lina, pfui, wie kannst du unsern Bimbo mit einem Teufel vergleichen!« riefen die Kinder entrüstet. Aber alle ihre Lobreden auf Bimbos Klugheit und Possierlichkeit vermochten Lina nicht umzustimmen. Sie blieb dabei, Bimbo sei ein Bösewicht. Wo sie daher den kleinen Kerl nur erblickte, schalt sie gleich auf ihn und drohte ihm mit dem Besen oder Wischtuch, Kochlöffel oder Quirl, was sie gerade in der Hand hatte. Bimbo warf ihr dann freilich oft geschwind etwas an den Kopf, dann rief Lina beinahe triumphierend: »Na seht ihr, ich habe es doch schon immer gesagt, er ist bösartig, der Satan.«
»Wenn man ein Tier reizt, wehrt es sich«, sagte Herr Hesse oft. Aber Lina hörte nicht darauf. Ihre Abneigung gegen Bimbo wurde immer größer, selbst in der festlichen Zeit vor Weihnachten war sie oft schlecht gelaunt, nur wegen des Affen.
»Lina hat Affenlaune«, knurrte dann Fabian, der eine ganz besondere Vorliebe für den kleinen, drolligen Hausgenossen hatte. Er verstand es auch am besten, dem Tierchen allerlei Kunststücke beizubringen. Bimbo konnte sein rotes Tuchjäckchen, das Liesel ihm genäht hatte, allein anziehen, er konnte von einem Teller essen und seine Milch aus der Tasse trinken. Sagte Fabian: »Bimbo, lies!« dann nahm der kleine Schelm ein altes Bilderbuch, zog ein ernsthaftes Gesicht und tat, als studiere er eifrig die Verslein unter den Bildern. Ursula sagte, er würde wohl noch einen Weihnachtsvers lernen; so weit brachte

es der Schelm aber doch nicht. Dafür lernten die Kinder neue Verse und Lieder, die Weihnachtsarbeiten wurden rechtzeitig fertig, und auf einmal war das Fest da.

»Heute ist Weihnachten!« rief Heinz und purzelte in aller Morgenfrühe aus seinem Bett. Platsch, lag er auf dem Boden, weil er gar zu geschwind heraus gewollt hatte. An einem gewöhnlichen Wochentag hätte Heinz sicher gebrüllt, heute schaute er sich sehr vergnügt um, als er wieder auf seinen dicken Beinchen stand. Es war ja der Tag vor Weihnachten! Zur Morgenmilch gab es frischen Kuchen, und feine Gerüche durchzogen das Haus. Die Mutter kam ganz eilig herein, ein paar schimmernde Goldfäden im Haar, und die beiden Kleinen staunten sie an, als wäre sie das Christkind selbst. Obgleich Liesel, die sonst sehr geduldig war, meinte, es würde an diesem Tage wohl nie Abend werden, wurde es doch dunkel, und der Augenblick kam, da ein heller Klingelton zu hören war und sich gleich darauf die Türen des Weihnachtszimmers öffneten.

Wie wunderschön das war! Es war das gleiche Zimmer, das die Kinder täglich sahen, und doch schien es, als hätte sich der ganze Raum verändert. Im Märchenglanz lag er da, nur vom Kerzenschein erhellt, auf den weißgedeckten Tischen lagen herrliche Dinge. Im ersten Staunen hatten die Kinder Bimbo ganz und gar vergessen, der mit ihnen hereingekommen war. Dem wurde das Anschauen aus der Ferne aber bald langweilig; er meinte, so schöne Sachen, wie sie auf den Tischen lagen, müßte man sich genau ansehen, und hops! saß der kleine Bimbo mitten in aller Weihnachtsherrlichkeit drin, gerade neben Ursulas neuer Puppe, die er mit stürmischer Zärtlichkeit in seine braunen Arme nahm.

Ursula schrie gellend auf. Heinz schrie zur Gesellschaft mit, Lina schrie ebenfalls los, und einen Augenblick sah es aus, als sollte durch Bimbo aller Weihnachtsfriede gestört werden. Doch da war der Vater schon am Tisch und packte den kleinen Missetäter, noch ehe dieser die goldblonde Lockenperücke des

neuen Puppenkindes zerzausen konnte.
»Pfui, Bimbo, böser Bimbo!« schimpfte Ursula noch immer ganz erschrocken, als ihr der Vater das Püppchen gab.
»Pfui, Bimbo!« schalten auch die Geschwister. Als aber Bimbo wieder seine traurigen Augen machte und richtig niedergeschlagen vor seinem Weihnachtsplätzchen hockte, da schwand aller Groll, es hieß bald wieder »lieber Bimbo«, und selbst Ursula streichelte den kleinen Wildfang wieder zärtlich.
Nur Lina brummte und schmollte. »Der braune Satan verdirbt mir alle Weihnachtsfreude«, behauptete sie, biß dabei aber doch eifrig von einem großen Pfefferkuchen ein Stück ab. »Der richtet sicher noch einmal ein Unheil an.«
Trotz Linas Groll verlief der Weihnachtsabend aber doch in Frieden und Freude, und Bimbo trug viel zur allgemeinen Belustigung und Heiterkeit bei. Er ließ sich geduldig in den neuen blauen Wagen setzen, der nun viel prächtiger, als die Kinder sich ihn erträumt hatten, unter dem Christbaum stand. Bimbo versuchte die Trommel zu schlagen und machte ein so dummverwundertes Gesicht, als Liesel das Grammophon, das sie bekommen hatte, spielen ließ, daß selbst Lina ein ganz klein wenig lachen mußte. –
Es ist nun mal leider nicht zu ändern, daß Weihnachtsabende auch vorübergehen, und viel zu früh erklang für die Kinder der Ruf: »Zu Bett!« Sie behaupteten, sie wären noch kein bißchen müde, und Heinz sagte: »Ich brauche heute nacht überhaupt nicht zu schlafen.« Nach fünf Minuten schlief er aber schon fest und tief, und die Geschwister folgten ihm geschwind ins lustige, bunte Traumland nach. Bimbo durfte heute im warmen Herdwinkelchen in der Küche bleiben, obgleich Lina darüber schalt.
»Er wird schon brav sein«, versicherte ihr Frau Hesse, der der kleine Kerl, der doch von seiner Heimat her ein wärmeres Klima gewöhnt war, leid tat; der Herdwinkel war doch noch behaglicher als Bimbos Kammer. Draußen war es bitter kalt,

und so brauchte das Äffchen nicht mehr bis zum Gewächshaus zu laufen.
Lina zog sich brummend mit ihren Schätzen in ihre Kammer zurück. Ihre Herrin ermahnte sie noch: »Geh auch gleich ins Bett! Vergiß nicht, das Licht auszuschalten!«
Das Mädchen versprach es, und Frau Hesse, die von den vielen Festvorbereitungen ermüdet war, ging auch schlafen; sie freute sich auf die Ruhe der kommenden Feiertage. Bald schliefen alle im Hause, nur ein Fenster war noch erleuchtet. Über dem Anschauen ihrer Geschenke hatte Lina das Zubettgehen vergessen. Sie band sich die neuen Schürzen um, überlegte, wie sie sich das neue Kleid machen lassen wollte, zu dem sie den Stoff bekommen hatte, und schmauste dabei Pfefferkuchen. Auf einmal fiel es ihr ein, daß sie den Karton mit dem schönen, rosaroten Briefpapier im Weihnachtszimmer hatte stehen lassen. Ei, den mußte sie doch gleich holen! Um nicht durch einen hellen Lichtschein aufzufallen, ging sie über den dunklen Vorplatz zuerst in die Küche, schaltete dort, nachdem sie die Tür vorsichtig wieder geschlossen hatte, das Licht ein und suchte die Streichhölzer.
Bimbo lag in seiner Ecke und blickte Lina bei ihrem sonderbaren Tun mit seinen klugen dunklen Augen so unverwandt an, daß es dieser ganz unheimlich wurde. »So ein Untier«, murrte sie, »wirklich fürchten kann man sich vor ihm!« Nachdem sie die Streichhölzer gefunden hatte, schaltete sie das Licht wieder aus, lief rasch hinaus und vergaß in der Eile, die Küchentür zu schließen. Sie wäre auch beinahe wieder umgekehrt, denn es war so seltsam im dunklen Haus in der tiefen Stille der Heiligen Nacht.
Märchen fielen Lina ein, die sie gehört hatte, z. B. daß die Tiere in der Heiligen Nacht sprechen können wie die Menschen. Brrr, wenn das Bimbo tun würde, dachte sie ängstlich bei der schwachen Beleuchtung. Sie ging leise in das Weihnachtszimmer, zündete dort, um sich nicht durch einen hellen Licht-

schein zu verraten, mit einem Streichholz eine schon weit herabgebrannte Kerze am Christbaum wieder an und suchte hastig auf dem Tisch nach ihrem Karton. Da war er. Sie ergriff ihn schnell und rannte aus dem Zimmer hinaus, ohne sich noch einmal umzuschauen. Auch an der Küchentür lief sie vorbei, ohne zu sehen, daß diese offenstand. In ihrer Kammer ließ sie alles liegen, wie es lag, und kroch flugs in ihr Bett.
Sie konnte aber lange nicht einschlafen; es war ihr immer, als hörte sie huschende Schritte an ihrer Kammer vorbeilaufen, es knisterte und knarrte im Haus, und in ihrem Haß gegen Bimbo dachte sie wieder: Daran ist nur der braune Satan schuld. Ich habe immer gesagt: Das Tier ist unheimlich, es wird noch mal ein Unglück ins Haus bringen.
Liesel schlief auch in dieser Heiligen Nacht so tief und sanft wie sonst. Doch plötzlich wurde sie in einem heiteren Traum gestört. Jemand hatte sie angefaßt und schüttelte sie. Erschrocken fuhr sie auf und fühlte etwas Weiches, Haariges neben sich.
»Bimbo!« rief die Kleine erschrocken.
Das Äffchen stieß einen kurzen, ängstlichen Schrei aus, und davon wurde Liesel vollständig wach.
»Bimbo, was hast du?« fragte sie ängstlich.
Im Schein der Nachttischlampe, die das Mädchenzimmer matt erhellte, saß sie, daß ihr kleiner Freund ganz verstört aussah. Er zitterte vor Angst und stieß klagende, flehende Laute aus. Dann merkte Liesel noch etwas: es roch so seltsam im Zimmer, und durch die Tür, die offenstand, zogen weißliche, dicke Wolken.
Feuer! Die Kleine saß wie erstarrt im Bett. Feuer! War das möglich? Aber da zerrte und zog Bimbo an ihrem Nachthemd, er strich mit seiner kleinen Pfote über ihr Gesicht und jammerte laut, als wollte er bitten: »Rette dich doch, rette dich doch, ehe es zu spät ist!«
Dies brachte Liesel zur Besinnung. Mit beiden Beinen sprang

die Kleine aus dem Bett heraus, stolperte in das Schlafzimmer der Eltern und schrie: »Feuer! Feuer! Vater, es brennt!«
Eine Minute später hatte Herr Hesse die Gefahr erkannt, in der alle schwebten; das ganze Treppenhaus war bereits in Qualm gehüllt. Da gab es kein Besinnen mehr. Zum Glück war er ein ruhiger, entschlossener Mann, der auch in der Gefahr den Kopf nicht verlor. Er nahm Heinz und Ursula, die noch ganz verschlafen waren, hüllte sie noch in eine Bettdecke und eilte mit ihnen hinaus. Die Mutter, Dietrich und Liesel folgten. Jedes hatte noch schnell nach seinen Kleidern gegriffen. Der Vater aber rief hastig: »Vorwärts, vorwärts! Kümmert euch nicht um die Sachen!«
Er ging die Treppe hinunter in den dicken Qualm hinein, nur drei Stufen, dann schrie er zurück: »Umkehren!« Er sah, daß es unmöglich war, noch durchzukommen, denn aus dem Wohnzimmer schlugen die hellen Flammen heraus.
»Am Spalier hinab!« keuchte der Vater und schob die Seinen zurück ins Schlafzimmer ans Fenster. Dort an der Rückwand des Hauses zog sich fast bis zu den Fenstern ein Weinspalier hinauf. An ihm kletterte Herr Hesse hinunter, Dietrich folgte geschwind, und beide schleppten rasch eine Leiter herbei, auf der die Mutter und die andern Geschwister folgen konnten.
»Seid ruhig!« tröstete der Vater die weinenden Kinder.
»Meine Puppe, meine neue Puppe!« jammerte Ursula, aber da war sie schon unten, und durch den verschneiten Garten ging es nach dem einige Schritte entfernt liegenden Gewächshaus.
An Liesels Hals hing Bimbo. Der hatte seine kleine Herrin nicht einen Augenblick verlassen, so fest hielt er sie aber umschlungen, daß diese ihn gar nicht zu halten brauchte.
Fabian war durch Karos klagendes Bellen aufgewacht; da hatte er durch sein Kammerfenster den hellen Feuerschein gesehen, war rasch aufgesprungen und kam nun den Geretteten entgegen, Barthel, der Lehrling, hinter ihm drein.
»Lina, wo ist Lina?« rief Frau Hesse.

Ihr Mann sagte beruhigend: »Geht nur alle ins Gewächshaus, in das letzte; hier werden wahrscheinlich durch die Hitze die Scheiben springen. Wir holen Lina«, und er und Fabian stürzten zurück, um Lina aus dem brennenden Haus zu retten.
Es schien unmöglich. Schon schlugen aus allen Fenstern die hellen Flammen heraus, und eine dicke, schwere Rauchwolke stieg zum nächtlichen Himmel empor. In ihrer Kammer aber lag Lina in tiefem, festem Schlaf; durch den eindringenden Rauch war sie bewußtlos geworden. Sie hörte nichts von dem Lärm, sie hörte das angstvolle Rufen nicht, sie wußte auch nicht, daß Fabian ihr Fenster einschlug und rauchgeschwärzt in ihre Kammer eindrang. Die Rettung kam im letzten Augenblick. Denn kaum hatte Fabian mit der Bewußtlosen in den Armen sich wieder zum Fenster hinausgeflüchtet, da stürzte mit donnerndem Gepolter ein Teil der Decke über Linas Kammer ein. Nun rasten die Flammen, durch nichts mehr gehindert, durch das Haus und verzehrten alles, was sie Brennbares fanden. Der ganze Hausrat fiel ihnen zum Opfer. Das Weihnachtszimmer mit all seiner Märchenherrlichkeit war zuerst ausgebrannt; nichts blieb von all den hübschen Dingen übrig, auf die sich die Kleinen wochenlang sehnsüchtig gefreut hatten. Und so manches Stück, das noch aus dem Haus der Großeltern stammte, verbrannte. Nichts wurde gerettet.
Als der Morgen graute, war das freundliche, behagliche Gärtnerhaus, in dem die Hesses so lange gelebt und so viele glückliche Stunden verbracht hatten, nur noch ein rauchender Trümmerhaufen. Auch die Gewächshäuser waren zum Teil zerstört, die Scheiben gesprungen, nur eines, das etwas abseits am Gartenrande stand, war unversehrt geblieben. In diesem saßen die Abgebrannten an diesem traurigen Morgen.
»Wir müssen in der Stadt ein Unterkommen suchen«, sagte der Vater niedergeschlagen, als er sah, daß aller Kampf vergeblich war und das Feuer sich nicht mehr eindämmen ließ. Traurig fuhren alle auf einem Lieferwagen in die Stadt. In Decken ge-

hüllt, notdürftig bekleidet, kauerten die Kinder schluchzend zusammen. Die Kleinen weinten um die verbrannte Weihnachtspracht, die Großen aber verstanden schon mehr die Sorgen der Eltern. Bimbo saß dicht neben Liesel; der kleine Kerl zitterte und warf manchmal böse Blicke auf Lina. Das Mädchen weinte, seit es wieder zu sich gekommen war, unaufhörlich; so verzweifelt war sein Klagen, daß Frau Hesse, der das Herz doch selber schwer genug war, es noch zu trösten versuchte. Vergeblich, Lina hörte gar nicht mehr auf die sanften Worte, sie schluchzte und klagte, als sei es ihr Haus gewesen, das abgebrannt war.

Wie sie so miteinander in dem frühen, grauen Morgen dahinfuhren, an Häusern vorbei, in denen die Menschen noch friedlich und ruhig schliefen, sagte Herr Hesse nachdenklich: »Wie mag nur das Feuer entstanden sein? Ich grüble und grüble und kann keine Erklärung finden.«

»Im Weihnachtszimmer hat es anscheinend angefangen. Gewiß ist beim Baumanzünden oder beim Auslöschen der Kerzen ein Fünkchen irgendwohin geflogen und hat gezündet«, meinte Frau Hesse.

Ihr Mann schüttelte ratlos den Kopf. »Ich habe doch so genau nachgesehen.« Plötzlich sah er die weinende Lina an, die ganz zusammengesunken dasaß. »Warst du noch einmal im Weihnachtszimmer?« fragte er.

»Nein, nein!« schrie das Mädchen. »Daran ist ganz gewiß der Affe schuld. Ich habe immer gesagt, mit dem Tier kommt Unglück ins Haus!«

»Bimbo hat mich aber doch gerettet!« verteidigte Liese ihren Liebling. »Er hat mich geweckt.«

»Dich gerettet!« riefen alle erstaunt. In der ersten Aufregung hatte niemand gefragt, wie es gekommen war, daß Liesel zuerst aufgewacht war. Nun erzählte die Kleine, was sich zugetragen hatte, und immer erstaunter schüttelte Herr Hesse den Kopf.

»Seltsam«, murmelte er, »wie konnte das Tierchen die schwere

Küchentüre aufklinken? Eure Schlafzimmertüre geht ja leicht auf, aber die Küchentüre bringt selbst unser Heinz noch nicht auf.«
»Warst du noch einmal in der Küche?« fragte Frau Hesse Lina und sah das Mädchen forschend an.
»Nein«, murmelte diese und schluchzte weiter. Das Herz war ihr schwer wegen dieser Lüge, aber es war fürchterlich, die Wahrheit zu bekennen, denn dann würden alle sagen, sie sei schuld an dem Unglück. »Du bist es auch, du bist es auch«, klang eine Stimme in ihr. Sie schloß zitternd die Augen und sah sich plötzlich wieder mit dem Streichholz am Christbaum.
»Ach mein Gott, ich hab' doch das Feuer angezündet«, murmelte sie verzweifelt.
»Sagtest du was, Lina?« fragte Frau Hesse, die die Weinende beobachtete.
»Nee«, schluchzte Lina. »Ach mein Gott, der Affe, der Affe ist an allem schuld, er allein, er allein!«
Die Kinder konnten Bimbo nicht noch einmal verteidigen, dem Wagen kamen jetzt Leute entgegengeeilt, und den Abgebrannten tönten herzliche Rufe entgegen: »Kommt zu uns, wir haben Platz!«
»Wir auch!«
»Seid nicht traurig! Gottlob, daß ihr alle gesund seid!«
An diesem Weihnachtsmorgen merkten Hesses erst richtig, wie gut es ist, Freunde in der Not zu haben. Eine Stunde später saßen sie alle warm und geborgen bei lieben Menschen.

Im Urwald

»Morgen fängt die Schule an«, schrie ein kleiner, schwärzlicher Affe. Er kletterte auf einem Riesenbaum, der am Rande eines südamerikanischen Urwaldes stand, umher; von Ast zu Ast

sprang er, schaukelte sich hin und her und schrie immer lauter in das Dunkel des Waldes hinein: »Morgen fängt die Schule an, haio, haio, die Schule fängt an!«
Aus dem Wald heraus antworteten andere Stimmen, die den Ruf wiederholten, manche klangen lustig, manche weinerlich; nicht alle Äffchen schienen sich auf den Schulanfang zu freuen. Ein kleines, faules Äffchen, das seinen Schwanz um einen dicken Baumstamm geschlungen hatte, schrie mit gellender Stimme: »Ich will nicht in die Schule, ich will nicht in die Schule!«
»So, da möchte ich doch wissen, was du eigentlich willst!« rief die alte Affenurgroßmutter Jolanda ärgerlich, die in einer von feurig blühenden Lianen gebildeten kleinen Laube saß, und der schon die Ohren weh taten von all dem Geschrei.
»Ich möchte in die weite Welt gehen«, rief Joli, ein kleiner, fauler Affenjunge, übermütig, »nicht immer hier im Urwald sitzenbleiben, das ist mir viel zu langweilig.«
»Haio, haio, hört den Joli an!« schrien große und kleine Affen entsetzt. Ein paar Papageien, die wie große, bunte Blüten auf den Bäumen saßen, kreischten dazwischen, und aus der Tiefe des Waldes tönte das zornige Brummen des Ameisenbären. Sie waren alle entsetzt über Jolis vermessenen Wunsch. Selbst ein paar Wildtauben gurrten mißbilligend.
Jolanda, die Affenurgroßmutter, schüttelte ernst ihren Kopf und sagte mahnend: »Kind, Kind, es wird dir noch wie Tamino ergehen!«
»Wie ist es denn dem ergangen; gut?« fragte Joli keck. Er war wirklich der frechste Affenjunge im ganzen Wald, der höchstens seinen Mund hielt, wenn ein Jaguar seinen Schrei ertönen ließ. Vor dem fürchtete er sich doch etwas.
»Bitte, bitte, Urgroßmutter, erzähl von Tamino!« bettelte ein kleines Affenmädel, das schrecklich gerne Geschichten hörte. Kaum hatten die andern kleinen Affen die Bitten vernommen, da schrien sie alle: »Urgroßmutter, bitte, erzähl uns von Ta-

mino!«
All das kleine Affengesindel hopste und sprang von Baum zu Baum, von Ast zu Ast, aus den tiefsten Winkeln des Waldes kamen sie zu Jolandas Lianenlaube geklettert; denn alle Affenjungen im Urwald waren begeistert, wenn die Urgroßmutter erzählte; sie wußte so viele wunderschöne Geschichten. Sie hatte noch die allerersten Ansiedler gesehen, die sich am Urwaldrand, dort wo ein großer Fluß floß, Hütten gebaut hatten. Jetzt wohnten schon hier und da Menschen, und die Axt der Holzfäller dröhnte oft genug durch den Wald. Jedesmal erschraken dann alle Tiere. Die kleinen und schwachen unter ihnen verkrochen sich tiefer im Wald, da, wo ein fast undurchdringliches Dunkel herrschte und uralte Baumriesen standen. Die großen und wilden Tiere aber brüllten drohend auf, und wehe dem Ansiedler, der ihnen unbewaffnet in den Weg kam. In dem Urwaldwinkel aber, in dem Jolanda und ihre Verwandten hausten, gab es noch keine Ansiedler, und die Tiere freuten sich ihres ungestörten freien Lebens.
Bald herrschte Stille im Wald, als die Urgroßmutter Jolanda zu erzählen begann. Sie brummelte zwar etwas über das Gebettel der Kleinen, der Tag war warm, und sie hätte gern ein Mittagsschläfchen in der Lianenlaube gehalten. Aber als nun auch noch ihre Urenkelin Lana, das zierlichste, vergnügteste Affenmädchen im ganzen Wald, herbeikam, da ließ sie sich erweichen und erzählte: »Tamino war der unnützeste kleine Affenjunge im ganzen Wald. Seine Eltern, die schon beide tot sind, hatten einen wundervollen Brotbaum; eine schönere Wohnung besaß keine Affenfamilie im ganzen Walde. Doch Tamino war ein Schlingel, er wollte nur immer klettern und springen und nicht in die Schule gehen. Nun ist es freilich recht gut und nützlich, wenn ein Affenjunge ordentlich klettern kann, aber die Schule darf er darüber nicht versäumen. Das tat aber Tamino oft. So war er auch nicht in der Schule, als der Lehrer gerade erzählte, daß Jäger in den Wald gekommen seien, Menschen, die Affen

fangen wollten, um sie in ein fernes Land zu entführen.«
»Was machen sie da mit ihnen?« fragte der naseweise Joli. Jolanda rief ärgerlich: »Du sollst mich nicht unterbrechen! Aufessen tun sie die Affen.«
»Haio, ua, ua!« schrien alle Affenbuben und Affenmädchen entsetzt, Lana fing gleich an zu weinen, und die Urgroßmutter mußte mit einer Lianenblüte die dicken Tränen vom schwarzen Gesichtlein abwischen. Die Kleinen taten alle so, als sollten sie sofort mit Haut und Haar aufgegessen werden, und es dauerte eine ganze Weile, ehe die Urgroßmutter sie beruhigen konnte. Sie sagte: »Na, tröstet euch nur, euch geht es gewiß nicht so. Ganz genau weiß ich es auch nicht, was die Menschen mit den gefangenen Affen machen, von ihnen ist noch keiner zurückgekehrt, der es erzählen hätte können. Glücklicherweise ist seit vielen Jahren aus unserem Wald kein Affe mehr entführt worden, außer Tamino. Der hatte es nämlich mit dem Schuleschwänzen so arg getrieben, daß der Lehrer beschloß, einmal selbst zu seinen Eltern zu gehen. Tamino sah ihn kommen, und weil er fürchtete, Schläge zu bekommen und in den hohlen Baum gesetzt zu werden —«
»Was ist denn mit dem hohlen Baum?« fragte ein Affenmädchen neugierig, das so brav war, daß es noch nie bestraft worden war.
»Hm«, sagte Jolanda ernst, »das ist eine schlimme Sache. In den hohlen Baum werden die Kinder gesteckt, die nicht folgsam waren. Sie müssen ein paar Stunden im Dunkeln sitzen.«
»Haio, das ist nicht schlimm«, schrie Joli vergnügt, »ich sitz' gern im Dunkeln.«
»So?« sagte die Urgroßmutter streng. »Na, ist recht, du sollst nachher auch in den hohlen Baum kommen. Darin sind nämlich viele Ameisen, die zwicken und zwacken unfolgsame Kinder ordentlich.«
»Ua, ua!« schrie Joli erschrocken. Er nahm vor lauter Angst sei-

nen Schwanz ins Maul und versprach zitternd: »Ich will artig sein, ich will nicht in den hohlen Baum!«
Die Urgroßmutter lächelte nur ein wenig und erzählte weiter: »Also Tamino riß einfach aus, um der Strafe zu entgehen, dabei wurde er gefangen – er fiel in Menschenhände. Kein Affe weiß, wie es geschehen ist; ein paar Affenfrauen haben ihn nach einer Weile fürchterlich schreien hören, und später haben die Vögel erzählt, die Menschen hätten Tamino auf einem Wagen mitgenommen. Es hat ihn niemand mehr gesehen.«
»Armer Tamino«, flüsterte Lana, und dicke Tränen standen in ihren schwarzen Äuglein.
Die Affenkinder schauten einander entsetzt an. Brrr, das war ja eine schreckliche Geschichte gewesen, so eine hatte ja die Urgroßmutter noch nie erzählt. Selbst Joli war still geworden. Mit leisem Schauer dachte er an Taminos Schicksal und nahm sich vor, morgen ganz brav in die Schule zu gehen. An diesem Abend waren aber auch alle andern Affenbuben und Affenmädchen sehr brav; sie kletterten alle sehr folgsam auf ihre Bettäste, balgten sich nicht mehr miteinander und störten nicht durch ihr Geschrei die Ruhe der andern. Manch ein Affenvater staunte über die ungewohnte Artigkeit, und manche Affenmutter dachte seufzend: Ach, wären die Kinder doch immer so!
Am nächsten Morgen hatten die Kinder freilich alle ihre Angst wieder verschlafen.
»Ach was, die Geschichte von Tamino war sicher nur ein Märchen gewesen! Mich fängt niemand!« schrie Joli. Er war nun wieder der frechste und unnützeste Affenjunge im ganzen Wald, und mit sehr viel Geschrei eilte er mit seinen Kameraden in die Schule.
Roko, ein alter, ungeheuer kluger Affe, war der Lehrer. Er wartete in der weitverzweigten Krone eines riesigen Baumes auf die Schulkinder. Es waren wunderliche Wege, die zu dieser Schule führten; Schlingpflanzen, Lianen genannt, hatten sich zu Brücken und Leitern verstrickt, von ihnen hingen leuchtend

blaue, goldgelbe und rosafarbene Blütentrauben herab. Über diese blühenden Brücken und Stege sprangen die Affenkinder. Manch ein wilder Affenjunge hing sich erst noch einmal an eine blühende Schlingpflanzenschaukel und schwang sich hin und her. Große Schmetterlinge, deren Flügel schimmerten, als wären sie aus tausend Edelsteinen zusammengesetzt, umflatterten die Schulkinder, und die kleinen, junge Papageien kreischten schadenfroh: »Wir sind froh, ihr müßt in die Schule, wir nicht!«
»Ja, freilich«, schrie Joli trotzig und schwenkte sein Palmenblatt hoch; das war für ihn, was für die Menschen eine Schiefertafel ist.
»Ja, wir gehen in die Schule; wir sind die klügsten Tiere im Urwald, und darum haben wir auch eine Schule. Wenn wir nichts lernen, bleiben wir so dumm wie die Papageien.«
Hu, nun wurden diese aber böse! Sie krächzten, schrien, schlugen mit den Flügeln und zerhackten mit ihren dicken, krummen Schnäbeln vor Wut die Äste.
Der Schulbaum stand am Urwaldrand, dort, wo sich ein Fluß den Weg durch die Wildnis gebahnt hatte. Die Flüsse waren die einzigen natürlichen Wege, die durch die Wildnis führten; das Innere des Walds war fast undurchdringlich. Wollte ein Mensch hindurchgehen, so mußte er sich erst mit der Axt mühsam einen Weg bahnen.
Je näher die Affenkinder dem Schulbaum kamen, desto sittsamer wurden sie; auf dem Schulbaum setzte sich jedes ganz brav auf seinen Ast. Sie hatten alle einen gewaltigen Respekt vor Herrn Roko. Nur Joli, der Schelm, kam mit einem Purzelbaum in die Schule gestürzt, und wenn Lana sich nicht noch rasch an einem Lianenzweig festgehalten hätte, wäre sie von ihrem Sitz gefallen, so heftig prallte der Wildfang gegen sie.
»Er ist zu frech!« sagten selbst die Kinder entrüstet, und der Lehrer nahm ganz geschwind eine Rute aus getrockneten Palmblättern und verwichste den kleinen Wildling tüchtig. Der

schrie jämmerlich, und etliche Papageien, die neben dem Schulbaum wohnten, lachten schadenfroh.
»Seht, der Joli lernt sehr viel, er weiß nun schon, was Schläge sind. Kluger Joli, bravo, Joli!«
Da schämte sich Joli gewaltig; er setzte sich ganz still in eine Ecke und nahm sich vor, nun ganz artig zu sein. Er hätte es vielleicht auch getan, wenn nicht just in diesem Augenblick ein großer Schmetterling an seiner Nase vorbeigeflogen wäre.
Den muß ich erst ein bißchen necken, dachte Joli und schlug mit der Pfote nach ihm. Das ärgerte den Schmetterling, er flog nun gerade noch einmal an Joli vorbei; der schlug wieder nach ihm, aber der Schmetterling war schneller – husch, war er vorüber, und husch, kam er schon wieder.
Platsch, schlug Joli in die Luft, dabei verlor er das Gleichgewicht und purzelte von seinem Ast herunter. Er riß im Fallen einen anderen Affenjungen mit, an dessen Ast er sich festhalten wollte; der wollte sich wieder an einem dritten Affen festhalten, der an einem vierten, so ging es fort. Mit einem Male sauste die halbe Schule vom Baum herunter, und Joli, der Unheilstifter, fuhr mit einem Bein sogar noch durch die Palmblattschiefertafel einer kleinen Äffin.
Was zuviel ist, ist zuviel. Herr Roko schrie wütend: »Na warte, Joli, mein Söhnchen, du kommst drei Stunden in den hohlen Baum, und Schläge gibt es als Zugabe.«
Schwupp, ergriff er den unnützen Buben, zog ihn hinauf und band ihn vorläufig mit seinem eigenen Schwanz auf einem Ast fest. »Der hohle Baum und die Schläge kommen nachher«, sagte er streng, »jetzt aufgepaßt, die Schule beginnt! Wehe, wenn einer von euch schwatzt oder lacht, er kommt auch in den hohlen Baum!«
Die Affenkinder saßen nun alle mucksmäuschenstill. Wenn Herr Roko diesen Ton anschlug, dann war die Sache bedenklich. Sie hätten an diesem Morgen gewiß sehr viel gelernt, wenn nicht plötzlich etwas Seltsames geschehen wäre.

Ungewohnte Laute drangen durch den Urwald, und die alte Urgroßmutter Jolanda rief angstvoll: »Menschenstimmen, es kommen Menschen in unseren Wald.«
Ein wildes Geschrei erhob sich. Alle Affen, Vögel und kleinen Tiere, die nahe am Waldrand wohnten, brachen in ein wildes Jammergeheul aus, und aus der Tiefe des Waldes kam das drohende Brüllen der Raubtiere.
»Geht nach Haus, Kinder«, sagte Herr Roko, »für heute ist die Schule aus. Aber macht keine Umwege, springt alle rasch auf euren Wohnbaum; ich fürchte, ich fürchte, es droht uns Gefahr!«
Der Lehrer band auch Joli los. »Geh auch du! Heute sei dir die Strafe erlassen, aber wehe dir, wenn du einen Umweg machst!«
Joli versprach zu gehorchen und sprang den andern nach. Auf halbem Wege hatte er die Mahnung und sein Versprechen schon vergessen. Menschen kamen. Das war fein, nun würde er endlich einmal Menschen zu sehen bekommen. Aber vielleicht mußte er wieder zu Hause bleiben, denn die Mutter sagte stets: »Kinder brauchen nicht alles zu hören und zu sehen!«
Nein, das tu' ich nicht, dachte Joli trotzig, ich will die Menschen sehen. Es ist ja schulfrei, und wenn schulfrei ist, braucht man nicht zu Hause zu sitzen!
Der Schlingel hatte das kaum gedacht, da kletterte er schon auf einer mit lila Blüten dicht überwachsenen hängenden Brücke auf einen andern Baum; es war nicht der Weg, der ihn nach Hause führte.
»Wo springst du denn hin?« rief ihm Julu, der auch ein unartiger Affe war, nach.
Joli grinste und zeigte alle seine Zähne. »Ich mag nicht nach Hause, wenn schulfrei ist; ich will die Menschen sehen.«
»Er will die Menschen sehen«, tuschelten sich die Affenbuben und -mädchen zu, und einige der kecksten liefen auch über die schwankende Blütenbrücke.
»Wir kommen mit, wir kommen mit!«

»Ach, tut es doch nicht, es ist doch verboten!« bettelte Lana ängstlich. »Ihr werden sonst gefangen wie Tamino.«
Die andern lachten nur.
»Pah, das war nur ein Märchen! Kommt, kommt, wir wollen die Menschen sehen!« Sie sprangen geschwind davon, ohne noch auf die Mahnungen der anderen zu hören. Im Süden des Waldes war von den Menschen eine Straße angelegt worden, die zu den Ansiedlungen führte. Dahin eilten die ungehorsamen Affen, denn sicher würden die Menschen auf dieser Straße kommen.
Die Äffchen aber, die brav waren, liefen erst nach Hause, erzählten, daß sie schulfrei hätten, und baten um die Erlaubnis, zu der Urgroßmutter Jolanda zu gehen. Das wurde ihnen auch gewährt, und bald saßen drinnen in der Lianenlaube und draußen vor der Laube die Affenkinder und baten: »Urgroßmutter, erzähle uns wieder eine wahre Geschichte, etwas von den Menschen!«
Jolanda erzählte, wie eines Tages Axtschläge den Wald durchhallt hätten. Große, starke weiße Männer wären gekommen und hätten Bäume gefällt, dann hätten sie ein Feuer angezündet und die Bäume verbrannt; dadurch wäre ein freier Platz entstanden, auf dem sie Hütten gebaut hätten. Die Häuser der Menschen seien aus Holz gewesen und hätten Dächer aus riesigen getrockneten Palmenblättern gehabt. Um die Häuser herum aber hätten die Ansiedler Felder angelegt und Gärten, da wären die köstlichsten Früchte und Gemüse in verschwenderischer Fülle gewachsen. Oft hatte sich ein Affe heimlich in der Nacht dort Früchte geholt; aber wehe, wenn das die Menschen merkten! Sie hätten ein langes Rohr, das nannten sie Gewehr, mit dem machten sie »Puff« und ...
»Urgroßmutter, was kommt dort?« flüsterte Lana ängstlich. Den Flußlauf entlang kamen noch nie gesehene Gestalten, und Jolanda sagte tief erschrocken: »Das sind Menschen, die kommen hier vorbei. Kinder, seid ganz, ganz still, vielleicht bemer-

ken sie uns nicht.«
Den Flußlauf entlang kamen ein paar Männer. Sie steckten in grauen Lederhosen und -jacken und trugen auf dem Rücken schwere Rucksäcke und Gewehre. Einer trug noch ein großes Paket über dem Rucksack, und man merkte es ihm an, daß diese Last nicht leicht war.
Mit Äxten bahnten sie sich ihren Weg, wo ihnen dichtes Buschwerk den Pfad versperrte. Der Fluß war seicht und nicht sehr wasserreich, er hatte auch nicht so große, gefährliche Stromschnellen wie viele seiner anderen Brüder in diesem Land. Die Wanderer kamen daher auf diesem Weg ganz gut vorwärts, selbst die Buben, die dabei waren. Der eine von ihnen war feiner und zierlicher als der andere, er hatte lichtblonde Haare und dunkelbraune Augen, die des größeren waren nußbraun.
Einer der Männer wandte sich manchmal um und fragte: »Ist dir der Weg auch nicht zu anstrengend, Liesel?«
Und da antwortete der kleine Bub, der eigentlich ein Mädchen war, immer mit einer hellen Stimme: »Nein, Vater. Ach, es ist so wunderschön hier. Gelt, Dietrich, dir gefällt es auch?«
»Na, und ob!« Die Augen des größeren Knaben blitzten, als er antwortete. »Hier gefällt's mir. Wenn wir nur erst an Ort und Stelle wären!«
Ein großer, starker Mann mir sonnenverbranntem Gesicht lachte: »Ja, so geschwind wie im guten alten Deutschland kommt man hier nicht vorwärts. Nicht wahr, Mister Fabian?«
»Hm«, brummte der Angeredete nur. Er war in ein Dornengestrüpp geraten und mußte sich erst mit ein paar kräftigen Axthieben befreien.
Die Affenurgroßmutter Jolanda spähte ängstlich aus ihrer Lianenlaube heraus; zitternd schmiegten sich ein paar kleine Äffchen an sie.
»Menschen! Da sind sie!« flüsterte sie leise.
»Wo kommen sie denn her?« wisperte ein kleines Affenmädchen.

»Ich weiß es nicht, aber sie sehen nicht bösartig aus«, sagte die alte Äffin leise, »vielleicht tun sie uns nichts!«
»Affen, ach Vater, Dietrich, seht doch dort, Affen! Fabian, sieh nur! Alle sehen aus wie unser Bimbo!« schrie die in Bubenkleidern steckende Liesel Hesse auf einmal.
Sie standen alle vor Urgroßmutter Jolandas Lianenlaube und sahen in lauter erschrockene, entsetzte Affengesichter.
»Unnützes Gesindel«, brummte Herr Johnson, der die Auswanderer führte und schon lange im Lande war. Er wollte sein Gewehr von der Schulter nehmen und auf die Affen schießen, aber Liesel und Dietrich baten beide: »Bitte, ach bitte, nicht schießen! Sie sind so lieb und sehen alle wie unser Bimbo aus. Sie tun uns doch nichts!« Und Liesel nickte den Affen zu, als wären sie alle Brüder von Bimbo.
Herr Johnson ließ das Gewehr sinken und lachte: »Meinetwegen! Aber nun vorwärts! In einer Stunde können wir an Ort und Stelle sein, in eurer neuen Heimat.«
Die Wanderer zogen weiter durch die blühende Wildnis, und die schwarzen Affenaugen schauten ihnen voll Verwunderung nach. – »Die Kinder sind gut«, sagte die Affenurgroßmutter Jolanda, »wir wollen sie auch beschützen. Hört ihr, seid alle lieb zu ihnen, sie kommen als Freunde, und sagt es auch den anderen Tieren.«
An diesem Tage sprachen die Tiere im Walde viel von den Menschen. Nur Joli und seine Genossen wollten gar nichts von ihnen hören. Es war ihnen recht schlecht ergangen; sie hatten die Fremden gar nicht gesehen, und für ihr Ausreißen hatten sie noch tüchtige Prügel bekommen.

Schelm Jolis Abenteuer

Alle Söhne, Töchter, Enkel und Urenkel der Affenurgroßmutter Jolanda waren in großer Aufregung, weil nun in ihr Gebiet Menschen gekommen waren. So viele Ermahnungen, auf dem Wohnbaum zu bleiben, so viele Ohrfeigen und so viele Püffe und Scheltworte, wenn sie einmal davongelaufen waren, hatten die kleinen, stets neugierigen Affenjungen noch nie bekommen. Alle alten Affen warnten sie immer: »Geht nicht an den Waldrand, hütet euch vor den Menschen!«
Urgroßmutter Jolanda sagte zwar, die Menschen, die hier eingewandert wären, schienen den Affen wohlgesinnt zu sein. Trotzdem aber warnte auch sie: »Nehmt euch in acht, hütet euch!«
Es gibt nun auch unter den Affenjungen brave und unartige, solche, die tun, was die Alten sagen, und solche, die denken: Pah, was schadet es! Einmal ist keinmal. Es merkt ja niemand, wenn ich ein bißchen ausreiße.
Zu den allerunartigsten Affenjungen gehörte Joli. Lieber Himmel, war Joli ein Strick! Kein Affe ließ sich tollere Streiche einfallen und trieb sich so viel herum wie Joli. Er war ein richtiger Lausbub. Die Papageien sagten es, sie riefen oft genug zornig: »Joli ist ein abscheulicher Schlingel!«
Und was tat dann der Lausbub Joli? Er lachte nur, warf den Papageien trockene Zweige an die Köpfe, zog sie unversehens hinten an den Schwanzfedern und trieb allerlei Schabernack mit ihnen.
Das Gürteltier, die Beutelratte und der Urwaldhase, sie alle sagten auch, daß Joli ein ganz abscheulicher Affenjunge sei. Ja, der alte Ameisenbär und der böse, schrecklich wilde Jaguar hatten gedroht, sie würden Joli, den Frechdachs, nächstens auffressen. – Aber sollte man es glauben, auch darüber lachte Joli nur. Er höhnte: »Der Jaguar erwischt mich gar nicht, und der Ameisenbär, der kann ja nur Ameisen fressen.« Er wickelte seinen

Schwanz um die höchste Spitze des höchsten Baumes im Urwald und schlug ein Rad, das sah dann so gefährlich aus, daß seine Mutter manchmal vor Schreck ohnmächtig wurde. Oder er spielte Ball mit Kokosnüssen, aber so, daß diese immer gerade einem alten Affen, der seinen Mittagsschlaf hielt, auf die Nase fielen. Einmal hatte er eine besonders große Nuß dem guten Onkel Hoko auf den Bauch geworfen; der hatte gerade sehr viele Bananen gegessen und hatte nachher drei Tage lang Magenschmerzen, nur von dem Aufschlagen der Nuß. Es half nichts, daß man mit Joli schimpfte, und er bekam viele Ohrfeigen. Oft wurde er auch mit seinem eigenen Schwanz angebunden, was eine große Schande für ein Affenkind war, oder gar in den hohlen Baum gesteckt – er war und blieb ein Lausbub. Er kümmerte sich auch nicht viel um das Verbot, an den Urwaldrand zu gehen; sobald er konnte, riß er aus. Er tat dies auch, als eine neue Furcht über die weitverzweigte Affenfamilie kam, die diesen Teil des Urwaldes bewohnte. Die Jaguare erhielten Besuch; der älteste, gefürchtetste unter diesem Raubgesindel hatte sich auf den Weg gemacht, um seine Vettern zu besuchen. Wenn ein Jaguar eine Besuchsreise unternahm, dann zitterten alle Tiere des Teils des Waldes vor ihm, in den er kam. Er war dann immer so freßlustig, daß ihm manches kleinere Tier zur Beute fiel. Darum warnten alle Affeneltern nun auch noch vor dem Jaguar, und manche ängstliche Affenmutter ließ ihre Kleinen überhaupt nicht mehr vom Wohnbaum herunter.
»Hihihi, seid ihr feige, ihr habt keinen Mut«, neckte der freche Joli die Äffchen, die brav ihren Eltern gehorchten. Er schnitt die greulichsten Grimassen dabei, schwang sich von Baum zu Baum, und wo er nur einen Affenschwanz erblickte, hing er sich daran.
»Bimmelbammel!« rief er dann jedesmal, und ehe der Besitzer des Schwanzes noch recht zur Besinnung kam – heidi! – war Joli schon wieder davon.
An dem Tage, an dem Herr Hesse aufgebrochen war, seine

Frau und Kinder in den Urwald zu holen, hatte es Joli toller den je getrieben. Er war so ungezogen gewesen, daß selbst die Affenurgroßmutter Jolanda für eine strenge Strafe war. Aber wer keine Lust hatte, sich bestrafen zu lassen, das war der Schelm Joli. Als er merkte, daß die Geduld nun ein Ende hatte, riß er einfach aus. Hopp, hopp! ging es über ein paar Lianenstege und -brücken, hinten am Schulbaum vorbei, dem Waldrand zu, wo, wie er wußte, der Fluß breitere Ufer hatte und wo auf schon urbar gemachtem Feld das Menschenhaus stand.
Drei Papageien sahen ihn springen und drohten: »Joli, spring nicht so, sonst geht's einmal schief!«
»Hihihi!« lachte Joli die würdigen Papageien aus und machte ihnen eine lange, lange Nase. Dann schlug er einen Purzelbaum, ergriff einen Lianenstrang, schwang sich auf den nächsten Baum und war im Dunkel des Waldes verschwunden.
Die drei rosa Papageien sträubten vor Entsetzen ihre feinen, weißen Federkrönchen und vergaßen eine Weile ganz und gar, ihre krummen Schnäbel zu schließen. Nein, so ein Affenlausbub war ihnen doch noch nicht vorgekommen! Sie beschlossen, zu Herrn Roko zu fliegen und ihm die Sache zu erzählen.
Joli kletterte unterdessen lustig weiter. Er dachte gar nicht daran, daß es bald Nacht werden würde, in der die Riesenkatzen des Urwaldes brüllend und fauchend auf Beute ausgehen und über manche frohe, glückliche Affenfamilie bitteres Leid bringen. Endlich hatte er den Rand des Urwaldes erreicht, die Blütenmauer, die Dietrichs und Liesels Freude war. Keck kroch Joli durch das Pflanzengewirr hindurch. Als er das freie Gelände überblicken konnte, sah er nahe am Fluß auf einer Anhöhe das Menschenhaus.
Joli wäre nun schrecklich gern schnurstracks darauf losgelaufen, aber so frech er sonst war, jetzt fürchtete er sich doch etwas, als er den Menschen so nahe war. Er kletterte nur vorsichtig näher, bis er einen Baum erreicht hatte, von dem aus er das ganze Tun und Treiben vor dem Hause gut beobachten

konnte.
Er saß noch nicht lange auf dem Posten, da kam Liesel aus dem Hause gerannt im einfachen grauen Leinenkleid. Die blonden Haare wehten wie eine goldene Mähne hinter ihr her. Joli riß die Augen weit auf; das Kind gefiel ihm ja noch besser als der Paradiesvogel, der sich immer so viel auf seinen langen Schwanz einbildete.
Und wie flink das kleine Menschenmädchen war. Es schichtete Holz auf zwischen zwei Steinen, dann hielt es etwas daran, und – Joli fiel vor Schreck beinahe vom Baum – eine helle Flamme flackerte auf. Dann hing Liesel über eine quergelegte Stange einen kleinen Kessel, und Joli sah, wie sie eifrig darin rührte. Da es bei den Affen nicht Mode ist, Mittag- oder Abendessen zu kochen, sondern alles roh verspeist wird, wußte Joli gar nicht, was das kleine Mädchen tat. Aber er war zum Platzen neugierig. Jetzt tat es ihm leid, daß er bei Herrn Roko in der Schule immer so schlecht aufgepaßt hatte. Wer weiß, vielleicht hatte der, als er im Unterricht von den Menschen sprach, auch erzählt, was der Kessel über dem Feuer zu bedeuten hatte.
Ich muß hin, ich muß sehen, was es ist, dachte Joli, und wollte gerade vom Baum herunterspringen, als Dietrich aus dem Hause gelaufen kam. Puh, nein, dieser große Menschenjunge flößte Joli neue Angst ein; er blieb also auf seinem Baum sitzen und schaute Liesel weiter zu. Der große Junge sah nun auch in den Topf und rührte ebenfalls darin herum, dann sagte er etwas, und das Mädchen lachte. Das klang sehr schön. Die Affen konnten auch lachen, aber so silberhell, daß es sich wie das Geläute eines Glöckchens anhörte, so konnte selbst das hübscheste, zierlichste Affenmädel nicht lachen.
Joli zappelte aufgeregt hin und her vor Neugierde. Hätte er nur alles ganz nahe sehen können! Er kratzte sich nacheinander mit allen vier Pfoten den Kopf, dann biß er sich in den Schwanz, und zuletzt machte er einen Purzelbaum und rutschte dabei von seinem hohen Sitz herunter. Plumps, lag er

auf dem Boden. Leicht betäubt blieb er eine Weile liegen, und als er wieder aufsah, waren Dietrich und Liesel im Haus verschwunden. Ah, nun konnte er ja sehen, was sie da über dem Feuer hängen hatten. Er überlegte gar nicht lange, sondern sprang einfach näher. Da war er auch schon am Feuer und sah, daß aus dem darüber hängenden Topf weißer Dampf herausquoll. Jolis Äuglein drehten sich fast rundum, ob ihn niemand beobachtete, denn er war bei aller Unart auch noch über die Maßen neugierig. Er steckte darum den Kopf in den Topf hinein. Was brodelte nur da drinnen?

Plötzlich schrie er gellend auf und zog den Kopf schnell zurück. Der heiße Dampf hatte ihm seine Nase verbrüht, und vor Schmerz und Schreck heulend, flüchtete Joli in den Wald zurück.

»Wer schrie hier denn so?« fragte einige Sekunden später Liesel. Sie kam aus dem Hause heraus und sah ganz besorgt nach dem Topf. Es kochte darin aber ruhig weiter. Liesel schaute sich um und ging ein paar Schritte dem Wald zu, konnte aber nichts entdecken. Sie war schon daran gewöhnt, daß die schönen, bunten Urwaldvögel oft mißtönende, gellende Schreie ausstießen, und so kümmerte sie sich nicht weiter um den Lärm, den sie gehört hatte. Sie kochte wie eine kleine Hausfrau das Mittagessen fertig und dachte dabei mit Freude daran, daß in wenigen Tagen drinnen im Haus die Mutter in der kleinen Küche schalten und walten werde. Vorher erlaubte Fabian nämlich nicht, daß dort gekocht wurde.

Unterdessen saß Joli im Gewirr der Schlingpflanzen versteckt und wimmerte leise; er hatte Angst, die Menschen könnten ihn hören, und seit er seine Nase in den Kochtopf gesteckt hatte, fürchtete er sich gewaltig vor den Menschen. Ach, sie waren doch bösartig! So gut ihm auch das kleine Menschenmädchen gefallen hatte, jetzt hätte er sich doch nicht mehr in seine Nähe gewagt. Er wäre am liebsten schnell nach Hause geeilt, aber auch das getraute er sich nicht, er hatte ein zu schlechtes Ge-

wissen.
Ich bleibe lieber bis morgen hier, dachte er, morgen ist's schon etwas vergessen, daß ich durchgebrannt bin. Er kühlte sich sein Gesicht mit Blättern, und als die Schmerzen nachließen, schlief er in seinem Versteck ein.
Die Nacht zog herauf, Joli merkte es nicht. Er schlief tief und fest und träumte viele lustige Dinge. Einmal mußte er sogar im Traum lachen, und davon wachte er auf. Ganz verwirrt reckte und dehnte er sich. Wo war er nur? Es war ja so dunkel, aber er merkte doch, daß nicht wie sonst seine Mutter und Geschwister neben ihm hockten. Zum erstenmal in seinem Leben war er ganz allein in der Nacht, und als er nun in der Ferne das Brüllen eines Raubtieres vernahm, überkam ihn eine große Angst und bittere Reue. Warum war er nur so unfolgsam gewesen? Warum hatte er Urgroßmutter Jolandas und Herrn Rokos Mahnungen in den Wind geschlagen? Schelm Joli seufzte tief. In diesem Augenblick hörte er ein leises Rascheln unter sich, und zwei glühende Lichter leuchteten aus dem tiefen Dunkel zu ihm auf.
»Ein Jaguar!« Joli saß wie gelähmt auf seinem Ast. Da war er, der fürchterliche Feind, vor dem die Affen im Urwald zitterten! Wie konnte er ihm nur entfliehen? Da – jetzt raschelte es wieder, die Augen kamen näher, und mit einem gellenden Angstruf kletterte Joli höher.
Der Jaguar brüllte wütend auf, sprang auf den Baum, Joli ergriff einen überhängenden Ast – nun hatte er einen andern Baum erreicht. Gerettet! dachte er, aber da kam ihm der Räuber schon mit rasender Geschwindigkeit nach.
Das war eine wilde Jagd. Joli schrie verzweifelt um Hilfe, er sprang auf den nächsten Baum, aber mit wildem Gebrüll folgte ihm der Jaguar. Manches Tier verkroch sich zitternd im Urwald und dachte mitleidig: Jetzt holt sich der Jaguar einen Affen!
Jolis Kräfte ließen nach, er fühlte, daß er nicht mehr so schnell

vorwärts kam, näher und näher hörte er den Jaguar hinter sich fauchen, da sah er einen weit überhängenden Ast: konnte er den fassen und sich an ihm festhalten, dann war er gerettet. Er sprang hinüber und ergriff den Ast, der aber brach ab, und das Äffchen sauste von oben herab in die Tiefe.
Ich bin verloren! dachte Joli in seiner Todesangst. Schon sah er die glühenden Augen über sich, fühlte die scharfen Krallen, da – ein Schuß – der Jaguar brach zusammen und war tot.
Joli kam erst wieder recht zum Bewußtsein, als er im Menschenhaus in Liesels Armen lag. Der arme kleine Schelm wurde von neuer Angst erfaßt; nun war er aus einer Gefahr in die andere geraten. O weh, wie würde es ihm bei den Menschen ergehen!
Es war aber merkwürdig. Als Bruder und Schwester ihn so mitleidig ansahen und ihn so hilfreich pflegten, schwand seine Angst immer mehr. Er fühlte sich ganz geborgen im Menschenhaus, und wenn ihm die Wunde, die ihm der Jaguar geschlagen hatte, nicht so weh getan hätte, dann hätte er sich ganz wohl gefühlt. Aber die Wunde tat sehr, sehr weh, und als nun die Menschen schlafen gingen und er allein auf seinem Lager liegen blieb, da fühlte er sich sehr unglücklich. Er hatte namenlose Sehnsucht nach der Mutter und den Geschwistern, nach dem lieben, heimischen Wohnbaum, selbst nach Herrn Roko und dem Schulbaum sehnte er sich jetzt.
Er hörte das Brüllen der Tiere im Walde auch in seinem verborgenen Winkel. Die Jaguare klagten um ihren Führer, um den kühnsten, verwegensten Räuber. Dazwischen erklangen mitunter Rufe und Schreie der Affen, und Joli meinte, aus ihnen die klagende Stimme seiner Mutter herauszuhören. Gewiß suchte sie ihn, hatte Angst um ihn. Ach, wie gerne wäre er zu ihr geeilt, er war aber so schwach, daß er sich nicht einmal aufrichten konnte. Er wimmerte leise vor sich hin, und erst als das Brüllen und Schreien im Walde verstummte, schlief auch er unter Tränen und Schmerzen ein. Als er erwachte, standen

Dietrich und Liesel vor ihm und schauten mitleidig auf ihn herab.
»Ich glaube, er stirbt«, sagte die Schwester betrübt, und der Bruder nickte: »Der arme, kleine Kerl!«
Joli verstand nicht, was die beiden sprachen, da die Tiere nur die Sprache der Eingeborenen ihres Heimatlandes verstehen. Eine deutsche Kuh schüttelte gewiß auch verwundert den Kopf, wenn ein Indianer in seiner Muttersprache mit ihr reden wollte, und ein Reh aus Lappland würde wieder einen deutschen Buben verwundert anglotzen, wenn der ihm eine Geschichte zu erzählen versuchte. Das ist nun einmal so. Wenn Joli nun auch nicht die Worte verstand, so merkte er doch an dem Ton, in dem die Geschwister sprachen, daß sie es gut mit ihm meinten. Er ließ es sich daher auch ruhig gefallen, daß Liesel ihm eine kühlende Salbe auf die Wunde strich. Er war überhaupt so brav und sanft, daß alle, die ihn als den schlimmen Joli gekannt hatten, wohl sehr erstaunt gewesen wären.
Fabian meinte: »Der wird gesund, nur das Klettern und Springen wird er eine Weile bleiben lassen müssen.«
»Wir behalten ihn hier, bis er gesund ist. Bimbo wird sich freuen, daß er einen Kameraden hat«, sagte Liesel.
»Aber was wird Lina sagen?« brummte Fabian lachend.
»Oh, Lina, ja, was wird sie dazu sagen, daß es hier so viele Affen und andere Tiere gibt? Aber trotzdem freue ich mich, übermorgen kommt Lina, kommen die Mutter und die Kleinen, hurra, hurra!«
Die Geschwister tanzten in ihrer Freude herum, und Joli sah ihnen erstaunt zu. Nein, wie lustig die Menschen waren und wie hübsch! Es hätte ihm schon alles ganz gut gefallen, wenn nur die Schmerzen nicht gewesen wären und das Heimweh, das bittere Heimweh nach den Seinen auf dem lieben, alten Wohnbaum.

Im Menschenhaus

»Der Jaguar hat Joli gefressen!« Die Tiere riefen es einander im Urwald zu, und mitleidig eilten sie zum Wohnbaum von Jolis Mutter, um diese zu trösten. Bitterlich weinend saß die kleine schwarzbraune Affenmutter mit ihren beiden andern Jungen auf der höchsten Stufe ihres Wohnbaums und rief immer wieder klagend: »Joli, Joli, wo bist du?« Aber kein Joli gab Antwort.

Alle großen und kleinen Tiere, die Affen und Vögel, die Alten und Jungen sagten allerdings, Joli sei auch zu frech gewesen, er hätte sein Unglück selbst verschuldet. Aber sie sagten das leise, denn Jolis Mutter tat ihnen allen sehr, sehr leid. Die drei rosa Papageien waren auch gekommen; sie erzählten, wie Joli am Tag vorher an ihnen vorbeigesprungen sei.

»Er war zu frech«, brummte der Ameisenbär, der auch gekommen war, und er brummte es so laut, daß ein kleines Äffchen vor Schreck zu schreien anfing.

»Ich hab' es gleich gesagt«, schnarrte ein Papagei.

»Ich auch, ich auch«, kreischten zwei andere.

Selbst Jolanda und Roko waren gekommen. Die beiden saßen ernst und würdig neben der weinenden Äffin, und Jolanda war es, die sagte: »Vielleicht hat ihn der Jaguar gar nicht gefressen, und er hat sich nur verlaufen.«

»Ich habe ihn die ganze Nacht gesucht«, klagte die arme Mutter, »bis an den Waldrand bin ich geklettert, ich konnte ihn aber nirgends finden.«

»Aber ich habe ihn gesehen«, zwitscherte in all das Weinen, Klagen und Bedauern hinein eine ganz, ganz feine Stimme.

Hoch oben in den Zweigen des Riesenbaumes saß ein Kolibri, der schimmerte und funkelte wie ein großer grünblauer Edelstein, von dem leuchtende Strahlen ausgingen, und der Paradiesvogel, der neben ihm saß und doch auch wie ein ganzer Juwelenschrein flimmerte, neidete dem Kleinen die Pracht seines winzigen Kleides. Denn der Paradiesvogel wollte immer der Allerschönste sein, kein Tier sollte ihm gleichen; er war so eitel wie Schneewittchens Mutter im Märchen. Er rief mit mißtönender Stimme: »Klugschnabel du, bilde dir doch nicht ein, mehr zu wissen als alle die klugen und verständigen Tiere, die hier versammelt sind!«

»Laß den Kleinen erzählen!« brummte der Ameisenbär aus der Tiefe heraus, und alle anderen Tiere kreischten, pfiffen, schrien und knurrten: »Der Kolibri soll erzählen!«

Ärgerlich flog der Paradiesvogel davon. Das war doch zu dumm, daß man auf einen winzigen Kolibri hörte, und ihn, den schönsten Vogel der Welt, gar nicht beachtete. Der Kolibri erzählte, daß er bei Sonnenaufgang an den Waldrand geflogen sei und dort gesehen habe, daß die Menschen dem toten Jaguar sein prächtiges Fell abgezogen hätten. Neugierig sei er dann zu dem Menschenhaus geflogen, und dort habe er Joli im Haus liegen sehen; ein kleines Menschenmädchen aber sei gar lieb und freundlich zu ihm gewesen.

»Mein Joli lebt!« schluchzte die Mutter, »aber ach – er ist gefangen!«

»Das kleine Menschenmädchen tut ihm sicher nichts«, rief Jolanda, »sie hat so liebe Augen. Später, wenn es dunkel ist, und die Vampire, diese Faulpelze, aufgewacht sind, bitten wir sie einmal, zu dem Menschenhaus zu fliegen und Joli zu fragen, wie er hingekommen ist.«

Alle stimmten Jolandas verständigem Rat zu, denn für die huschenden Fledermäuse war der Flug zum Waldrand am ungefährlichsten. Jetzt hingen sie noch, in tiefem Schlaf versunken, in einem hohlen Baum im tiefsten Dickicht des Urwaldes und rührten sich nicht. Doch kaum war die Nacht angebrochen, da wachten sie auf und rüsteten sich zum Flug. Jolanda rief ihnen zu, sie möchten einmal nach Joli sehen, und die Fledermäuse, die gefällig und hilfsbereit waren, versprachen es auch gleich. Nach einem sehr arbeitsreichen Tage saßen der Urwaldjäger,

Fabian und die beiden Kinder noch eine Weile auf der Veranda, denn der Tag war warm gewesen. Auf einmal schrie Liesel erschrocken auf; eine Schar großer Vögel kam auf das Haus zugeflogen und umflatterte es. »Was ist denn das?« rief die Kleine ängstlich, und Fabian griff schnell nach dem Gewehr.
Der Gast wehrte ab: »Nicht schießen, das sind Fledermäuse, sogenannte Vampire!«
»Pfui«, riefen die Kinder entsetzt, »Vampire, das sind ja furchtbare Tiere, die den Menschen das Blut aussaugen!«
»Unsinn«, sagte der Urwaldjäger lachend, »es sind ganz harmlose, gutmütige und sehr nützliche Fledermäuse. Laßt sie nur immer euer Haus umflattern, die fangen die bösen Moskitos und manches andere lästige Insekt weg. Die armen Tiere sind nur so häßlich, und unverständige Menschen haben ihnen deshalb schlimme Eigenschaften nachgesagt. Sie tun euch nichts zuleide. Seltsam aber ist es, daß sie so in Scharen und so dicht das Haus umflattern, das habe ich noch nie beobachtet.«
Nun saßen die Kinder wieder still da und schauten zu; die Vampire kamen näher und flatterten wieder davon. Einmal waren sie so dicht zusammengedrängt, daß sie wie eine dunkle Wolke heranschwebten. Niemand sah es, daß sich aus dieser Wolke eine einzelne Fledermaus herauslöste und in die Ecke huschte, in der Joli lag. Der erschrak sehr; er hatte nämlich oft die armen Vampire, wenn sie am Tag schliefen, weil sie nur in der Nacht sehen konnten, in ihrem Baumwinkel gestört und sie furchtbar erschreckt.
Nun kommen sie, um mich zu strafen, dachte er zitternd, aber der gutmütige, flatternde Bote dachte nicht daran. Er ließ sich neben Joli nieder, brachte ihm die Grüße von der Mutter, den Geschwistern, von Jolanda, Roko und vielen andern und ließ sich Jolis Abenteuer erzählen. Der Vampir sagte auch nicht: »Dir ist recht geschehen für deine Neugierde.« Er tröstete den kleinen Affenschelm freundlich, versprach ihm, ihn wieder

einmal zu besuchen, und flog dann davon. Noch ein Weilchen umflatterten die Vampire das Haus, dann huschten sie fort, um seiner Mutter von Joli zu erzählen. Heute war es still im Urwald, denn die Jaguare trauerten um ihren Gefährten und gingen nicht auf die Jagd.
»Heute gefällt es mir hier«, sagte Liesel gerade, als sich jäh ein lautes Geschrei erhob.
»Was ist das?« fragten die Kinder und Fabian erschrocken.
Der Jäger lachte: »Ich weiß es nicht genau, es klingt so, als hätten sich die Affen über etwas sehr gefreut; so schreien sie aus Freude.«
»Ach bitte, erzählen!« baten Bruder und Schwester, die es zu gern hörten, wenn ihnen der Urwaldjäger von den Tieren des Waldes erzählte.
Doch da brummte Fabian plötzlich: »Gute Nacht!«, das sollte heißen: »Kinder, macht, daß ihr ins Bett kommt.« Dietrich und Liesel verstanden es auch gleich und krochen schnell unter ihre Decken. Es brauchte ihnen auch niemand ein Schlummerlied zu singen, sie waren müde und schliefen gleich ein.
Am nächsten Morgen wachte Liesel zuerst auf. Sie freute sich darüber und dachte, nun wollte sie geschwind und heimlich das Frühstück fertig machen und die andern überraschen. Viel zu richten gab es ja nicht: Tee und eine Art Schiffszwieback. Die Ziegen, die die Morgenmilch liefern sollten, wollte der Vater erst mitbringen. Als Liesel die Treppe hinabging, stieß sie unten einen hellen Ruf der Verwunderung aus und weckte damit die andern. Vor dem Hause lagen nämlich am Boden ganze Büschel der wundervollsten Blumen, blutrote, türkisfarbene, sonnengelbe und lilienweiße, alle durcheinander, Blüten, wie sie die Kleine noch nie gesehen hatte; es schimmerte und leuchtete in der Sonne, als wäre der ganze Boden mit funkelndem Geschmeide besät.
»Wie schön, ach, wie schön!« jauchzte Liesel. »Das hat Herr Harding getan!«

»Das hat er nicht getan«, sagte Herr Harding, der neben sie getreten war, und der nun selbst staunend auf die bunte Pracht sah.
Fabian und Dietrich kamen nun auch dazu, und der lange Bursche brummte: »Der Wind.« Dabei streckte er die Nase in die Luft und schnupperte, als könnte er den Wind riechen, der gar nicht da war. Kein Lüftchen regte sich, ganz still und unbewegt standen die Bäume.
»Der Wind? Unsinn!« rief der Jäger.
»Wer denn?« schrie Fabian so laut, als wären die andern alle taub. Ja wer? Es war ein Rätsel. Herr Harding ging den Weg nach dem Fluß hin. Wenn Menschen vorbeigekommen wären, würde man ihre Fußspuren sehen. Dietrich riet: »Indianer«, Liesel sagte träumend: »Es ist wie ein Märchen.«
Aber Fabian blieb dabei, es sei der Wind gewesen. Wenn er an diesem Tag einmal nicht gerade zum Essen und Luftschnappen den Mund auftat, dann rief er ununterbrochen: »Der Wind!« Und wenn der Urwaldjäger das hörte, schrie er zurück: »Unsinn!«
Wer nun auch die Blumen gebracht haben mochte, sie liegen und verwelken lassen, das wollten die Geschwister natürlich nicht. Sie sammelten sie geschwind ein, stellten sie in ein paar Konservenbüchsen, die sie mit Wasser füllten. Die Büchsen stammten noch aus dem Reisevorrat, und Fabian gab sie nur sehr wiederwillig her; es erschien ihm als Verschwendung, sie als Blumenvasen zu benützen. Da merkten die Kinder wieder einmal, daß man im Urwald auf allerlei verzichten muß. In der alten Heimat waren sie einfach zur Mutter gelaufen und hatten sich eine der hübschen, bunten Porzellanvasen aus dem Schrank geben lassen. Nachher aber fanden sie, daß die Konservenbüchsen mit all den köstlichen Blumen darin sich doch stattlich in der himmelblauen Stube ausnahmen.
Fabian nickte beifällig, er sagte: »Fürsten können es nicht feiner haben.«

»Oder Könige oder Kaiser«, rief Dietrich neckend.
»Wohl, wohl«, brummte Fabian, und weil gerade der Urwaldjäger hereinkam, rief er laut und patzig: »Gut, daß der Wind die Blumen hergeweht hat.«
»Unsinn!« schrie der Jäger wütend und rannte hinaus, ohne nur einen Blick auf die geschmückte Stube zu werfen. Er rannte dem Wald zu und verschwand darin, und die Kinder klagten betrübt: »Nun kommt er nicht wieder!«
Er kam aber doch wieder. Gegen Abend stellte er sich wieder ein, und schon von weitem schrie er: »He, hat der Wind wieder Blumen hergeweht?«
»Der Wind war's doch!« schrie Fabian zurück und legte rasch ein paar gute Bissen für den Gast zurecht.
Beim Abendessen ruhte aber der Streit. Die Kinder sprachen von der Ankunft der Eltern; sie meinten, es nun auf einmal vor Sehnsucht und Ungeduld nicht mehr aushalten zu können, und Liesel erklärte, sie würde die Nacht aufbleiben, vielleicht kämen die Erwarteten in der Nacht. Später schlief sie aber doch schnell ein.
Erst gegen Abend des andern Tages hörten die Bewohner des kleinen Urwaldhauses in der Ferne menschliche Stimmen. Die Kinder jauchzten so laut, daß Joli in seinem Winkel furchtbar erschrak. Erst glaubte er, ein Jaguar sei eingedrungen, aber bald merkte er, daß die Menschenkinder sich freuen. Wenn das doch Herr Roko hören könnte, wie die schreien können! dachte er befriedigt; schlimmer tun wir Affenkinder es doch auch nicht. Er war aber unsagbar neugierig, warum die Kinder sich so freuten, und geriet richtig in Wut, daß er mit seinem verletzten Bein nicht hinausspringen und nachsehen konnte, was es eigentlich gab. Er mußte aber in seinem Winkel liegenbleiben, während Dietrich und Liesel den Ankommenden entgegenrasten.
Da waren sie, die Langersehnten: die Mutter, von der die Kinder zum erstenmal in ihrem Leben wochenlang getrennt gewe-

sen waren, und Heinz und Ursula, und hinter ihnen tauchte Linas rundes, rotes Gesicht auf, und das erste, was sie rief, war: »Die Affen, nee, die verflixten Affen! Auf jedem Baum sitzt so'n Untier. Wie kann denn das ein vernünftiger Mensch aushalten! Ich glaube, hier fallen einem die Affen in die Suppe und in den Kaffee wie zu Hause die Fliegen. Jemine, jemine, das ist greulich!«
Die Wiedersehensfreude der Eltern und der Kinder aber war so groß, daß niemand auf Linas Klage hörte.
»Wie geht es euch? Ist alles gut gegangen?«
»Da ist das Haus. Ist es nicht schön? Mutti, komm und sieh die himmelblaue Stube an! Ist sie nicht fein?«
Dietrich und Liesel hingen am Hals ihrer Mutter. Heinz und Ursula wollten auch umarmt werden, der Vater wurde abgeküßt, Fabian grinste dazu, und sein Mund glich wieder einem Scheunentor. Der Urwaldjäger lachte, die Träger lachten, selbst Lina lächelte und sagte anerkennend: »Na, wenigstens ist ein Haus da. Ich dachte schon, ich müßte in einem Erdloch wohnen!«
Joli hatte sich ganz und gar in seinem Winkel verkrochen. Wirklich, das Geschrei war so, als ob doch ein Jaguar gekommen wäre. Auf einmal sah Joli aber etwas ganz Seltsames; er erblickte einen Affen, der ihm sehr ähnlich war, nur daß der ein silbernes Halsband trug. Und dieser kleine Affe kletterte an den beiden blonden Menschenkindern in die Höhe, die streichelten ihn und taten, als wären sie die allerbesten Freunde. Sie nahmen ihn sogar mit hinein ins Haus, und bald darauf ertönten von drinnen laute, frohe Rufe. Die himmelblaue Stube wurde gezeigt, Heinz, Ursula und Lina fanden sie über alle Maßen schön, die Mutter aber lächelte wehmütig; sie dachte an ihr gemütliches Haus in der Heimat. Ach, sie fühlte jetzt schon Heimweh nach Deutschland!
»Fein, wirklich fein«, sagte Lina anerkennend, denn es gefiel ihr wirklich. Eilig lief sie durch alle Räume und rannte schließlich

auf die Veranda hinaus. Plötzlich gellte von dort her ein lautes Angstgebrüll.
Die andern, die noch immer die himmelblaue Stube bewunderten, liefen erschrocken herbei, und der Jäger, der unten bei den Trägern geblieben war, stürzte die Treppe herauf. Was war geschehen?
Auf dem Boden saß Lina, heulend, händeringend, und ein Stück von ihr entfernt saß Joli. Niemand konnte sagen, wer ängstlicher dreinsah, der Affe oder das Mädchen.
»Da ist schon einer, da ist schon einer! Er hat mich hingeworfen, er hat mich hingeworfen!« schluchzte Lina.
»Ach wo, das kleine Tier!« sagte Fabian verächtlich und hob mit einem kräftigen Ruck Lina so geschwind hoch, daß diese auf einmal das Schreien vergaß.
Joli saß ganz verdattert da. Nein, waren die Menschen närrisch! Vorhin hatte er es doch selbst gesehen, wie der fremde Affe immer an den Menschenkindern emporgesprungen war; das darf man also, dachte er. Als daher Lina allein auf die Veranda gekommen war, hatte er versucht, ob er wohl schon wieder springen könnte, aber o weh, war das eine Geschichte geworden! Gleich war das Mädchen umgefallen! Plumps! da lag sie, und Joli war vor Schreck ebenfalls hingepurzelt. Ach, und das fürchterliche Geschrei! Und nun kamen auch noch die andern Menschen herbei und schrien auch so ungeheuerlich. Davon konnte es wirklich so einem kleinen, kranken Affenjungen schlecht werden! Joli schloß die Äuglein und fiel einfach ebenfalls um, er hielt das für das beste.
»Der andere Bimbo stirbt!« schrie Ursula, und Heinz echote: »Er stirbt, er stirbt!«
Die Kinder stürzten miteinander auf Joli los, aber der tat vor Angst, als ob er wirklich ganz tot wäre, und je mehr die Kinder klagten, desto fester schloß er seine frechen Schelmenaugen.
»Der erholt sich schon wieder«, sagte der Urwaldjäger, und auch Fabian meinte, es sei am besten, den Kleinen in Ruhe zu

lassen. So bekam Joli Ruhe und konnte wieder ungestört in seiner Ecke liegen, in die Lina von Zeit zu Zeit einen scheuen Blick warf. Die Familie hatte auch wirklich jetzt keine Zeit, sich um einen kleinen ausgerissenen Affen zu kümmern, man mußte sich doch zusammen freuen, mußte einander erzählen, was man in den vergangenen Wochen erlebt hatte.
Hier bin ich überflüssig, dachte der Jäger und rüstete sich still, um unbemerkt davonzugehen. Aber kaum hatte er seinen Rucksack auf den Schultern und sein Gewehr umgehängt, als ihn Fabian anschrie: »Wohin?«
»Dahin!« brüllte der Jäger zurück.
»Warum?« schrie Fabian.
»Darum!« knurrte der Jäger.
»Nein«, gebot Fabian, »dableiben!«
»Nein, gehen!« gab der Jäger patzig zur Antwort.
Die beiden schrien sich in aller Freundschaft wieder mal so laut an, daß es Herr Hesse hörte. Der kam geschwind und bat den Jäger, der in seiner Abwesenheit so gut auf seine Kinder aufgepaßt hatte, dazubleiben. Die Kinder kamen auch herzu und baten so flehentlich, daß der Gast blieb; er blieb viel lieber, als sie alle ahnten. Sein einsames Leben gefiel ihm gar nicht mehr recht, und als nach einem Weilchen Heinz zu ihm kam und gleich darauf Ursula, und beide ihn Onkel nannten, schmunzelte er und strich sacht über die Blondköpfe, das sollte heißen: »Hier gefällt es mir.«
Den andern gefiel es auch gut an diesem ersten Abend des Zusammenseins in der himmelblauen Stube des Urwaldhauses. Selbst die Mutter schaute fröhlich drein; sie hatte nun ihre Lieben wieder alle beisammen, da war das Heimweh auch nicht mehr so schlimm. Lächelnd ließ sie sich von Dietrich und Liesel von den ersten Urwaldwochen erzählen. Das klang ganz heiter und vergnügt, und Lina, die andächtig zuhörte, sagte einmal befriedigt: »Ich hab's mir schlimmer gedacht! Freilich, freilich, Affen könnten weniger hier sein, so ein Lumpengesindel

braucht es nicht zu geben. Aber, du meine Güte, wo ist denn Bimbo hin?«
»Ach, der liegt in seiner Ecke und schläft«, sagte Liesel und schwatzte weiter. Sie erzählte, wie Fabian die Stube angestrichen hatte. Die andern hörten gespannt zu und vergaßen darüber Bimbo und die andern Affen, die im Urwald wohnten.

Im Urwald verirrt

»Ach nee, und kein Bäckerjunge bringt hier frische Brötchen!« Mit diesem Seufzer hatte Lina den ersten Morgen im Urwald begrüßt. Sie schaute ganz traurig drein. Dietrich und Liesel, die das hörten, lachten. Der Gedanke, es könnte hier ein Bäckerjunge durch den Urwald laufen und den oft eine Tagereise und weiter voneinander entfernt wohnenden Ansiedlern frische Brötchen bringen, kam ihnen doch zu komisch vor. Aber Lina seufzte weiter, sie seufzte über dies und das. Daß Joli auf ihrem Tuch geschlafen hatte, hatte ihr die Laune verdorben. Sie vermißte Dinge, die sie in dem kleinen Feldburg auch nicht hätte kaufen können, und tat, als hätte sie im Urwald eine Straße mit den allerschönsten Läden erwartet. Einmal seufzte sie wegen einer fehlenden Tortenschüssel, dann fehlte ihr das elektrische Licht und ein Klavier, obgleich sie nicht spielen konnte; sie klagte, daß kein Schaukelstuhl da sei, obgleich sie noch nie in ihrem Leben in einem gesessen hatte, und jammerte so um Ursulas zurückgelassene große Puppenstube, daß Ursula mit traurig wurde.
Es war nur gut, daß Lina über allem Gestöhne die Arbeit nicht vergaß, denn es gab am ersten Tag sehr viel zu tun im kleinen Waldhaus. Die mitgebrachten Sachen mußten ausgepackt und verstaut werden. Mancher Gegenstand, der in der Heimat als unwichtig angesehen worden war, bekam hier großen Wert,

weil es schwer war, ihn zu beschaffen.
Als Lina gar nicht aufhörte zu klagen, sagte Dietrich endlich: »Na weißt du, Robinson hat es viel schwerer gehabt, der hat sich sogar seine Kochtöpfe selbst brennen müssen.«
»Na, dann ist dieser Robinson schön dumm gewesen«, rief Lina, die in ihrem ganzen Leben noch nichts von dem bekannten Buch gehört hatte. »Die Töpfe werden wohl ordentlich schief geworden sein. Wo wohnt denn Herr Robinson? Hat er hier in der Nähe sein Haus?«
Dietrich lachte, Liesel lachte, Fabian grinste, und selbst Heinz und Ursula lachten mit, sie wußten auch schon, daß Robinson nur in einem Buch vorkam.
Lina wurde teufelswild, als sie das hörte. »Nun hört aber auf!« schalt sie. »Ich soll mich wohl um einen Mann kümmern, der nur in einem Buch vorkommt? Was geht mich das an, wie der seine Kochtöpfe gemacht hat!« Sie schnitt dabei ein bitterböses Gesicht, daß Joli in seinem Winkel wieder alle Bravheit vergaß, die er sich vorgenommen hatte und dachte: Schade, daß die keinen Schwanz hat, da würde ich ordentlich daran ziehen. Er wußte eben nicht, daß es Lina gar nicht so böse meinte, aber die Kinder wußten es, und sie halfen unbekümmert um alle Klagen fröhlich beim Einrichten.
Heinz und Ursula halfen auf ihre Weise. Ihre Hilfe bestand darin, daß sie immer gerade da waren, wo sie niemand brauchen konnte. Sie steckten ihre kleinen Nasen überall hin, wollten alles sehen, alles anfassen, und fragten dies und das. Auch in den Wald wollten sie laufen, und sie konnten es gar nicht begreifen, daß man darin nicht einfach spazierengehen und Blumen suchen konnte wie in dem schönen Stadtwäldchen von Feldburg.
»Ihr dürft nur dicht beim Haus spielen«, gebot der Vater.
»Geht ja nicht fort«, warnte die Mutter, und Fabian drohte: »Im Wald sind wilde Tiere.«
Auch Dietrich und Liesel sagten es, aber Heinz und Ursula wa-

ren genauso neugierig wie Joli. Sie schauten voll Sehnsucht nach dem Wald hinüber. Wenn man nur einmal hineinschauen könnte!

Doch die großen Geschwister paßten auf die beiden Kleinen auf, sie hatten ihnen auch so viel zu zeigen und zu erzählen, daß die das Fortlaufen ganz vergaßen. Es war erstaunlich, wieviel Arbeit es gab. Lina hatte gedacht, im Urwald könnte man sich einfach die allerschönsten Früchte von den Bäumen pflükken, nun war sie sehr verwundert, als Herr Hesse davon sprach, daß er pflanzen und säen und ein Stück Wald urbar machen wolle. Ehe er soweit war, mußte aber noch viel in Haus und Hof gemacht werden. Für die Ziegen mußte ein festerer Stall gebaut werden, und für die Hühner, die Herr Johnson senden wollte, mußte ein Stück Land mit einem hohen Zaun umgeben werden. Es war wohl ein kleiner Stall da, aber Rike und Sophie, so hatten die Kinder die ersten beiden Ziegen getauft, hatte gleich am ersten Morgen mit dem Kopf die Wand durchstoßen.

Das war wirklich kein Wunder, denn der Stall war nur leicht aus Palmiten gebaut, aber Lina sagte doch mißbilligend: »Bei uns hätte das keine Ziege getan. Das wird wohl so eine Mode hier sein, die die Tiere von den Affen lernen!« Sie sah dabei Joli strafend an, als wäre der mit dem Kopf irgendwo durchgefahren; nicht aber Bimbo, denn Bimbo war jetzt in ihren Augen das klügste und artigste Tier, das es nur geben konnte. Zu artig war er fast; er saß am ersten Tage immer still vor dem Haus und kletterte und sprang nicht wie sonst umher. – »Bimbo ist krank«, sagten die Kinder.

»Ihm gefällt's hier nicht«, meinte Lina, »und da zeigt er, wie klug er ist. Ja, ja, was wahr ist, muß wahr bleiben, in Deutschland gefiel es mir auch besser als in dem gräßlichen Urwald mit den abscheulichen Viechern.«

Bimbo war weder krank noch sehnte er sich nach Deutschland, nur traurig war er, unendlich traurig. Er war seinen Stammes-

genossen so nahe und konnte nicht zu ihnen laufen. Immer wieder schaute er sehnsüchtig zu dem Wald hinüber, und einige Male war er nahe daran, auszureißen. Doch dann dachte er wieder an alle Güte, die er erfahren hatte, und blieb. Joli hätte seinem Kameraden gern erzählt, daß ihn Herr Roko besucht hatte, es war aber nicht möglich, immer kam gerade jemand auf die Veranda, wenn er davon anfangen wollte. Er wurde zuletzt ganz wütend, und ungeduldig sehnte er den Abend herbei. Dann würde sicher Bimbo zu ihm herauskommen, und sie könnten miteinander schwatzen, und vielleicht kam auch Herr Roko wieder, und –
Als Joli gerade diesen Gedanken nachhing, kam Lina auf die Veranda. Sie war müde von der schweren Arbeit, die dieser erste Tag gebracht hatte und wollte zu Bett gehen. Sie war schon halb ausgezogen, da war ihr eingefallen, daß Fabian ihr gesagt hatte, sie möge Joli doch etwas Wasser hinstellen.
Wenn es auch ein Affe ist, Durst ist nichts Angenehmes, dachte Lina und ging rasch mit dem Wassernapf hinaus. Lina war ein ganz hübsches Mädchen mit sehr schönen, blonden Haaren, sie hatte sich diese, die sie sonst hochgesteckt trug, zu einem Zopf geflochten, der ihr nun lang über den Rücken herunterhing. Weil sie rasch ging, pendelte der dicke, blonde Zopf hin und her. Schwipp schwapp, schwipp schwapp ging es.
Joli hob den Kopf, als Lina kam.
Die Menschenfrau hat doch einen Schwanz, dachte er, oh, was für einen dicken Schwanz, na warte! Seine guten Vorsätze, den Gedanken, daß er den Menschen dankbar sein müßte, alles, alles hatte er in diesem Augenblick vergessen. Er sah nur Linas Zopf und – – –
»Alle guten Geister! Der Affe, der Affe, das Untier! Hilfe, Hilfe!« schrie Lina auf. Joli hing an ihrem Zopf und zerrte wie wild an ihm.
Fabian stürzte aus dem Haus, Dietrich und Liesel kamen ihm nach, und schwapp, bekam Joli eine solche Ohrfeige, daß er er-

schrocken den Zopf fahren ließ und auf den Boden purzelte.
»Na warte!« brummte Fabian, packte den kleinen Missetäter fest im Genick, trug ihn in den neugebauten, noch leeren Stall und schloß ihn dort ein.
Da war nun Joli gefangen und konnte über seine Missetat nachdenken. Er schrie laut, aber niemand kam. Er weinte, er jammerte, er bettelte in seiner Affensprache, aber alles blieb still. Er versprach, brav zu sein, er wollte nie, nie wieder jemand ärgern, er wollte – ach, was wollte er alles nicht tun, aber nichts half, man ließ ihn allein. Und er hatte kein Wasser, kein Futter, kein weiches Lager, nichts. Das wurde eine böse Nacht für ihn! Es dauerte sehr, sehr lange, bis Joli unter Tränen und Schmerzen einschlief.
Bimbo dachte in dieser Nacht viel an den armen, eingesperrten Genossen; er hätte ihm gern geholfen, aber er konnte die Tür des Stalls nicht aufmachen, und so konnte er ihn nicht einmal trösten. Am andern Morgen hörte er, wie Fabian streng sagte: »Der Affe bleibt eingesperrt.«
Da gab es keine Widerrede. Joli blieb im Stall, und Bimbo vernahm draußen nur sein jämmerliches Klagen. Das tat ihm bitter leid, und um es nicht zu hören, verließ er am anderen Morgen seinen Platz vor dem Haus und lief zu Fabian, der gerade Bretter abhobelte.
Heinz und Ursula hatten sich an diesem Morgen erst überall umgesehen, mal da, mal dort, und wieder hatte der Vater gesagt: »Ihr müßt ganz nahe beim Hause bleiben.« Und die Mutter hatte gewarnt: »Bleibt hier, geht ja nicht fort!«
Aber Heinz und Ursula dachten, wie kleine, unfolgsame Kinder eben denken: Ach was, so schlimm wird's wohl nicht sein! Einmal ist keinmal. Bis an den Waldrand können wir schon gehen. Und ganz heimlich, Hand in Hand, trabten die beiden kleinen Schelme davon. Niemand sah es, denn alle waren beschäftigt, und Bimbo hatte seinen Platz vor dem Hause verlassen. So kamen sie ungehindert bis zum Waldrand. Schön war

der Weg nicht, denn einen richtigen Pfad gab es noch nicht; die beiden Kinder mußten über gefällte Bäume, über riesige Wurzeln klettern und sich durch Gestrüpp den Weg bahnen. Aber das gefiel ihnen gerade. Ritsch, ratsch, riß es an den Kleidchen, bald ging es hinauf, bald wieder hinunter; sie kicherten beide sehr vergnügt über ihre Entdeckungsfahrt.
An der blühenden, bunten Mauer des Waldrandes wollte Ursula aber brav umkehren. »Wir sollen doch nicht in den Wald gehen!«
»Nur mal hineingucken«, bettelte Heinz, »nur ein bißchen.«
Das Hineingucken ging aber nicht so leicht, denn alles war dicht verwachsen, und so kletterten die Kinder eine Weile am Waldrand entlang, bis Heinz rief: »Da ist ein Loch!«
An einer Stelle war die dichte bunte Wand durchbrochen, jemand mußte sich gewaltsam hindurchgedrängt haben; daß es der Jaguar gewesen war, den der Urwaldjäger erlegt hatte, ahnten die Kleinen nicht. Durch das Loch kamen sie nun freilich in den Wald hinein, aber wie sahen sie aus! Ihre Kleider hatten mehr Löcher als ein Teesieb, ihre Gesichter und Arme waren zerkratzt.
Doch Heinz marschierte kühn immer weiter drauflos. Weiter drinnen aber blieb auch er erschrocken stehen. Eine tiefe Dämmerung herrschte hier, der Boden war fast kahl, denn die riesenhaften, breiten Bäume bildeten mit ihren Wipfeln ein so dichtes Dach, daß die Sonne nicht hindurchscheinen konnte.
»Komm, wir gehen heim!« bettelte Ursula ängstlich.
»Sieh doch da!« schrie Heinz und deutete in die Höhe. Da saßen drei wunderschöne rosa Papageien dicht nebeneinander auf einem Ast und fingen an zu schreien, als sie die Kinder erblickten. Sie nickten mit den Köpfen, schlugen mit den Flügeln und krächzten immerzu etwas, aber leider verstanden Heinz und Ursula nicht, daß ihnen die Papageien zuriefen, sie sollten geschwind wieder heimgehen.
»Da ist ein Affe, wie unser Bimbo«, rief Ursula und schaute

einem eilig davonspringenden schwarzbraunen Äffchen nach.
»Komm noch ein Stückchen weiter«, bat Heinz und zog das Schwesterchen mit sich. Zögernd folgte die Kleine, aber da huschte plötzlich eine schöne, buntschillernde Eidechse an ihnen vorbei; wie die verwunschene Prinzessin im Märchen sah das Tierchen aus. Vergebens warnten die rosa Papageien, diese uralten, klugen Wächter des Waldes.
Heinz und Ursula verstanden das Rufen nicht. Neugierig gingen sie weiter. Einmal purzelte der Junge hin, ein anderes Mal das Mädel, aber die Neugier trieb die kleinen Schelme immer weiter vorwärts. Erst als ein langgezogenes, tiefes Brummen ertönte, blieben sie erschrocken stehen und horchten. Was war das gewesen?
»Wir wollen heim«, rief Ursula ängstlich.
»Ja, heim«, stammelte Heinz und faßte das Schwesterchen fester an der Hand. Sie kehrten eilig um, um geschwind zurückzulaufen. Sie merkten dabei aber nicht, daß sie in die verkehrte Richtung gingen. Sie merkten nur, daß sie recht, recht langsam vorwärts kamen. Sie stolperten über Wurzeln und über riesige umgestürzte Bäume, die schon halb vermodert waren. Dabei bekamen ihre Kleider weitere Risse; auch ihre Beinchen und Arme bekamen blaue Flecken und Schrammen. Heinz blutete schon an beiden Knien, und aus Ursulas Nase tropfte Blut.
Aber sie fanden das Loch nicht mehr, durch das sie vorher in den Wald geschlüpft waren. Stärker und grollender hörten sie das Brummen, und dann wurden auch andere Stimmen laut; es krächzte und schrie in den Wipfeln der Bäume, und die Kinder sahen dunkle Schatten hin und her huschen und hörten den Flügelschlag großer Vögel. Dabei war es ihnen, als würde es immer dunkler und dunkler. Sie heulten nun vor Angst, schrien nach Vater und Mutter, aber niemand gab Antwort. Keine Menschenstimme war zu hören.
In seiner Angst fing der Bub an zu beten: »Ich bin klein, mein Herz ist rein –« da stockte er, sah das Schwesterchen an, und

beide schluchzten laut: »Wir wollen's nicht wieder tun, wollen nicht mehr fortlaufen, nicht mehr ungehorsam sein!« Nun bereuten sie es bitter, daß sie den Befehlen ihrer Eltern nicht gefolgt hatten. Ach, wären sie doch nicht fortgelaufen! Hilflos standen sie in dem ungeheuren dunklen Wald. Kein Weg, kein Steg war zu sehen, das Dickicht wurde immer undurchdringlicher, und immer lauter und eindringlicher ertönten die Stimmen der Tiere. Affen schwangen sich von Baum zu Baum, und andere Tiere flatterten und huschten, schrien und liefen um die beiden herum, die sich zitternd umschlungen hielten. Ursula konnte nicht mehr laufen, und Heinz taten seine Beine so weh, ach so weh!

»Da!« schrie Heinz plötzlich, und »da!« sagte Ursula schluchzend, und beide starrten entsetzt auf ein ziemlich großes Tier, das einen mächtigen, buschigen Schwanz hatte und einen ganz, ganz langen, spitzen Kopf. Das Tier war furchtbar häßlich und brummte fortwährend grollend, während es sich den Kindern näherte.

Die brachen nun in ein gellendes Angstgeschrei aus. Sie wollten davonlaufen, aber da kletterten plötzlich von allen Bäumen viele, viele schwarzbraune Affen herunter und umringten sie beide, faßten nach ihren Händen, zerrten sie an den Kleidern und zogen und schoben sie sacht vorwärts. Von einem Baum herab sahen die drei rosa Papageien zu, und der alte Ameisenbär brummte zu ihnen hinauf: »Ich fand sie, ich fand sie.«

Die Affen aber schrien: »Wir wollen euch holen!«

Heinz und Ursula aber verstanden nichts von dem Geschrei und Gebrüll, sie merkten es in ihrer großen Angst gar nicht, daß die Tiere sie alle ganz freundlich ansahen und sie trösten wollten. Ihr Schreien gellte weiter durch den Wald, und manches Tier wunderte sich sehr darüber, daß die hübschen kleinen Menschenkinder so furchtbar brüllen konnten. Die Affen aber zogen die Kinder immer weiter, da gab es kein Halten, kein Stillstehen, sacht, ganz sacht ging es weiter. Wollte Heinz

straucheln oder Ursula fallen, sprangen geschwind ein paar Äffchen herzu und hielten sie fest.
Auf einmal wurde es heller. Schon kamen ein paar Sonnenstrahlen und guckten in den Wald herein, da mußte doch irgendeine Lücke sein, durch die sie hindurch konnten. Je heller es wurde, desto deutlicher hörten die Kinder auch ein lautes Rauschen und Brausen, und dann drängten die Affen sie durch ein aus lauter feuerfarbenen Blüten gebildetes Tor, und dann standen sie draußen in der hellen Mittagssonne. Die beiden Kleinen waren so zerrissen, zerschunden, verheult und müde, sie zitterten vor Angst, daß sie sich gar nicht umsahen. Und doch war es ein wunderschönes Plätzchen am Flußufer. Dietrich und Liesel hätten es vielleicht wiedererkannt, denn hier waren sie unter Herrn Johnsons Führung vorbeigezogen, und wie damals saß auch die Urgroßmutter Jolanda in ihrer Lianenlaube.
»Da sind sie, da sind sie«, jubelten die Affen, die die Kinder geführt hatten und vollführten die drolligsten Sprünge. Doch Heinz und Ursula konnten nicht mehr darüber lachen, sie purzelten über ihre eigenen Beine und sanken erschöpft unter der Lianenlaube nieder.
»Laßt sie sich ausruhen, laßt sie sich ausruhen«, rief Jolanda, »und holt Schlafkraut herbei. Ich will meinen Spruch sagen, und wenn sie eingeschlafen sind, verstehen sie unsere Sprache im Traum.«
»Sag ihnen, daß sie Tamino freilassen sollen, sag es ihnen!« flehten die Affen eifrig. »Vergiß es nicht!«
»Bei meinem Schwanz«, rief die alte Äffin lachend, »als ob ich das vergessen würde. Dazu hab' ich euch doch ausgeschickt, die Kinder hierherzuholen. Ihr hättet sie ja ebensogut aus dem Walde hinausgeleiten können, dorthin, wo das Menschenhaus liegt. Da wären die Kinder jetzt schon daheim, aber ich mußte es ihnen erst sagen, daß sie Tamino freilassen sollen.«
»Jolanda, du bist aber sehr klug«, riefen die Affenjungen, und

eines rieb sich die Nase, eines biß sich in den Schwanz, ein drittes fuhr sich mit dem Fuß über den Kopf vor lauter Erstaunen.
»Lauft doch, lauft doch, holt die Schlafkrautblüte«, rief Jolanda ärgerlich, »und starrt mich nicht an, als wärt ihr Krokodile!« Da rannten die Affenjungen hierhin und dahin, Krokodile wollten sie nicht sein, die galten für dumm; Heinz und Ursula aber saßen unter der Laube und heulten.
»Heinz!« sagte Ursula schluchzend, und Heinz jammerte: »Ursula, ich fücht' mich so!«
Das Schwesterchen schmiegte sich an das Brüderchen, und dessen Tränen tropften auf des Schwesterchens Kleid. So saßen sie eng aneinandergeschmiegt, als die kleinen Affen zurückkehrten und der Urgroßmutter eine Blüte brachten; Jolanda zerpflückte die Blume, streute die Blätter über die Kinder und murmelte etwas dazu, während im Gezweig die rosa Papageien ein Lied sangen.
Die Papageien fanden, ihr Schlafgesang sei wunderschön, aber Ursula sagte noch halb im Schlaf ängstlich: »Die sind gewiß bös, die schreien so!« Heinz gab keine Antwort mehr, er schlief bereits, und auch Ursula vergaß bald alle Angst, alle Schmerzen und schlief fest ein. – Da stieg Jolanda ganz langsam aus der Lianenlaube herab, und vom Schulbaum herunter kam Herr Roko, und beide setzten sich ganz feierlich neben die schlafenden Kinder, und die alte Äffin begann die Geschichte von Tamino zu erzählen, wie er ausgerissen war und nun als Bimbo wiedergekehrt sei. – »Wenn sie dich nun aber doch nicht verstehen?« rief ein Äffchen vorwitzig und etwas ungläubig.
»Faß den Menschenjungen am rechten Ohr und frage ihn, dann wirst du merken, daß er dich versteht«, sagte die Urgroßmutter und lächelte. – Das Äffchen tat es geschwind, es griff kräftig zu, und schwapp! schlug Heinz im Traum mit seiner kleinen Hand so fest auf die platte Nase, daß das Äffchen gleich hinpurzelte. – »Er versteht's, er versteht's!« rief es und verkroch sich rasch im Gebüsch. Der Menschenjunge schlug

auch zu derb!
»Verstehst du mich?« flüsterte Jolanda und strich sacht über Ursulas verweintes Gesichtchen.
»Ja«, lallte die Kleine schlaftrunken, »ja, Bimbo freilassen, Bimbo freilassen!« – »Willst du das daheim auch sagen?« flüsterte die alte Äffin wieder.
»Ja, ja, Bimbo freilassen. Bimbo freilassen!« murmelte Ursula und reckte und dehnte sich auf dem blumigen Lager.
»Hütet euch, hütet euch! Menschen sind im Wald!« brummte der Ameisenbär plötzlich aus der Tiefe des Waldes heraus, und erschrocken kletterten alle Affen geschwind auf die schützenden Bäume. Eines hing sich dabei an den Schwanz des andern, der schrie, jener schalt, einer klagte, der andere weinte, und in den Lärm hinein tönte noch einmal das Brummen des Ameisenbären: »Hütet euch, Menschen, Menschen sind im Wald!«

Bimbo erhält seine Freiheit wieder

Lina hatte es zuerst gemerkt, daß Heinz und Ursula verschwunden waren; sie hatte gleich ein lautes Geschrei erhoben und war zu Dietrich und Liesel geeilt und hatte gefragt: »Wo sind die Kleinen?«
»Bei Fabian«, hatten die geantwortet, aber bei Fabian waren sie nicht, auch nicht bei den Eltern, nicht vor dem Hause, nicht im Hause, nicht bei Bimbo und auch nicht bei dem fremden kranken Äffchen, wie Lina gedacht hatte.
Ein angstvolles Suchen begann. Wo waren die Kinder hingeraten? Waren sie zu dem Fluß hinuntergelaufen oder in den Wald? Die Tiere ringsum horchten auf. Was war das? Die Menschen, die da am Rande des Urwaldes wohnten, schrien auf einmal so angstvoll und bange.
»Heinz und Ursula, wo seid ihr denn?« ertönten die Rufe, aber

keine Antwort kam, alles blieb still.
Das Flußufer war bald abgesucht, dahin führte keine Spur, kein niedergetretener Grashalm, nichts deutete darauf hin, daß kleine Füße hier gegangen waren.
»Sie sind gewiß in den Wald gelaufen, Fabian, und wir müssen sie dort suchen«, sagte der Vater, und große Angst lag in seiner Stimme.
»Wir wollen mit«, baten Dietrich und Liesel, aber als sie beide in das bleiche Gesicht der Mutter sahen, da blieben sie daheim. Die arme Mutter konnten sie doch in ihrer Angst nicht allein mit Lina im Urwald lassen. Wir müssen sie trösten, dachte Liesel, und beschützen, dachte Dietrich. Er sagte laut und mutig: »Hab keine Angst, Mutter, es ist gar nicht so gefährlich im Wald!« Aber die Mutter sah doch den beiden Männern, die mit Äxten und Gewehren bewaffnet auszogen, ängstlich und betrübt nach und dachte zitternd an all die unheimlichen Tiere im Wald, die jetzt vielleicht das Leben ihrer Lieblinge bedrohten.
»Nimm Bimbo mit!« rief Liesel dem Vater bittend im letzten Augenblick noch nach.
»Unsinn«, murrte Fabian, »was soll uns der?«
Aber da sprang Bimbo, der bis dahin mit traurigen Augen auf der Treppe gesessen hatte, geschwind auf und eilte so rasch dem Walde zu, daß die Männer Mühe hatten ihm zu folgen.
»Er wird sie finden, er wird sie finden!« rief Liesel hoffnungsfroh.
»Er wird ausreißen«, schrie Fabian ärgerlich, aber seine Blicke folgten dem Äffchen doch, das so sicher voranlief, als sei ihm der Weg gar wohl bekannt. Auf einmal, dicht an der grünen Mauer des Waldes, bückte er sich und hob etwas Rotes auf, Ursulas Haarschleifchen, das hielt er hoch, bis es der Vater erblickt hatte.
»Hier sind sie gegangen«, rief er, »hier müssen sie irgendwo in den Wald eingedrungen sein!«
»Dort ist Bimbo eben verschwunden!« schrie Fabian und eilte,

so flink er auf dem beschwerlichen Wege vorwärtskommen konnte, dem kleinen Führer nach. Auf einem schmalen Pfad im dichtverzweigten Gestrüpp kamen die beiden Männer auch wirklich in den Wald hinein. Dämmerung umfing sie, und seltsam gedämpft tönte es, als der Vater angstvoll die Namen seiner Kinder rief: »Heinz, Ursula, wo seid ihr?«
Auf einem Ast saßen eng aneinandergeschmiegt drei rosa Papageien. Als sie die Männer sahen, erhoben sie kreischend ihre Stimmen und schnarrten etwas.
»Gräßlich, das Geschrei!« murrte Fabian, der natürlich die Papageiensprache nicht verstand. Bimbo aber horchte auf, und dann eilte er seitwärts, dahin, wo der Fluß den Wald durcheilte. Er schnitt ganz besondere Grimassen und machte immer wieder Sprünge voran, dann drehte er sich wieder um, als wollte er sagen: »Kommt doch, kommt doch!« Und die drei rosa Papageien riefen unaufhörlich ihr: »Koko, koko!« Auch sie flatterten den beiden Männern von Ast zu Ast voran.
Es sieht beinahe so aus, als wollten sie uns den Weg zeigen, dachte der geängstigte Vater. Er rief immer wieder in die Stille hinein »Heinz, Ursula!« Aber nichts rührte sich, nur die Papageien schrien, und dann horchte Bimbo jedesmal auf, er kannte ja alle Stimmen des Urwaldes, die laut wurden, keine von ihnen hatte er vergessen in den Jahren seiner Gefangenschaft.
»Nun schlägt's dreizehn! Was hat denn jetzt Bimbo?« brummte Fabian und sah verdutzt auf den Affen. Der saß plötzlich wie erstarrt auf einem umgestürzten, halbvermoderten Baum, und seine dunklen Augen schauten so flehend und angstvoll zu den Männern auf, daß sie unwillkürlich stehenblieben. Was fehlt denn Bimbo?
Aus der Ferne kam wieder ein Ruf, ein seltsam drohendes Gebrüll. Herr Hesse nahm rasch das Gewehr von der Schulter: »Das klingt wie eine Raubtierstimme«, flüsterte er.
Fabian nickte. »Hm, hm.« Auch er nahm eiligst das Gewehr von der Schulter, und nun sprang Bimbo wieder hastig vor-

wärts; immer rascher und rascher, als spürte er eine Gefahr.
»Er führt uns wieder aus dem Wald heraus«, sagte Herr Hesse auf einmal, »ich höre den Fluß rauschen, und dort wird es lichter!«
Fabian blieb stehen und lauschte. Die Papageien waren verstummt, und im Wald herrschte tiefe Stille.
Durch diese hindurch klang ganz laut ein Brausen; sicher war das der Fluß.
»Es ist ein Unsinn, dem Affen zu folgen«, schalt Fabian, aber da sprang Bimbo vor ihm rasch davon und kehrte gleich wieder zurück, ein graues Fetzchen Stoff in der Pfote.
»Der Anzug von Heinz!« rief Herr Hesse. »Vorwärts, vorwärts, hier müssen sie gegangen sein!«
Die Dunkelheit lichtete sich, das Brausen wurde stärker, und dann standen die beiden Männer am Flußufer und schauten den Fluß hinab und hinauf. Das war der Weg, den sie Herr Johnson vor einigen Wochen hierhergeführt hatte. Auf einmal stieß Bimbo einen schrillen Schrei aus und sprang vorwärts, und da – lagen Heinz und Ursula auf dem mit Blumen bedeckten Boden und schliefen fest und friedlich. Neben ihnen lagen zwei Affen, und in den Zweigen über ihnen hockte eine Unzahl größerer und kleinerer Affen.
Als sie die Männer kommen sahen, kletterten sie pfeilgeschwind höher auf die Bäume hinauf, nur die alten Affen kletterten langsam auf einen niedrigen Ast über den Kindern.
»Heinz, Ursula!« schrie der Vater und stürzte auf seine Kinder zu.
Die öffneten schlaftrunken die Augen, atmeten tief, und Heinz murmelte: »Kommt nun bald der Weihnachtsmann?« Er hatte im Urwald vom Weihnachtsfest geträumt.
Herr Hesse hob ihn auf, Fabian nahm schnell Ursula auf den Arm, und beide schickten sich an, umzukehren.
»Komm, Bimbo!« rief Herr Hesse dem kleinen Hausgenossen zu, der ganz still dasaß und die alten Affen anstarrte.

Fabian blieb noch einmal stehen und schaute sich um.
»Merkwürdig ist das nun mal mit dem Affenzeug, gerade, als hätten die auf unsere Kinder aufgepaßt.«
»Ja, wirklich!« Auch Herr Hesse sah die Affen an, die nun alle still auf ihren Ästen saßen und auf die Menschen hinabsahen.
Da sprang plötzlich Bimbo mit einem jähen Satz auf Herrn Hesses Schulter und packte das Gewehr an. In seiner Bewegung lag soviel Angst, daß Herr Hesse erstaunt dem Blick des Affen folgte, und da – hinter der grünen Lianenwand hervor – leuchtete ein Paar glühender Augen.
»Nimm Heinz!« keuchte der Vater. Er warf den Kleinen in Fabians Arm, dann riß er das Gewehr hoch, ein Schuß, ein vielstimmiger gellender Schreckensschrei ertönte, und mit einem wilden Sprung sich aufbäumend, stürzte ein riesiger Jaguar tot zu Boden.
Der zweite der schlimmen Urwaldräuber war getötet.
Die Affen sprangen wild vor Freude auf den Bäumen umher und schrien laut, die Papageien schnarrten dazwischen, und hundert andere Stimmen wurden laut.
»Na, das sollte unsere Lina sehen und hören«, sagte Fabian. »So eine Gesellschaft! Aber sonderbar, daß unser Bimbo gar nicht mittut.«
Das Äffchen schaute die lustig tanzenden und hüpfenden Gefährten überhaupt nicht an. Es saß ganz still auf Herrn Hesses Schulter.
»Nun, schnell«, rief er, »damit uns die Nacht nicht überrascht, einfach hier den Fluß hinauf! Gott sei Dank, daß wir die Kinder fanden, ehe der Jaguar kam! Bimbo ist wirklich ein Prachtkerl, daß er uns vor dem Jaguar gewarnt hat.«
Heinz und Ursula waren vollständig erwacht von dem Schuß und dem Geschrei; weil sie sich aber in ihres Vaters und Fabians Armen sahen, schliefen sie gleich wieder ein. Sie waren so müde von ihrer Wanderung und all der ausgestandenen Angst, daß sie erst richtig munter wurden, als die Mutter, Lina und die

Geschwister sie mit lauten Freudenrufen empfingen.
»Sie sind wieder da, dem lieben Gott sei Dank!« rief die Mutter und schloß ihre Kleinsten unter heißen Freudentränen in die Arme.
»Es regnet«, murmelte Ursula, als die Tränen der Mutter auf ihr Gesichtchen fielen. Aber dann schlug sie doch die Augen voll auf, und die Erinnerung an den schrecklichen Urwald erwachte.
»Mutti, ach Mutti, ich lauf' nie mehr fort!« schluchzte Ursula.
»Ich auch nicht, ich auch nicht«, gelobte Heinz niedergeschlagen.
»Ich habe Hunger«, jammerte Ursula.
»Ich auch«, echote Heinz.
»Ist recht; wer Hunger hat, ist gesund!« rief Lina vergnügt und eilte schnell aus dem Haus, um etwas für die hungrigen Kinder zu holen. – Später mußten sie erzählen, wie sie in den Wald hineingekommen waren und sich darin verlaufen hatten.
»Dann kamen die Affen, lauter Bimbos«, erzählte Ursula, »und dann haben sie mit uns geredet.«
»Aber Ursula!« riefen Liesel und Dietrich lachend. »Affen reden doch nicht!«
»O ja«, behauptete Ursula, und Heinz nickte wichtig dazu: »Ja, immer geredet. Die alte Äffin hat gesagt, wir müssen's sagen.«
»Was müßt ihr denn sagen?« Die großen Geschwister lachten, aber das nahmen die Kleinen beinahe übel, und eifrig behaupteten sie: »Ganz gewiß, sie haben es gesagt, Bimbo muß in den Wald dürfen, wir sollen ihn freilassen!«
»Jawohl, er hat Angst!« rief Heinz.
»Ihr habt geträumt«, sagte der Vater, »nun geht nur ins Bett und träumt weiter!«
Das wollten die Kleinen schon gern tun, sie waren schrecklich müde, aber sie blieben doch dabei: »Die gute Affenurgroßmutter hat gesagt, Bimbo muß in den Wald.«
»Vielleicht ist's wahr«, sagte Dietrich.

»Ach nein«, rief Liesel ängstlich, »Bimbo gefällt es hier bei uns sehr gut.«
»Unsinn«, rief Fabian, »Affen können nicht reden! Sehr dumm!«
Wenn Fabian auch »sehr dumm« sagte, Dietrich und Liesel dachten doch, es könne wahr sein, was die Kleinen geredet hatten. Sie saßen nachher zusammen im Verandawinkel und sprachen davon. »Möchtest du Bimbo freigeben? Er gehört ja dir«, sagte Dietrich.
»Dir ebenso«, erwiderte Liesel, »wir haben ihn zusammen gekauft. Willst du?«
»Ja, wenn du willst. Aber Bimbo wird doch nicht fortgehen, nein, er wird bei uns bleiben wollen.«
»Weißt du was? Wir nehmen ihm sein Halsband ab, führen ihn einmal in den Wald hinaus und lassen ihn laufen, wohin er will.«
»Ach, er wird gar nicht wissen, was er tun soll, was das alles zu bedeuten hat«, behauptete Dietrich.
»Doch, er wird es schon verstehen, er ist sehr klug«, erwiderte seine Schwester.
»Weißt du noch, wie er uns bei dem Brand gerettet hat?«
Dietrich nickte. Freilich, da hatte sich der kleine Freund sehr klug benommen.
»Wir wollen zuerst die Eltern fragen«, schlug er vor. Er hoffte dabei ein wenig, sie würden nicht einverstanden sein und über den Vorschlag lachen; denn gern wollte er Bimbo nicht freigeben. Aber der würde ja doch nicht von ihnen gehen. Was die Kleinen gesagt hatten, war ja nur ein Traum gewesen.
»Tut, was ihr wollt«, sagten die Eltern lächelnd, »seine Freiheit verdient Bimbo eigentlich, wir müssen ihm dankbar sein. Aber er wird wohl kaum von uns gehen.«
»Ja, er bleibt sicher bei uns, er weiß auch gar nicht, was das alles bedeuten soll«, sagte Dietrich.
»Er weiß es schon, er ist ja so klug!« rief Liesel.

»Freilich, klug ist er«, meinte nun auch der Vater. »Wie sicher er uns geführt hat, das war wirklich sehr merkwürdig, man konnte glauben, der Wald sei ihm vertraut.«
»Hm, ja, auffallend war's, aber reden, nee, reden können die Affen doch nicht«, sagte Fabian.
»Komm doch mit in den Wald, dann wirst du gleich merken, daß er uns versteht«, bettelte Liesel. Sie wollte Bimbo gleich freilassen, sie fürchtete, später würde es ihr leid werden. Sie lief davon, und Dietrich und Fabian folgten, letzterer brummte wie der alte Ameisenbär. Der kleine Hausgenosse kauerte still und ganz zusammengesunken auf der Treppe. Er machte gar kein lustiges Gesicht mehr und sah unendlich traurig aus, als hätte er einen schweren Kummer.
»Bimbo«, flüsterte Liesel und kniete neben ihm nieder, »willst du in den Wald zurück?« Sie löste langsam das Halsband ihres kleinen Freundes, dann strich sie sacht über sein schwarzbraunes Fell, streichelte sein kleines, häßliches Gesicht und sagte sanft: »Bimbo, du bist frei, kannst wieder in den Wald zurückkehren!«
»Wie soll er das verstehen?« murmelte Lina, die auch dazugekommen war.
Aber Bimbo richtete sich auf, seine Augen sahen plötzlich nicht mehr traurig aus, sie blitzten, er reckte und streckte sich, dann eilte er plötzlich auf Liesel zu und schmiegte sich fest an sie, dann hopste er auch zu Dietrich und setzte sich auf dessen Schulter.
»Bimbo, wenn du magst, kannst du gehen, wohin du willst«, sagte auch der Bub, »du bist nun frei!«
Da sprang Bimbo von Dietrichs Schulter herunter und raste in hastigen Sprüngen davon.
»Er geht doch fort!« riefen die Kinder traurig.
Bimbo blieb auf einmal stehen, und kehrte ganz langsam wieder zurück; er schmiegte sich wieder an Liesel und sah bittend und traurig zu dieser auf.

Er bleibt, wenn ich ihn darum bitte, dachte die Kleine, aber sicher wird es ihm schwerfallen, und sanft sagte sie noch einmal: »Geh, Bimbo, geh, du bist doch frei!«
Da sprang der Affe davon, dem Walde zu. Zweimal schaute er sich noch um, und dann entschwand er ihren Blicken.
Betrübt sahen ihm die Kinder nach, und Liesel sagte leise: »Nun kommt er nie mehr wieder!«
»Hm, hm, er hat's wirklich verstanden. Nee, zu komisch ist das mit den Affen«, knurrte Fabian und sah sich wütend um, das tat er, weil es ihm schrecklich leid tat, daß Bimbo fort war und er es doch nicht zeigen wollte.
Lina aber schluchzte jäh auf: »Ich hätte auch nicht gedacht, daß es mir so leid tun würde um das kleine schwarze Untier! Aber den andern Affen lass' ich nun auch frei. Der arme Kerl, der hat gewiß auch Sehnsucht nach dem Wald.«
Sie lief geschwind nach dem Stall, öffnete die Tür und holte Joli heraus, der traurig in einem Winkel kauerte.
Er schaute das große Menschenmädchen ganz verwundert an. Es tat ihm sehr gut, gestreichelt zu werden, und weil er Heimweh hatte und ihm sein armes kleines Affenherz bitter schwer war, kuschelte er sich ganz zutraulich an Lina an. Er dachte daran, daß Bimbo ihm gesagt hatte, Lina sei gar nicht so bös, sie tue nur so.
»Komm nur, komm! Siehst grad aus wie unser Bimbo, da sollst du es auch gut haben«, murmelte Lina, der plötzlich alles leid tat, was sie Joli zugefügt hatte. Vorsichtig trug sie Joli in das Haus, machte ihm ein weiches Lager zurecht und brachte ihm allerlei Leckerbissen. Dietrich und Liesel aber saßen, bis es dunkel wurde, auf der Treppe und schauten nach dem Wald hinüber. Kam Bimbo wirklich nicht zurück?
»Vielleicht kommt er morgen früh?« sagte Liesel.
»Ja, sicher, er wird morgen schon wiederkommen«, tröstete Dietrich die Schwester und sich selbst. Aber der Morgen kam, es wurde Abend, und viele Tage folgten ihm, aber kein Bimbo

kehrte zurück.
Wohl war es manchmal den Kindern, als hörten sie aus dem Geschrei, das abends aus dem Wald erklang, Bimbos Stimme heraus, auch meinten sie ein kleines dunkles Tier am Haus vorbeihuschen zu sehen, aber soviel sie auch riefen und lockten, Bimbo kam nicht mehr.
Als Joli nach einigen Tagen völlig genesen war, da nahmen ihn die Kinder, trugen ihn ein Stückchen in den Wald hinein und sagten: »Nun kannst du auch hingehen, wohin du willst!« Und Joli eilte geschwind davon. Auch er verschwand im Waldesdunkel und kam nicht wieder. Nur manchmal lagen früh vor dem Urwaldhaus schöne bunte Blumen. Da sagten die Kinder zueinander: »Die bringen uns die Affen. Bimbo hat uns doch nicht vergessen.«

Wieder im Urwald

»Tamino-Bimbo ist zurückgekommen!« Alle alten und jungen, großen und kleinen Affen schrien das einander zu, und die Papageien krächzten es unaufhörlich, damit nur auch ja alle Tiere im Wald die Neuigkeit hörten. Tamino war zurückgekehrt, und nun hieß er Bimbo, er hatte von den Menschen einen anderen Namen bekommen. Ein Affe war heimgekommen aus dem Menschenland! Selbst die Jaguarfamilie, die um ihre beiden großen Räuber trauerte, hätte jetzt gern aus lauter Neugierde ein bißchen Freundschaft mit den anderen Tieren geschlossen. Ja, eine alte, sehr böse Jaguardame, die in ihrem Leben schon viele, viele Affen gefressen hatte, sagte ganz gekränkt: »Da lebt man nun in einem Wald zusammen, aber wenn es eine Neuigkeit gibt, wird uns nie etwas gesagt. Man könnte uns wirklich auch einmal einladen!«
Das fiel nun aber den anderen Tieren wirklich nicht ein. Sie

waren froh, wenn sie keinen Jaguarschwanz erblickten. Alles, was Beine hatte, war zu Urgroßmutter Jolanda gelaufen, und alles, was Flügel hatte, war angeflogen gekommen. Dicht gedrängt saßen die Affen, Papageien und anderen Vögel auf den Zweigen der Bäume, die um Jolandas Lianenlaube standen; darunter lagen und saßen die Tiere, auch der Ameisenbär, der sonst nicht gerade Gesellschaften liebte, war gekommen. Selbst das Stachelschwein fehlte nicht. Der Paradiesvogel war erschienen. Wenn er auch dachte: Ich bin zu vornehm für diese Leute, war er doch viel zu neugierig, um fernzubleiben. Er saß ganz friedlich neben den rosa Papageien, mit denen er sich sonst immer stritt. Auf dem Ehrenplatz aber zwischen Jolanda und Roko hockte Bimbo und erzählte vom Menschenland. Jolanda sah ihn mit ihren klugen Augen an und sagte nur: »Hoffentlich tut es dir nicht leid, mein Junge, daß du wieder bei uns bist. Wenn wir Tiere einmal bei den Menschen gewesen sind, haben wir immer Sehnsucht nach ihnen.«
»Ich bekomme nie Sehnsucht!« rief Bimbo. »Hier ist es am allerschönsten. Ach, ich bin froh, daß ich wieder im Wald bin!«
»Hast du es bei den Menschen schlecht gehabt?« fragten ein paar alte Affen mitleidig.
»Manchmal, nicht immer, und zuletzt hatte ich es sogar recht gut«, murmelte Bimbo, und dann erzählte er seine Erlebnisse von Anfang an. Die Tiere schrien, kreischten, krächzten, brummten und brüllten manchmal entrüstet, wenn Bimbo schilderte, wie er gefangengenommen worden war, und seine Leiden auf der Reise und in der Jahrmarktbude beschrieb. Hunderte von schwarzen Affenaugen blitzten gar böse und zornig, und die Papageien kreischten laut über die Bösartigkeit des dummen August.
Doch dann erzählte Bimbo von der Familie Hesse, wie Dietrich und Liesel ihn gekauft und ihn mit heimgenommen hatten. Er beschrieb das Gärtnerhaus, den Garten und den Weihnachtsabend. Da wurden alle die funkelnde, rachsüchtigen Tieraugen

wieder freundlicher, die Papageien hörten auf zu schimpfen. Der Ameisenbär brummte behaglich, und alle Zuhörer riefen laut: »Wir wollen alle gut zu den Menschen sein!«
Sogar der Paradiesvogel schrie: »Wenn mir wieder eine Schwanzfeder ausfällt, die soll Liesel bekommen!«
»Er ist wirklich sehr eitel«, flüsterte ein Papagei seinen Gefährten zu, und die anderen nickten spöttisch. »Er denkt, sein Schwanz sei das Allerschönste im ganzen Wald!«
Der Paradiesvogel hörte die Worte nicht, und das war gut, sonst hätte es vielleicht noch Zank und Streit gegeben. So waren alle Tiere sehr gerührt und ergriffen von Bimbos Geschichte. Lana, das kleine Affenmädchen, weinte so jämmerlich, daß es zuletzt die Urgroßmutter selbst trösten mußte. Alle guten, freundlichen Worte halfen nichts, Lana schluchzte erbärmlich, und endlich, als auch Bimbo selbst bat, sie möchte sich beruhigen, rief sie: »Ich – ich – weine doch eigentlich um Joli. Der arme Joli, nun wird es ihm auch so schlecht gehen!«
»Ach was«, rief die Urgroßmutter, »Mädchen, hör auf! Joli schadet die Strafe nicht. Du hast ja gehört, daß die Menschen im Urwaldhaus gut sind, sie werden Joli schon freilassen. Dem unnützen Strick geht es noch viel zu gut auf der Welt. Nun sei still, Kinder müssen den Mund halten, wenn große Leute reden.«
Da schwieg Lana. Wenn die Urgroßmutter so redete, dann war es ratsamer, den Mund zu halten.
Es dauerte an diesem Abend sehr, sehr lange, bis die Affen ihre Wohnbäume aufsuchten, immer wollten sie noch dies und das von Bimbo wissen. Der war schließlich so heiser von dem vielen Reden, daß er kein Wort mehr herausbrachte; da erst durfte er schlafen gehen. Aber wohin? Auf dem schönen Brotfruchtbaum, auf dem einst seine Eltern gewohnt hatten, hauste längst eine andere Familie, die er gar nicht kannte.
»Komm zu mir«, sagte Herr Roko, »auf dem Schulbaum ist Platz genug, und ich freue mich, wenn ich Gesellschaft habe!«

»Die Ehre, nein, die Ehre!« flüsterten die anderen Affen und verneigten sich tief vor Bimbo, um ihm eine gute Nacht zu sagen. Aber wenn einer so lange im Menschenland gewesen ist, dann ist er auch etwas ganz Besonderes. Bimbo fand dies selbst. Er nickte daher auch ein bißchen von oben herab den andern zu und sprang dann eilig Herrn Roko nach. All die Bewunderung hatte ihn schon ein wenig eingebildet gemacht, und er fand es eigentlich ganz selbstverständlich, daß er bei Herrn Roko wohnen sollte.

Ein anderer Baum wäre wohl auch nicht vornehm genug für mich gewesen, dachte er noch beim Einschlafen.

Er schlief die erste Nacht im heimatlichen Wald nicht sonderlich gut. Das weiche Lager, das ihm die Hesseschen Kinder bereitet hatten, war eigentlich viel bequemer gewesen. Ja, und dann mußte er immer an seine kleinen Menschenfreunde denken, ob sie ihn sehr vermißten, ob sie sehr traurig gewesen waren, als er fortgelaufen war. Er seufzte tief. Eigentlich war es ihm doch recht schmerzlich, daß seine Eltern nun tot und seine Geschwister fortgezogen waren. Er rutschte auf seinem Ast hin und her. Nein, so würde er bestimmt nicht mehr schlafen, er würde sich ein Lager zurechtmachen und es den anderen Affen zeigen, wie man bei den Menschen schläft. Na, überhaupt, sie sollten etwas von ihm lernen.

Mit diesem guten Vorsatz schlief er endlich ein, und als er erwachte und sich besann, daß er frei im heimatlichen Wald war, da stieß er einen lauten Freudenschrei aus.

»Warum schreist du denn so?« brummte Herr Roko ein wenig ärgerlich; er war gerade im besten Morgenschlummer gestört worden.

Bimbo entschuldigte sich höflich. Er nahm sich dabei gleich vor, immer sehr höflich und sittsam zu sein, er wollte doch allen beweisen, daß er im Menschenland viel gelernt hatte und nun viel gebildeter war als alle anderen Affen. Darum sprang er auch nicht übermütig von Ast zu Ast, was er eigentlich gern ge-

tan hätte, sondern blieb steif und feierlich sitzen und ließ sich von den anderen Affen besuchen. Die kamen auch von allen Seiten; aus allen Winkeln, aus der Höhe und aus der Tiefe kamen sie herbei, und alle schrien schon von weitem: »Erzähl uns was vom Menschenland!«
Und Bimbo erzählte von den Kindern der Familie Hesse, von Mutter Wichert, dem Brand, von Fabian und Lina, von allen. Zuletzt konnte er wieder kaum reden, aber die Affen schrien immer wieder: »Mehr! Noch mehr!«
»Seid doch nicht so neugierig!« sagte Bimbo. »So etwas tut man nicht im Menschenland.«
Das half. Die Besucher verabschiedeten sich, und Bimbo konnte zur Urgroßmutter Jolanda eilen, die ihn zum Mittagessen eingeladen hatte.
»Du mußt es doch erst wieder lernen, dir deine Nahrung selbst zu suchen«, sagte die kluge Äffin. Daran hatte Bimbo noch gar nicht gedacht, wie unbequem das eigentlich war. Ach, wie gut hatten doch stets Dietrich und Liesel für ihn gesorgt! Kaum hatte er an diesem Tag bei Jolanda seine Bananen hinuntergewürgt, da kamen auch schon wieder viele, viele Affen und riefen: »Erzähle uns vom Menschenland!«
Und Bimbo erzählte wieder, bis er heiser war und bis der Abend kam, und dann schlief er wieder sehr schlecht und unbequem auf seinem Ast.
»Alles ist Gewohnheit«, meinte Jolanda, als er ihr am nächsten Tag sein Leid klagte; »wie bei den Menschen kannst du es hier nicht haben.«
Das sah Bimbo ja ein, es gefiel ihm auch sehr gut im Wald, nur mußte er immer wieder denken: »Was tun sie jetzt in dem kleinen Haus? Wie mag es den Kindern gehen? Haben sie Sehnsucht nach mir?«
Ein bißchen langweilig war es auch. Er hatte es sich nun einmal vorgenommen, würdevoll aufzutreten, also spielte und sprang er nicht mit den anderen Affen umher, sondern saß immer

feierlich im Schulbaum.

»Hilf mir Schule halten«, sagte Herr Roko nach einigen Tagen, »du hast ja viel im Menschenland gelernt, du kannst Lehrer werden.«

»Ja, das soll er«, riefen die anderen Affen alle und sahen wieder ehrfurchtsvoll zu Bimbo auf, »wir wollen von ihm lernen, wie man sich im Menschenland benimmt.«

»Die Affen sind auch schon alle sehr eingebildet!« riefen die Papageien einander zu. »Hört nur, hört! Nun wollen sie lernen, sich wie die Menschen zu benehmen!«

Der Plan gefiel Bimbo sehr. Er sagte daher keck: »Ja, das will ich. Oh, ihr sollt bald alle sehr gebildet sein.« Im stillen aber dachte er: Ich verstehe doch alles besser als Herr Roko!

Der lächelte, und die Urgroßmutter lächelte; sie waren zwar beide noch nie im Menschenland gewesen, aber sie waren doch viel weiser als Bimbo. Denn dieser kleine Gernegroß wußte nicht einmal, daß es ungeheuer schwer ist, Lehrer zu sein.

»Pah«, meinte er, »die Sache ist doch sehr einfach!«

»Morgen haben wir Anstandsstunde, morgen haben wir Anstandsstunde! Wir lernen, wie es bei den Menschen zugeht!« schrien die Affen an diesem Abend, und Bimbo, der es hörte, hielt sich für eine ungeheuer wichtige Person. Er schlief vor lauter Aufregung die Nacht nicht, und am nächsten Morgen saß er steif und feierlich auf seinem Ast und wartete auf die Schulkinder.

Die kamen wie immer mit viel Geschrei und Geschwätz herbei, und Bimbo schüttelte ärgerlich den Kopf und rief streng: »So kommt man im Menschenland nicht zur Schule. Schämt euch!«

Da wurden die vorlauten kleinen Affen ganz still, nur einer, der immer etwas vorwitzig war, fragte: »Bist du denn im Menschenland in die Schule gegangen?«

»Nein«, murmelte Bimbo etwas verlegen, »das nicht, da gehen natürlich nur Menschenkinder hinein, aber Dietrich und Liesel haben mir alles erzählt. Aber nun seid still und paßt auf! Macht

alles, wie ich's euch vormache!«
Mäuschenstill saßen die Affenjungen da und paßten auf.
»Hm, hm«, sagte Bimbo wie Fabian, wenn der nachdachte, dann schwieg er. Er wußte auf einmal nicht, was er jetzt sagen sollte. Alle die neugierigen, erwartungsvollen Affenaugen machten ihn ganz verlegen.
Wie dumm sie sind, dachte Bimbo, zog das Gesicht in grimmige Falten und sagte unwillkürlich wieder: »Hm.«
Schwapp, schnitten alle die kleinen Affen die fürchterlichsten Grimassen und brummten: »Hm, hm!«
Hätte ich jetzt einen Besen, dachte Bimbo erbost, dann würde ich damit hauen, wie Lina mich manchmal gehauen hat. Ach was, ein Zweig tut's auch! Und rasch riß er einen Zweig vom Baum ab und schlug ihn einem naseweisen kleinen Affenjungen um die Ohren. Der, nicht faul, riß auch einen Zweig ab, die andern machten es ebenso, und klatsch, klatsch, klatsch schlugen sich alle Affenkinder gegenseitig und hielten das für eine feine Menschensitte. Es gab dabei viel Geschrei und Gezeter; namentlich die Buben schlugen sehr derb zu, und die Mädchen wollten sich dies nicht gefallen lassen.
Bimbo aber schrie ärgerlich: »Setzt euch sofort ruhig hin! Das war doch eine Strafe!«
»Ach so!« riefen die Kinder. »Na, besser ist es dann im Menschenland auch nicht als bei uns!«
Bimbo seufzte. Es war wirklich schwer, Lehrer zu sein. Was sollte er ihnen nur beibringen? Aha, ich will ihnen zeigen, wie man eine Verbeugung macht, dachte er, brummte wieder »Hm«, das geschwind alle Affenjungen wiederholten, und sagte dann feierlich: »Wenn sich zwei Menschen begrüßen, dann machen sie es so, paßt auf!« Bimbo stand auf, stellte sich wie ein Mensch auf zwei Beine und wollte sich feierlich verbeugen, wie er es in der Menagerie vom dummen August gelernt hatte. Aber dort hatte er immer auf ebenem Boden gestanden; auf einem runden Ast hoch oben auf einem Baum zu stehen hatte

er schon etwas verlernt, und als er nun so aufrecht stand und sich etwas zu tief neigte, verlor er das Gleichgewicht und – sauste von oben herunter auf den Waldboden. – Und plumps, pardauz, sausten ihm die Affenjungen nach. Im nächsten Augenblick lag die ganze Schule unten auf der Erde.
»Potz Jaguarschwanz«, rief Herr Roko erstaunt, »haben die Menschen aber komische Sitten! Das hätte ich doch nicht gedacht!«
Bimbo war ganz zerschlagen und zerschunden unten angekommen, den Äffchen, die das Klettern und Hinfallen gewohnt waren, hatte es weiter nichts geschadet; sie fanden die Sache sehr lustig und waren ganz betrübt, als der neue Lehrer sagte: »Für heute ist es genug, nun geht brav nach Hause.«
Herr Roko schüttelte den Kopf. Wie bald Bimbo fertig war! Er hielt doch immer viel länger Schule, aber er sagte nichts, sondern dachte nur: Es will eben alles gelernt sein.
»Uff, ist das Schulehalten schwer!« seufzte Bimbo, als seine Schüler gegangen waren. »Die sind aber auch schrecklich dumm! Warum machen sie mir nur alles nach? Na, morgen will ich es anders anfangen.«
Die übermütigen Affen aber eilten über die blühenden, schwankenden Brücken, Treppen und Leitern in die elterlichen Wohnbäume zurück, um dort geschwind zu zeigen, was sie gelernt hatten. An diesem Tage ging gerade der Urwaldjäger auf Pfaden, die nur er kannte, durch den Wald, um seine neuen Freunde im Urwaldhaus zu besuchen. Da blieb er plötzlich stehen und lauschte. Was war denn das?
»Hm, hm, hm«, tönte es von den Bäumen, laut und leise, hoch und tief, »hm, hm, hm.«
»Das ist ja gerade, als hätten die Affen Fabian belauscht«, rief der Jäger erstaunt, doch da sauste neben ihm ein Affe vom Baum herunter, dort wieder einer, da noch einer, plumps pardauz ging das immerzu. Die Äffchen zeigten ihren Eltern gerade, wie man sich im Menschenland begrüßt; natürlich hielten

sie das Herunterpurzeln für die Hauptsache dabei.
»Sonderbar, höchst sonderbar!« brummte der Urwaldjäger. »Ist doch eine putzige Gesellschaft, das Affenvolk!«
Und Herr Roko und die Urgroßmutter sagten gerade: »Ist doch eine sonderbare Gesellschaft, das Menschenvolk!«
So lustig die Affenbuben und -mädel an diesem Tage waren, so verärgert und betrübt war Bimbo. Er wurde ganz krank, so viel dachte er darüber nach, wie er unterrichten sollte.
Ich werde ihnen zeigen, wie man im Menschenland essen muß, überlegte er sich; er hatte in der Menagerie zum größten Vergnügen der Kinder an einem Tischchen gesessen und mit einem Löffel Suppe aus einem Teller gegessen. Ja, aber hier im Urwald hatte er doch keinen Tisch, keinen Teller, keinen Löffel und auch keine Suppe, also das ging nicht. Ein Mützchen, das er abnehmen konnte, hatte er auch nicht, ebensowenig eine Pfeife, um daraus zu rauchen, oder eine Trompete, um darauf zu blasen. Halt, tanzen, das wird vielleicht gehen, tanzen konnte er, aber nicht auf dem Schulbaum, sondern unten am Flußufer.
Am nächsten Morgen kamen die Affenkinder viel eifriger als sonst zur Schule.
»Hm, hm, hm, hm«, brummten sie schon von weitem, und kaum waren sie auf dem Schulbaum angelangt, da verbeugten sie sich und sausten wieder hinunter auf den Waldboden.
»Lehrer Bimbo wird uns loben«, riefen sie einander zu, aber Lehrer Bimbo lobte nicht, der ärgerte sich über alle Maßen, und ganz wütend brummte er: »Hm!«
»Hm, hm, hm«, wiederholten die Affenjungen.
»Wir wollen jetzt tanzen, dazu müssen wir hinunter an den Fluß«, schrie Bimbo. »Ihr seid doch wirklich noch sehr dumm.«
Die Affenkinder sahen sich traurig an; nun sollten sie dumm sein, und sie hatten sich doch beinahe so verbeugt wie die Menschen. Aber vielleicht ging bei denen das Hinunterpurzeln schneller! Sie nahmen sich daher vor, jetzt recht, recht genau

aufzupassen, was Bimbo tat, und sehr eifrig sprangen sie ihm nach.
Herr Roko schüttelte den Kopf, Jolanda schüttelte den Kopf, und viele Affenväter und Affenmütter schüttelten auch die Köpfe. Was für seltsame Dinge würden ihre Kinder noch bei Bimbo lernen!
Doch nicht nur die Affeneltern, auch viele andere Tiere aus dem Walde kamen herbei, um zu sehen, wie Bimbo am Flußufer Schule hielt. Selbst die Krokodile kamen angeschwommen und reckten neugierig ihre langen Rachen aus dem Wasser. Sie waren sonst ziemlich scheu und kamen selten aus ihren Höhlen heraus, wo der kleine Fluß in einen größeren Strom mündete. Aber daß die Affen lernen sollten, sich wie Menschen zu benehmen, das mußten sie doch sehen.
»Aufgepaßt!« schrie nun Bimbo. »Erst mach' ich's euch vor, dann macht ihr mir's nach!« Er drehte sich rechts herum, er drehte sich links herum, er drehte sich im Kreise, hob das rechte Bein, hob das linke Bein.
»Au!« schrie da ein Krokodil, das im Eifer zu nahe gekommen war und nun von Bimbos Bein eins an die Nase bekommen hatte.
»Fein!« jauchzten die Affenkinder, die meinten, das gehöre auch zum Tanzen. »Wir wollen's gleich mitmachen, geschwind, geschwind!«
Und eins, zwei, drei, drehten sie sich rechts, drehten sich links, drehten sich im Kreise, hoben die Beine hoch, und schwipp! bekamen alle zusammen solche Nasenstüber, daß ihnen Hören und Sehen verging.
Da brachen die in lautes Gebrüll aus, und alle anderen Tiere schrien empört: »Nein, das gefällt uns nicht, was du im Menschenland gelernt hast. Zeig etwas anderes!«
»Aber uns!« schrien die Affenkinder keck und drehten sich rechtsum, linksum. »Nein, nein«, schrien die anderen Tiere, »wir erlauben das nicht, wir wollen nicht an die Nase getreten

werden!«
Bimbo stöhnte. War das schwer, Lehrer zu sein! Ach, wäre er dieses Amt nur erst wieder los! Er sah Herrn Roko an, der lächelte, Urgroßmutter Jolanda lächelte auch, da schämte er sich gewaltig und dachte: Nein, sie sollen mich nicht auslachen, morgen mache ich's anders. Laut rief er: »Geht jetzt nach Hause. Wenn ein solcher Lärm hier herrscht, kann ich keine Schule halten. Bei den Menschen ist es ganz still!«
Er drehte sich um und eilte auf den Schulbaum zurück, und die Kinder sahen ihm traurig nach und jammerten: »Die Schule ist jetzt immer so bald aus, und uns gefällt's doch so gut!«
»Ja, das glauben wir«, sagten die Eltern, »aber eigentlich wißt ihr genug Dummheiten, ihr braucht die aus dem Menschenland nicht auch noch zu lernen.«
Bimbo saß wieder den Tag und die ganze Nacht sehr ernsthaft auf dem Schulbaum und überlegte, was er den Affenkindern beibringen könnte. Dabei merkte er, daß er selbst doch eigentlich recht wenig wußte, und doch gemeint hatte, er sei viel klüger als Herr Roko. Plötzlich fiel ihm ein, daß Lina, wenn sie guter Laune gewesen war, oft gesungen hatte, das hatte ihm immer sehr gut gefallen, und die Kinder hatten auch Lieder gesungen. Die Weihnachtslieder waren so hübsch gewesen. Vielleicht konnte er es den Affen beibringen. Er wußte ja, daß im Menschenland Vögel lebten, die wundervolle Stimmen hatten, und daß die Urwaldvögel himmelgern auch gesungen hätten. Das wäre doch herrlich, wenn ich den Affenkindern das Singen beibringen könnte! dachte er. Hm, freilich, da mußte er es erst selbst können, das fiel ihm zum Glück noch rechtzeitig ein. Ach was, es war gewiß nicht schwer, er mußte es nur einmal probieren. Auf dem Schulbaum war ihm die Sache zu ungemütlich, er kletterte also tiefer in den Wald hinein und fand da eine so dichte Baumkrone, daß ihn niemand darin sehen konnte. Dort versuchte er, zu singen.
»Uah uah uah, oio oio, huhu uah«, tönte es auf einmal durch

den Wald.
Die Tiere erschraken. Wer schrie denn da? War ein neues, fürchterliches Tier in den Wald eingedrungen oder fremde, unheimliche Menschen?
Eine namenlose Angst ergriff alle Tiere im Walde, die das Geschrei hörten; selbst die Jaguarfamilie, die faul und satt auf ihrem Lager lag, wurde unruhig. Wer schrie da so? Waren Feinde gekommen, vor denen selbst sie flüchten mußten?
Die drei klugen Papageien waren am mutigsten, sie dachten: Die Geschichte wird wohl nicht so schlimm sein! Sie flogen deshalb von Baum zu Baum, um festzustellen, wer so seltsam schrie. Auf einmal kreischten sie verwundert: da ist ja Bimbo, der so schreit.
Da kamen viele Tiere eilfertig herbeigerannt, gelaufen, gehopst, gesprungen und geflogen, alle wollten sie wissen, was mit Bimbo geschehen war. Was tat er? War er krank?
»Er hat anscheinend zuviel gefressen«, flüsterten ein paar Affenfrauen.
»Oder vielleicht giftige Früchte. Der arme Bimbo kennt sie doch nicht mehr«, meinten andere mitleidig. Einige erboten sich, sie wollten ihn an die Sonne tragen, andere sprangen zur Urgroßmutter Jolanda und fragten, was zu tun sei.
Die lächelte ein wenig und sagte: »Er soll am besten keine Schule mehr halten, das strengt ihn zu sehr an. Er ist eben im Menschenland verwöhnt worden.«
»Und hochmütig ist er auch geworden«, sagte ein alter Affe, der immer schlecht gelaunt war und sich über das Geschrei sehr aufgeregt hatte. Damit hatte er aber nun nicht recht, denn hochmütig war Bimbo im Grunde seines Herzens gar nicht, bloß etwas eingebildet war er in den ersten Tagen gewesen, weil ihn alle so verehrt und angestaunt hatten wegen seiner Erlebnisse. Jetzt schämte er sich sehr, namentlich vor Herrn Roko. Ach, er hatte es schon gemerkt, daß es gar nicht so leicht ist, Lehrer zu sein, darum wollte er es auch nicht weiter damit

versuchen.
Den Affenkindern tat das schrecklich leid, es war doch so lustig bei Bimbo in der Schule gewesen, und sie hätten noch gern mehr schöne Dinge aus dem Menschenland gelernt. Immer wieder kamen sie und bettelten: »Halt doch weiter Schule, wir wollen auch ganz brav sein!« Sie begriffen gar nicht, daß dies Bimbo anstrengen könnte, der saß doch ganz munter auf seinem Ast und ließ es sich schmecken; freilich, er war sehr still.
»Das sind kluge Leute immer«, sagte ein kleines Affenmädchen wichtig.
»Und die Dummen schwätzen viel. Nun weiß ich doch auch, warum du immer plapperst«, sagte ein recht frecher, kleiner Affe.
Urgroßmutter Jolanda und Herr Roko wußten, warum Bimbo oft so still war. Sie merkten, er hatte Sehnsucht nach den Menschen.
»Es geht uns Tieren eben immer so«, sagte die Urgroßmutter. Glaub mir, Herr Roko, er kehrt wieder zu ihnen zurück. Ach, wenn doch Joli bald käme, sonst verliert auch der sein Herz an die Menschen!«
Joli kam tatsächlich nach einigen Tagen heim. Er kam, wie ein wohlerzogener kleiner Affenjunge kommen sollte, sehr still und brav und heilfroh, daß er wieder da sein durfte.
»Nein, ist Joli artig geworden!« sagten die Affenkinder erstaunt, und alle Affeneltern sagten seitdem, so wie die Menscheneltern manchmal sagen: »Ihr kommt in Pension«, zu ihren Kleinen: »Wenn ihr nicht brav seid, dann schicken wir euch zu den Menschen, damit ihr so klug wie Bimbo und so artig wie Joli werdet!«
Als aber die kleinen Äfflein Joli vormachten, wie die Menschen sich begrüßten, da lachte der sie trotz aller Bravheit einfach aus. »So ein Unsinn«, schrie er, »aber so ein Unsinn!«
Doch die Kinder glaubten es ihm nicht, daß der Gruß nicht richtig sei. Das Hm, hm und das Herunterpurzeln gefiel ihnen

doch so gut; sie sagten, Joli könne das ja gar nicht so wissen, Joli sei nicht so lange bei den Menschen gewesen; nein, eigentlich sei er gar nicht im richtigen Menschenland gewesen, überhaupt könnte Bimbo viel hübscher erzählen. Dies fand nun Joli selbst; er lief eilig mit zu Bimbo und bat diesen mit den anderen: »Erzähle uns vom Menschenland!«
Bimbo tat das sehr gern, es gefiel im besser, als Schullehrer zu spielen. Manche Geschichten, wie zum Beispiel die von dem Brand in der Weihnachtsnacht, mußte er jeden Tag dreimal erzählen, so sehr liebten große und kleine Affen die Geschichte. Je mehr aber Bimbo erzählte, desto heißer wurde auch seine Sehnsucht nach den Menschen, die er so lieb hatte. Oft saß er an der Lianenwand und schaute sehnsüchtig hinüber nach dem kleinen Urwaldhaus, und wenn er eines der Kinder erblickte, dann klopfte sein kleines Herz vor Freude. Er trug auch oft mit Joli am frühen Morgen Blumen vor das Haus; er wußte, wie sehr alle die Blumen liebten.
»Besuche die Menschen doch einmal«, riet Herr Roko, aber das wollte Bimbo nicht, dann behielten sie ihn vielleicht für immer bei sich, und er wollte doch lieber frei in seiner Heimat leben.

In die Heimat zurück

Während Bimbo wieder im Urwald lebte und nur manchmal heimlich einen Blumengruß vor das kleine Urwaldhaus legte, war dort die Sorge eingekehrt. Erst war Heinz erkrankt, dann Ursula, und als beide blaß und schmal zwar, doch gesund, wieder vor dem Haus sitzen konnten, legte sich die Mutter ins Bett. Sie wurde sehr krank, so krank, daß sie selbst glaubte, sie müßte ihre Lieben im Urwald verlassen und auf immer von ihnen gehen. Das waren trübselige Tage und Wochen für die

Familie im einsamen Urwaldwinkel. In der himmelblauen Stube lag die Kranke, und wenn jemand an ihr Bett trat, dann lächelte sie schwach, aber ihre Wangen waren bleich, und die Augen blickten traurig; die Sorge um Mann und Kinder machte ihr das Kranksein noch doppelt schwer. In diesen Tagen sagte die Kranke immer wieder: »Wie gut, daß Lina da ist!« und die andern sagten dankbar dasselbe.
Lina tat alles, sie versorgte das Haus und pflegte die Kranke, und darüber hatte sie all ihr Brummen und Schelten vergessen. Wenn jemand sagte: »Lina, du hast es jetzt so schwer! Lina, du wirst wohl müde sein!«, dann sagte sie: »I wo, gerade jetzt fühl' ich mich wohl.« Sie fand jetzt alles gut und schön und war mit allem zufrieden.
Neben Lina und Fabian, der auch vier Hände zu haben schien in dieser schweren Zeit, fand sich oft noch jemand ein, der sich mit der Familie angefreundet hatte: der Urwaldjäger, Herr Harding.
»Ein merkwürdiger Mann!« sagte Lina von ihm. »Wenn man ihn braucht, ist er da, und er ist so ruhig und zurückhaltend!« Der Jäger war aber auch immer da, wenn er gebraucht wurde. Manchmal sagte jemand, wenn doch Herr Harding da wäre, der wüßte sicher Bescheid, und da kam der gute Freund ins Haus und half mit Rat und Tat, wo es gerade nötig war.
»Ich glaube, wenn ich sagte, ich möchte jetzt in einer Kutsche mit zwei Pferden vorn und zwei hinten, oder gar, vier vorn, spazierenfahren, der Herr Harding würde alles herbeischaffen!« sagte Lina.
Das hätte nun zwar Herr Harding wahrscheinlich im Urwald doch nicht gekonnt, aber vieles konnte und wußte er, was den Neulingen im Urwald nützlich war. Er wußte, wie die verschiedenen Pflanzen am besten gepflegt werden, er wußte auch Mittel gegen die lästigen Insekten, die nun, da es immer heißer wurde und die Sommerhitze kam, sich immer mehr einfanden. Moskitos, Stechfliegen, Ameisen und noch viel anderes Klein-

zeug quälten die Ansiedler.
Und wieder litt die Mutter am meisten darunter, und Heinz und Ursula weinten oft bitterlich, wenn die kleinen krabbelnden und fliegenden Quälgeister sie gar zu sehr zerstochen hatten.
Herr Harding braute auch einen Trank für die Mutter, der ihr langsam Besserung brachte. »Sie kann das Klima nicht vertragen«, sagte der Jäger, »und Ursula auch nicht.« Ursula bekam nämlich ihre frischen roten Bäckchen gar nicht wieder, sie sah immer blaß aus und wollte nicht essen; am liebsten saß sie still am Bett der Mutter.
In diesen Tagen der Sorge fand Liesel an einem Morgen wieder einmal Blumen vor dem Haus, und wie immer sagte sie: »Die sind gewiß von Bimbo.«
Als der Vater die Blüten sah, staunte er, es waren so wunderbare Orchideen, wie er sie noch nie gesehen hatte.
»Ach«, rief er, »wenn ich von diesen Blumen Samen hätte, dann könnte ich viel Geld damit verdienen!«
»Und nach Deutschland zurückkehren«, rief der Urwaldjäger, der gerade wieder einmal dazukam. »Vor einigen Tagen hat mir eine große englische Gärtnerei den Auftrag gegeben, Orchideen zu sammeln. Auf, wir wollen nach den Blumen suchen! Den Gewinn teilen wir uns. Die Blumen sind ganz frisch, sie werden also wahrscheinlich ganz in der Nähe zu finden sein.«
»Mit Blumen soviel Geld verdienen?« Die Kinder rissen die Augen weit auf. Auch Fabian riß den Mund auf, er konnte es erst gar nicht glauben, als ihm der Urwaldjäger erklärte, daß man für Tulpen und Hyazinthen sehr hohe Preise bezahlt hätte, und heute, namentlich in England, für Orchideen noch viel mehr.
»Also meinetwegen los! Mir soll es recht sein; je schneller wir nach Deutschland kommen, desto besser für unsere Frau«, sagte er.
Herr Hesse war zwar nicht so überzeugt davon, daß man die

Orchideen finden würde, aber er meinte doch auch, man müßte auf die Suche gehen.
Sie beschlossen, am nächsten Morgen aufzubrechen. Dietrich und Liesel baten: »Nehmt uns mit!« und Liesel fügte leiser hinzu: »Vielleicht zeigen uns die Affen den Weg.«
»So ein Unsinn!« brummte Fabian.
»Warum Unsinn? Haben sich die Affen nicht schon dankbar gezeigt?« rief der Urwaldjäger. »Sie sind klüger, als wir Menschen denken, und Liesel soll nur mitgehen, vielleicht, vielleicht hilft es wirklich!«
Zuerst erschrak die Mutter, als sie von dem Plan hörte, aber dann wurden ihre Augen plötzlich hell und froh. »Ja«, rief sie, »tut es, sucht die Orchideen! Ich habe das Gefühl, daß es unser Glück ist!« Ihr Blick fiel auf die blasse Ursula und ihren kleinen Bruder, der noch immer blaß und schmal aussah, und sie sagte leise: »Ach, könnten wir doch wieder zurück nach Deutschland!«
Lina, die dabeistand, meinte: »Für unsere Frau wär's schon am besten. Ich freilich find' es ganz angenehm hier. Aber nun komm, Liesel, hilf mir waschen, es ist Zeit.«
Die Kleine folgte willig der Aufforderung. Sie war schon eine richtige kleine Hausfrau geworden hier im Urwald. Sie tat alles gern und bereitwillig. Aber es war merkwürdig: früher hatte sie oft gemeint, es müsse wundervoll sein, nicht in die Schule gehen zu müssen, nun sehnte sie sich danach. Dietrich ging es ebenso. Der Junge half fleißig im Garten und auf dem Feld, aber in seiner Freizeit saß er oft mit der Schwester über den alten Schulbüchern, die sie mit in den Urwald genommen hatten. Nur wollte es mit dem Lernen zu zweit nicht so gut vorwärts gehen. Ach, wie schön war es dagegen daheim in der Schule gewesen.
Der Gedanke, daß die Kinder nun hier aufwachsen sollten, ohne eine Schule zu besuchen, bedrückte auch die Eltern, und die kranke Mutter machte sich viele Sorgen. Ja, wäre sie nicht

so krank geworden, dann hätte sie selbst mit den Kindern gelernt, aber sie war so müde, so sterbensmüde manchmal.
Am nächsten Morgen, es war kaum Tag geworden, zogen der Vater, Dietrich, Liesel und der Urwaldjäger in den Wald, den Flußlauf entlang, um die köstlichen, wunderbaren Orchideen zu finden.
Liesel trug wieder eine Bubenhose und marschierte tapfer neben den Männern her, in der Hand eine Orchidee, die sie vor dem Haus gefunden hatte.
»Ich kenne die Orchideen schon, wenn ich eine sehe«, meinte der Vater. »Warum nimmst du denn die Blume mit?«
»Ich will sie den Affen zeigen«, sagte die Kleine etwas verlegen.
»Sieh, da ist schon einer, der wie Bimbo aussieht«, und rasch hielt sie ihre Blume in die Höhe.
Das Äffchen glotzte die Wanderer erstaunt an. Was tat nur das kleine Menschenmädel mit der Blume?
Ich muß gewiß grüßen, dachte er, machte »hm, hm«, so gut oder vielmehr so schlecht er konnte, verbeugte sich und – sauste vom Baum herunter.
Die Kinder lachten. Nein, sah das drollig aus, und – es war zu sonderbar – der Affe hatte wirklich so gebrummt wie Fabian.
»Hm, hm«, machte das Äffchen wieder, das bei dem schönen Gruß ziemlich unsanft auf den Waldboden geplumpst war. Als aber Liesel auf es zutrat, sprang es doch rasch auf und floh tiefer in das Dickicht hinein. Ein paar Minuten später gellte seine Stimme durch den Wald: »Menschen kommen, Menschen kommen, hallo, hallo, unsere Freunde sind's, hallo, hallo!«
»Potz Jaguarschwanz«, schalt die Urgroßmutter Jolanda ärgerlich, »das Kindervolk schreit aber doch schon vom frühen Morgen an. Nicht einmal ruhig schlafen kann man!«
»Urgroßmutter«, ertönte da Bimbos Stimme, »sie kommen, die Kinder sind dabei. Liesel hat die Blume in der Hand, die ich ihr gestern brachte. Was werden sie nur hier wollen?«
»Hör doch zu, was sie reden«, rief Jolanda, »du kennst doch

ihre Sprache. O Bimbo, du bist doch ein kleiner Dummkopf!« Beschämt kletterte Bimbo von seinem Ast herunter.
»Da ist Bimbo!« schrie Liesel.
»Ach, Mädchen«, sagte der Jäger, »hier gibt es hundert Affen, die wie dein Bimbo aussehen. Wer weiß, wo der steckt!«
»Es ist doch Bimbo«, riefen beide Kinder zugleich und lockten: »Bimbo, Bimbo, lieber, lieber Bimbo! Er ist es bestimmt, er sieht uns auch an, als ob er uns kennen würde!«
Ich gehe nie mehr zu ihnen, hatte Bimbo immer gedacht, als ihn nun aber die Kinder so bittend und zärtlich riefen, da klopfte sein kleines Affenherz laut, und er fühlte so recht, wie sehr er die Menschenkinder liebte. Er sprang mit einem Schrei auf Liesel zu und hing wie früher an ihrem Halse.
»Bimbo, mein Bimbo!« jauchzte die Kleine selig.
»Bimbo, lieber Bimbo!« sagte Dietrich und hopp! saß das Äffchen auf des Buben Schulter und rieb seinen Kopf an dessen Wange.
Hunderte von runden, schwarzen Affenaugen sahen staunend dieser Begrüßung zu, die so ganz anders war, als ihnen Bimbo erzählt hatte. Nein, das war doch aber ungeheuer merkwürdig, wie lieb die Menschen mit Bimbo waren!
»Ich will auch zu den Menschen«, schrie ein anderer kleiner Affe, und Joli meinte eifersüchtig: »Mich haben sie anscheinend ganz vergessen!«
»Wir müssen sie begrüßen«, tuschelten ein paar Affenjungen, und gleich darauf riefen die Menschen verdutzt: »Nein, was für merkwürdige Sachen die Affen machen! Erst brummen sie alle wie Fabian, dann purzeln sie vom Baum!«
Bimbo verzog sein Gesicht. O weh, nun wollten die Affen zeigen, was sie bei ihm gelernt hatten; er schämte sich ordentlich.
Hm, hm, klatsch! hm, hm, klatsch! ging es da und dort, alle jungen Affen wollten sich gebildet benehmen, und als das die Kinder immer mehr lachten, hielten sie das für Freude und purzelten von den Bäumen herunter wie reife Pflaumen, bis sie sich

braun und blau geschlagen hatten.
»Weiß der Himmel, wirklich ein närrisches Gesindel heute!« sagte der Urwaldjäger lachend. »Sie können plötzlich Purzelbäume machen, ob sie uns aber helfen, die Orchideen zu finden?«
Da hielt Liesel ihre Blume Bimbo vor die Nase und sagte: »Weißt du nicht, wo sie wächst?«
Bimbo sah seine kleine Freundin mit seinen klugen Augen ernsthaft an, gerade als wolle er sagen: »Ja, gewiß, vertrau nur auf mich!« Er sprang zu Boden und kletterte durch die Baumkronen flußaufwärts. Er schwang sich an den dicken Seilen der Schlingpflanzen von Ast zu Ast, nicht sehr schnell und immer so, daß die Menschen ihn sehen konnten. Manchmal schaute er sich auch nach ihnen um und deutete mit seinen langen Armen nach vorn. Unwillkürlich folgten die vier Wanderer dem kleinen Führer. Joli und noch ein Äffchen, das Lulu hieß, gesellten sich zu Bimbo, und als die andern Affenkinder sahen, folgten sie auch. Eine ängstliche Affenmutter wollte ihre beiden Jungen zurückrufen, die Urgroßmutter aber sagte: »Laß sie nur, die Menschen tun ihnen nichts! Sieh doch, die haben ja nur ihre Freude an unseren Affenjungen!«
Da hatte die Urgroßmutter recht. Besonders für die Kinder war es lustig; sie kamen auch beide überein, daß sie an dem halben Maisbrot genug hätten, das jedes von ihnen zum Essen mitbekommen hatte, und so verteilten sie die Hälfte an die Äffchen. Erst zögerten diese, als sie aber sahen, wie geschwind Bimbo zugriff, da wollten sie alle etwas, und Liesel mußte es sehr geschickt aufteilen, damit jedes etwas bekam. Zuletzt gaben die beiden Männer auch noch von ihrem Proviant, denn ein paar Äfflein jammerten zu mitleiderregend, weil sie leer ausgehen sollten.
Der Fluß machte jetzt eine Wendung und nahm einen andern, schmäleren Fluß auf. An dessen Ufer entlang kletterte nun Bimbo von Baum zu Baum weiter.

»Hier kommt man kaum durch«, klagten die Kinder, aber der Urwaldjäger ermunterte sie: »Nur vorwärts, mir nach, ich bahne schon einen Weg! Mir sind solche Pfade nichts Neues.«
Das Gewirr der Schlingpflanzen war fast undurchdringlich. Da spannte sich eine scharlachrote Wand vor ihnen aus, und als die Kinder näher kamen, waren es lauter Blumen. Ein paar halbvermoderte Riesenstämme lagen quer über den Fluß, und mächtige Farne wuchsen daneben.
»Eine Schlange!« schrie da Dietrich plötzlich.
Schillernd, glänzend wand sich ein mächtiger Wurm um einen Baum; sein schmaler Kopf reckte sich vor, er zischte böse, aber da traf ihn schon ein wuchtiger Axthieb des Urwaldjägers, der ihm den Kopf spaltete.
Herr Harding blieb stehen und spähte in das Pflanzengewirr hinein. »Vielleicht ist es besser, wir kehren um, der Weg ist doch zu weit, und die Kinder sind noch zuwenig an die Gefahren des Urwalds gewöhnt.«
Die Geschwister wollten gerade lebhaft widersprechen, als Bimbo eilig vom Baum herabsprang. Die andern Affen folgten ihm, und alle krochen mit lautem Geschrei in das Dickicht und verschwanden darin.
»Sie haben etwas gefunden«, rief Dietrich und schlüpfte ihnen geschwind nach. Die andern folgten ihm, und dann standen alle verwundert an einem breiten Graben, der den Wald in zwei Teile teilte. Hier blühte es in märchenhafter Pracht, und die beiden Männer riefen wie aus einem Munde: »Orchideen!«
In dicken Büscheln hingen sie von den Bäumen herab oder schwebten wie große Falter über dem Boden. Es gab Blüten darunter, die selbst Herr Harding, der im Urwald Bescheid wußte, noch nie gesehen hatte.
Liesel wollte sich jauchzend auf die prächtigen Blumen stürzen und pflücken, aber der Vater wehrte ab: »Das nützt uns nichts, wir müssen entweder Samen gewinnen oder die Wurzeln ausgraben, nur dann kann der Fund wertvoll für uns werden!«

»Da kann man den ganzen Urwald durchstreifen, ehe man noch einen solchen Fleck findet«, rief der Jäger erstaunt. »Euer Bimbo, Kinder, ist wirklich ein besonders kluger Kerl.«
Noch vor Anbruch des Abends kehrten die Orchideensucher in das Urwaldhaus zurück.
Die Mutter war schon in Sorge gewesen, nun staunte sie, als sie von ihren Erlebnissen hörte. Sie wußte besser als die Kinder, was der Fund für ihren Mann bedeutete.
»Aber Bimbo ist nicht wieder mitgekommen«, klagte Liesel, »er ist im Wald geblieben.«
An diesem Abend sprachen die Erwachsenen noch lange ernsthaft miteinander, und am nächsten Morgen gab es eine große Überraschung für die Kinder, es hieß: »Wir kehren nach Deutschland zurück!«
Herr Harding wollte das Haus und das Land verwalten, und Herr Hesse wollte in der Heimat eine große Kunstgärtnerei errichten, eine Orchideenzüchterei. In Feldburg wollte er wieder Land erwerben; auch wenn es nicht mehr der alte Besitz war, so war es doch das vertraute, gemütliche, heimatliche Städtchen. Nach einigen Jahren, wenn er noch mehr von den wertvollen Blumen gefunden hatte, wollte auch der Urwaldjäger heimkehren. Einstweilen stellte er sein erhebliches Vermögen Herrn Hesse für den Anfang zur Verfügung.
»Heim, nach Deutschland zurück, wieder nach Feldburg!« Staunend sagten es die Kinder zueinander, sie konnten es kaum fassen, aber dann sahen Dietrich und Liesel in die strahlenden Augen der Mutter. Sie freute sich so sehr! Da jauchzten auch die Kinder: »Mutti, nun wirst du wieder gesund! Ach, jetzt wird alles gut!«
»Aber alle gehen jetzt nicht mit nach Deutschland zurück!« sagte der Urwaldjäger lachend, »jemand von euch bleibt hier bei mir – ratet, wer es ist!«
Die Kinder sahen einander an, die Mutter lächelte, also war es keines von ihnen, denn dann wäre die Mutter traurig gewesen.

Also war's Fabian! Alle vier riefen plötzlich wie aus einem Munde: »Oh, unser Fabian!«
»Nee«, grinste Fabian, »ich bin nicht so dumm, und dann – – Herr Harding kann mich doch nicht heiraten.«
»Lina, o Lina, du?« schrien die Kinder.
»Ja, ich«, sagte sie sehr vergnügt, »und der Herr Harding wird mein Mann, und 's ist gut, daß er nicht viel redet, dann brauche ich meinen Mund nicht zu halten.«
»Aber Lina?« sagten die Kinder fragend. »Dir gefällt's doch nicht im Urwald!«
»Wer sagt das? Schön ist's hier, wunderschön!« rief Lina. »Ich bleib' gern hier, da ich doch weiß, daß ihr in Deutschland wieder ein Haus bekommt!«
»Aber die Affen, Lina, die Affen!« schrien Dietrich und Liesel, und Heinz und Ursula krähten hinterher: »Affen, Affen!«
»Mit denen werde ich schon fertig werden, da hab' ich keine Angst.« Lina lachte sehr vergnügt. »Die lad' ich mir ab und zu mal zum Kaffee ein, den Bimbo und die andern dazu. Und daß ich eine himmelblaue Stube hab', gefällt mir auch – na, kurz und gut, ich bleibe!«
»Und ich geh'« brummte Fabian.
Dabei blieb es auch. Den Kindern kam es ganz seltsam vor, daß sie nun auf einmal das kleine Urwaldhaus wieder verlassen und nach Deutschland zurückkehren sollten. Es wurde ihnen gar nicht leicht, dennoch lockte die alte Heimat, und manches Gespräch fing in diesen Wochen an: »Wenn wir erst wieder in Feldburg sind!«
Es gab diesmal nicht so viel zu packen und vorzubereiten; die meisten Sachen blieben da, die brauchten der Jäger und seine Frau Jägerin, wie die Kinder jetzt Lina nannten.
Im Urwaldhaus wurde noch eine fröhliche Hochzeit gefeiert. Freilich, zur Kirche konnten die Gäste nicht alle fahren, die war zu weit entfernt, der Jäger und die Jägerin hatten eine lange Reise dorthin unternehmen müssen. Aber nach der

Heimkehr gab es Hochzeitskuchen, den Liesel gebacken hatte, und beinahe hätten Heinz und Ursula ein Gedicht aufgesagt, aber damit war Fabian nicht fertig geworden: er fand keinen Reim auf Affe und keinen auf Bimbo, und das hätte doch in dem Gedicht vorkommen müssen.
»Macht nichts«, sagte Lina, »singt mir ein paar Lieder vor, Weihnachtslieder, Weihnachten ist nun bald, wer weiß, wann ich die wieder höre!«
Da sangen die Kinder zur Hochzeit im Urwald wirklich die lieben deutschen Weihnachtslieder, daß sie bis zum Wald hinüberschallten. Beim Singen kam aber auch die Sehnsucht nach Deutschland über sie alle, und mitten in die Hochzeitsfreude sagte jemand: »Morgen reisen wir.«
»Morgen reisen die Menschen mit den Kindern fort«, sagten die Affen zueinander. »Sie kommen wohl nie wieder. Schade, sehr schade!«
Urgroßmutter Jolanda sah Bimbo an. Was würde er tun? Auch Herrn Rokos Augen ruhten auf dem kleinen Freund der Menschenkinder. Würde er mit ihnen gehen?
Bimbo hockte still auf seinem Ast. Wie schön war es doch hier zu Hause, und wie gut gefiel es ihm, und wie lieb hatte er alle seine Onkel, Tanten, Vettern und Basen, Jolanda und Herrn Roko. Aber er fühlte auch sein kleines Herz schlagen; Dietrich und Liesel hatte er noch lieber, viel lieber sogar. Er seufzte tief. Ach, warum gingen sie nur fort! In den letzten Tagen hatte er sich manchmal bis an das Haus gewagt und hatte jedesmal gefühlt, wie lieb ihn die Kinder hatten.
Er seufzte wieder, und der kluge, weise Herr Roko dachte: Armer kleiner Bimbo!
»Sie kommen hier vorbei!« rief Lulu am nächsten Morgen Bimbo zu, und bald gellte es durch den Wald: »Sie kommen hier vorbei!«
Da sie diesmal nicht soviel Gepäck hatten, zogen die Heimkehrer wieder den kürzeren Weg am Fluß entlang. Wieder gelei-

tete sie Herr Johnson; dem tat es leid, daß die Familie schon wieder fortging. Aber er sah ein, daß die Mutter und Ursula wohl nie das Klima hier vertragen würden.

»Aber ich komme wieder, wenn ich groß bin!« rief Dietrich, und Herr Johnson nickte: »Ist recht! Das Hessehaus bleibt ja stehen, und das Hesseland ist in guter Hut; ein Stück Heimat habt ihr also auch hier.«

Liesel sah mit verträumten Augen um sich. Es war doch wundervoll gewesen in diesem Märchenwald mit all seinen bunten Blumen, seinen seltsamen Vögeln und Tieren. Da saßen wieder drei schöne Papageien, die nickten mit den Köpfen und schrien etwas, aber das verstand die Kleine nicht. Sie verstand nicht, daß es die Abschiedsgrüße der drei bunten Vögel waren. Ach, und Bimbo, Bimbo, der Untreue, er blieb hier!

»Einmal möchte ich ihn noch sehen«, sagte Liesel zu Dietrich, und lockend rief sie: »Bimbo, Bimbo!«

Der hatte bisher still auf seinem Ast gesessen, aber als er die Stimme seiner kleinen Freundin vernahm, da konnte er es nicht aushalten vor Sehnsucht, er sauste geschwind herab und sprang Liesel auf die Schulter.

»Er kommt, er geht mit!« jauchzte die, aber ach, da kehrte Bimbo auch schon wieder zurück.

Jolanda und Herrn Roko muß ich doch noch Lebewohl sagen, dachte Bimbo und eilte in die Lianenlaube und auf den Schulbaum.

»Ich gehe mit den Menschen!« rief er, und bald gellte es durch den Wald: »Bimbo verläßt uns wieder, er kehrt wieder zu den Menschen zurück!«

»Lebt wohl, lebt wohl!« schluchzte das Äffchen und stürzte den Wanderern nach, von denen es mit lautem Jubel empfangen wurde.

»Bimbo kehrt zu den Menschen zurück.«

Da schauten Hunderte von Affenaugen ernsthaft, ja traurig den Fortziehenden nach, viele guten Wünsche folgten ihnen,

und die Äfflein schrien: »Lebt wohl! Wir haben euch lieb gehabt, ihr wart so gut zu uns!«
»Geschwind doch, wir wollen noch grüßen, wie sich die Menschen begrüßen«, rief Lulu, und trotzdem Joli sie auslachte, machten auf einmal wieder alle Affenbuben und Affenmädel: »Hmhmhm, hmhmhm«, und klatscht! sausten sie von den Zweigen herab auf den Waldboden.
»Donnerwetter!« Fabian blieb ganz verdutzt stehen, die ahmten ihn ja nach.
»Na, na«, brummte er. »Es ist und bleibt eine merkwürdige Gesellschaft. Eigentlich eine Frechheit von ihnen, uns nachzumachen! Aber treu sind sie, und daß unser Bimbo wieder mit uns geht, das gefällt mir. Bravo, kleiner Kerl!«
Nach vierzehn Tagen hatten die Reisenden den Hafen erreicht, und als sie an Bord des Schiffes kamen, das sie nach Deutschland bringen sollte, stand da breit und behaglich Onkel Reinhold Breitenstein. Der lachte dröhnend und rief: »Schon wieder heimwärts?«
»Ja«, rief Herr Hesse. »Nord, Süd, Ost, West, daheim am best'!«
Bimbo aber schmiegte sich fest an Liesel, für ihn war nun die Heimat da, wo seine Freunde waren.
»Bimbo, unser lieber Bimbo«, sagten die Kinder, »wir wollen dich immer liebhaben!«

FRITZ IMMERFROH

Fritz Immerfrohs Heimatort

Es ist in der Welt wichtig, zu wissen, woher einer gekommen ist. Da liegt mitten in Deutschland ein Ort, der keine Stadt und kein Dorf ist. Die Eingebildeten unter den Einwohnern wollen ihn Stadt nennen, die Einfachen sind mit der Bezeichnung Dorf zufrieden. Nun, wie dem auch sei, auf alle Fälle ist es ein liebes, gemütliches Nest.
Lieber Himmel, ist dies Spatzenlust, so heißt der kleine Ort, schön, wenn der Holunder blüht! Dann zieht es sich wie ein weißer Kranz um das Dörflein herum, und die alte Ringmauer verschwindet ganz hinter der weißen Blütenfülle. Denn Spatzenlust hat noch eine Ringmauer, und in alten Zeiten ist es ein wehrhafter, ja sogar reicher Ort gewesen.
Und zwei Tortürme hat Spatzenlust auch: den Nordturm und den Südturm; zu einem geht man hinein und nach fünf Minuten zum andern wieder hinaus, größer ist nämlich Spatzenlust nicht. Aber seine Kirche ist groß und stattlich. Die Sandsteinfiguren, die sie einst schmückten, fehlen zwar, und man weiß nicht, wo sie hingekommen sind. Es heißt nur: »Die sind beim großen Brand zerstört worden.« Diese Antwort erhält man in Spatzenlust immer: »Beim großen Brand.« Es hat nämlich im Siebenjährigen Krieg ein großer Brand gewütet, bei dem fast alles, was von Spatzenlusts Vergangenheit zeugte, zerstört wurde. Nur die Mauern und die Türme und einige Häuser waren stehengeblieben. Chroniken, Kirchenbücher, alles ist verbrannt, und nur die Sage hat sich erhalten, Spatzenlust wäre uralt. Es schwirren noch manche Geschichten in Spatzenlust

herum, so die vom geisternden Knechtlein am Südturm und die vom tapferen Christian, der sich ein Bein abgehackt haben soll, um nicht mit Napoleon ziehen zu müssen.
In diesem Nest nun wurde an einem schönen Sonntag ein Junge geboren, der den Namen Fritz erhielt.
Fritz Immerfroh. Es ist gut, wenn eins gleich so einen vergnügten Namen mit in die Welt bekommt. Und der Bub sah auch die Welt aus lustigen Schelmenaugen an, denn kaum war er da, schon krähte er besser als der stolze Gockel auf dem Hof.
»Der kann's aber«, sagte die Muhme, die seine Mutter besuchte, »das wird ein rechter Kerl, den trag' ich selbst zur Taufe.«
Also geschah es.
Muhme Babette oder Muhme Ledertäschle, wie sie im Dorf hieß, trug das Büblein zur Kirche, legte es auf die Kirchenbank und nahm ihr Gesangbuch. Inzwischen kam der Herr Pfarrer in die Kirche. Der sah das Paket liegen, und weil er kurzsichtig war, hielt er es lediglich für das Taufkissen, nahm es und wollte es auf den Boden legen.
Doch das ließ sich Fritz nicht gefallen. Er schrie los, und zwar so mörderisch, daß ihn der Herr Pfarrer vor Schreck beinahe fallen ließ.
Nun dachten alle, Fritz wäre erschrocken und würde noch mehr schreien, aber das war kein bißchen der Fall, sondern er sah sich um und – lachte. Da sagten alle: »Dem wird's mal gut gehen, der lacht sich aus allen Kümmernissen heraus.«
Nach der Taufe wurde Fritz heimgetragen, und daheim ging es lustig zu beim Taufschmaus, weil sich die Seinen sehr über Fritz' Geburt freuten. Er hatte noch zwei ältere Geschwister und war ein kleiner Nachkömmling.
»Ein Gottesgeschenk«, sagte die Mutter, und selbst der ernste Vater meinte: »Es ist gut, daß noch einmal eins in der Wiege liegt.«

Gestalten

Weiß man, wo einer seine Heimat hat, will man auch wissen, wer mit ihm zusammen lebt. Um Fritz herum waren Menschen, an denen man nicht vorbeisehen konnte.

Da war zuerst der Vater. Ein ernster, aufrechter Mann. Ein wenig hart und streng, auch gegen sich selbst. Er redete nicht von seinen Gefühlen, tat strenger, als er war, und machte meist ein Gesicht, zu dem sein Name gar nicht paßte. Der Bauer Immerfroh sah meist ernst drein. Er hatte freilich auch allen Grund dazu, denn zu einem sorgenfreien Leben langte es bei den Immerfrohs nicht. Das kleine Gut war noch vom Großvater her stark verschuldet, da galt es Zins zu zahlen, und der Bauer hatte viel Mühe, alles pünktlich zusammenzubringen, denn seine Felder waren nicht sehr ertragreich. Ein Stück war steiniger Boden, ein Stück versumpfte Wiese. Manchmal mußte das Korn schon verkauft werden, ehe es geerntet war, und der Bauer hatte dann eine schwere Sorgenfalte auf der Stirne. Trug er auch den Namen Immerfroh eigentlich zu Unrecht, so paßte sein Vorname »Ehrenfest« besser zu ihm, denn ehrenfest war der Bauer und wirklich ein ganzer Mann. Ihm zur Seite aber stand auch eine rechte Frau, Fritzchens Mutter.

Ihr Gemüt war heiter, sie vermochte dem Leben Glanz zu verleihen. Sie konnte auf alle Dinge ein wenig von ihrer Fröhlichkeit übertragen. Wenn die Mutter das Brot anfaßte, war es fast, als schmeckte das Brot nach Kuchen, und wenn die Mutter einem ein neues Kleidungsstück anfertigte, schien es immer ein Sonntagskleid zu sein.

Und wie die Mutter lachen konnte! Wie Schellengeläute im Winter, wie die kleinen Abendglocken der Kirche tönte es, so lustig und so herzlich. Es wurde einem wohl bei diesem Lachen, und alle Freude in Fritz Immerfrohs Kindertagen hing mit der Mutter Lachen zusammen. Keiner hörte aber die Mutter so viel lachen wie gerade Fritz, denn das Nesthäckchen war

der Liebling der Mutter. Die andern merkten es gar nicht, bewahre, welche richtige Mutter zeigt auch so etwas, aber ihr Fritz war ihr besonders ans Herz gewachsen. Der war nach schweren Sorgenzeiten geboren worden und wie ein kleiner Sonnenstrahl ins Haus gefallen. Auch hatte die Mutter immer die heimliche Sorge, ob sie wohl bei ihrem Kinde bleiben dürfe, bis es groß war, und nicht früher aus dieser Welt gehen müsse. Vielleicht dachte sie darum: Ich muß den Fritz doppelt und dreifach liebhaben.
Als ob eine Mutter ihre Kinder nicht immer doppelt und dreifach lieb hätte; denn auch die beiden anderen Kinder im Immerfroh-Hause kamen deshalb nicht zu kurz. Aber sie waren anders. Sie waren beide nach dem Vater geraten, beide derb und hart und immer sehr auf ihren eigenen Vorteil bedacht. Sie hatten nichts von der sonnigen Güte der Mutter. Das war schade, denn dieses sonnige Muttererbe hätte ihnen gutgetan. Wenn Berta, die Schwester, zum Jahrmarkt ging und Pfefferkuchen für die Daheimgebliebenen kaufen sollte, kaufte sie sich zuerst ein buntes Band, und wenn Michael, der Bruder, drei Äpfel bekam und teilen sollte, nahm er stets den größten.
Es hatte so jedes seine Eigenart.
Eigenarten hatte auch die Patin, die Muhme Ledertäschle.
Warum hieß sie so?
Weil sie ständig ihr ganzes Vermögen, es waren siebenhundert Mark, in einer Ledertasche mit sich herumtrug. Diese Tasche hatte sie schon an den verschiedensten Orten liegengelassen, aber immer wieder bekommen. Einmal in der Bahn, einmal im Wirtshaus, im Hause Immerfroh schon siebenmal, einmal im Wald und einmal an einem Ort, den man nicht nennen mag. Und immer rief die Muhme darum das ganze Dorf zusammen, schrie, sie wäre bestohlen worden, und wenn ein Geschrei in Spatzenlust ertönte, dann hieß es bestimmt: »Die Muhme Ledertäschle sucht wieder einmal!«
Im Grunde ihres Wesens war die Muhme herzensgut, nur

merkte man nichts davon. Sie behielt ihre Güte für ganz große Gelegenheiten bei sich, und da die großen Gelegenheiten nicht kamen, blieb die Güte tief im Herzen der Muhme sitzen und wurde etwas altbacken. Und furchtsam war die Muhme auch, o du lieber Himmel! Als Fritz das gemerkt hatte, hat er der Muhme manchen Streich gespielt, wovon noch erzählt werden soll.
Es gab noch mehr Menschen rund um Fritz Immerfroh. Da war der Hauptlehrer, Herr Mehner, ein fröhlicher, aufrechter Mann der nicht vergessen hatte, daß er selbst einmal ein Bub gewesen war. Darum schalt er nicht über jede Dummheit und ließ manchmal fünf gerade sein. Es war dann noch der Bürgermeister Bräuer, der aber das Bubenleben ganz vergessen hatte, und der hagere Bauer Matthes Roth, dem der Stock leicht mal ausrutschte. Die dicke Sonnenwirtin durfte man nicht vergessen, die gern mal ein Stück Kuchen spendete, und vor allem die alte Häuslerbärbe. Die konnte Geschichten erzählen und tat es gern, und ihre Geschichten spielten alle in Spatzenlust, waren gruslig, aber auch lustig und ernsthaft, wie es gerade kam. Zu ihr ging Fritz viel lieber als zur Muhme Ledertäschle, worüber die Muhme böse war. Es kann aber einer nicht bestimmen, wohin sein Herz zieht, und Fritz wurde mehr zur Häuslerbärbe und ihren Geschichten gezogen als zur Patin, das war so und blieb so. Auch als er schon in den Kindergottesdienst zum guten Pastor Römer ging, saß Fritz oft bei der Häuslerbärbe und lauschte den Geschichten von Spatzenlust aus fast vergessener Vergangenheit.
Sehr wichtig in Fritzens Leben war noch der alte Schäfer Ernst, fast wichtiger als die Geschwister. Der Schäfer war einer der guten Sterne, die an Fritzens Himmel standen. Aber neben ihm gab es noch viele andere Personen, von denen ihr noch hören werdet.

Weihnachtszauber

Fritz Immerfroh war kein Musterknabe. Im Gegenteil, er wurde ein recht keckes Bürschlein und stellte viele Dummheiten an. Dazu machte er dann freilich immer ein Gesicht, als sei er die reine Unschuld. Da hieß es dann manchmal: »Warte nur, wenn der Weihnachtsmann kommt, da bekommst du tüchtig die Rute zu spüren.« Das klang dem Fritz ungut in den Ohren. Das mit dem Weihnachtsmann war überhaupt so eine Sache. So recht glaubte Fritz nämlich nicht daran. Die älteren Geschwister lachten immer so verschmitzt, wenn sie von dem Weihnachtsmann redeten.
Also beschloß Fritz, die Sache zu untersuchen.
Es gab vor Weihnachten stets allerlei geheimnisvolles Getue im Hause, wenn auch die Immerfrohs ihren Kindern keinen glänzenden Gabentisch richten konnten. Eine liebevolle Mutter denkt sich aber immer etwas aus, wenn auch der Geldbeutel schmal ist. Am meisten drohte der Knecht August mit dem Weihnachtsmann, und das war dem Fritz sehr verdächtig.
Wenn der August mit dem Weihnachtsmann im Bunde stand, konnte es ihm übel ergehen. Fritz beschloß darum, auf der Hut zu sein.
Und unversehens kam eines Abends mit großem Lärm und Gepolter der Weihnachtsmann.
Das erste, was Fritz sah, war eine große Rute.
Hei, das war kein Spaß!
Fritz Immerfroh hörte sein Herz klopfen, und geschwind nahm er seiner Mutter, während sie ihn an sich preßte, die große Nadel aus dem Tuch. Und damit bewaffnet ging Fritz mutig auf den Weihnachtsmann zu.
»Komm nur her!« rief der mit einer ganz seltsamen Brummstimme. »Ich kenn' dich, du bist der ungezogene Fritz Immerfroh; Immerunnütz müßtest du heißen!«
Das war kein guter Anfang.

Fritz warf sich auf die Knie, rutschte zu dem Weihnachtsmann hin, der sich dieses Benehmen gar nicht erklären konnte.
Was wollte Fritz an seinen Beinen?
»Au, Donnerwetter!« schrie auf einmal der Weihnachtsmann mit einer Stimme, die sehr an den Knecht August erinnerte. Da fiel ihm zu allem Überfluß auch noch der Bart herab.
»Es ist August und kein Weihnachtsmann!« schrie Fritz.
»Warte, du!« August wollte Fritz ergreifen, aber er verhaspelte sich in seinem langen Mantel, und pardauz – da lag er.
Und alle sahen es nun: es war August und wirklich kein Weihnachtsmann.
Fritz rannte wie besessen in der Stube herum: »August, August!« schrie er. »Auuuugust!«
August war wütend und verlangte, Fritz solle bestraft werden. Doch der rief: »Was sich neckt, liebt sich!«
»Strick!« sagte der Vater.
»Na warte, du kriegst noch deine Prügel, vielleicht kommt doch noch der richtige Weihnachtsmann!« sagte August.
So ganz geheuer war Fritz die Sache nicht, aber er war doch sehr froh, dem Weihnachtsmann August entronnen zu sein. Der hätte ihn sicher nicht geschont, denn der August war nicht sanft. Und gebrummt hatte er an diesem Abend, als wäre er ein Bär.
Der Weihnachtsmann kam aber nicht mehr, dafür stand bald das Weihnachtsfest vor der Tür.
Bei den Immerfrohs duftete es nach Äpfeln und Pfefferkuchen wie in andern Häusern, auch ein Weihnachtsbaum stand im Zimmer, geschmückt mit bunten Glaskugeln, überstrahlt von vielen Lichtern.
Bei den Immerfrohs gab es lauten Jubel, wenn auch die Bescherung nicht üppig ausgefallen war.
Am lautesten jubelte Fritz. Der hatte auch allen Grund dazu. Ein Steckenpferd hatte er bekommen, eine Peitsche und eine Trommel. Da soll ein Bub von fünf Jahren nicht jubeln!

Er ritt, er knallte mit der Peitsche und trommelte nach Herzenslust und wollte, als er ins Bett mußte, seine Herrlichkeiten mitnehmen. Doch die Mutter duldete es nicht.
Da mußte er von all seinen Schätzen Abschied nehmen bis zum nächsten Morgen. »Vielleicht trägt sie ein Gespenst weg«, sagte August, »oder ein Einbrecher. Man kann nie wissen, was in einem solch alten Haus alles geschieht!«
Der kleine Fritz schlief nicht sehr fest in dieser Nacht. Sein Bauch hatte zuviel Pfefferkuchen zu verdauen. Da, auf einmal – was war das? Ein Knall, ein Fall.
Spukte es im Hause? Waren wirklich Einbrecher gekommen? Fritz war ein mutiger Bub. Eins, zwei, drei – fuhr er in die Hose, nahm seine Pantoffeln in die Hand und schlich leise die Treppe hinunter.
Ein Lichtschein traf ihn. Der kam aus der Wohnstube.
Wer hatte eingebrochen?
Da war die Haustür. Natürlich stand sie offen, wie sollten auch sonst die Einbrecher hereingekommen sein!
Auf einmal durchgellte lautes Rufen das Haus und das ganze Dorf: »Einbrecher! Einbrecher!«
Jemine! Bei Immerfrohs wurde eingebrochen!
Nachbarn kamen herbei, in der Elternkammer wurde Licht gemacht. Michael, Fritz' älterer Bruder, polterte die Treppe herab.
Ein Mann kam aus der Wohnstube und wollte ungesehen entwischen. Es gelang ihm aber nicht. Und wer war es? August. Und was trug er? Fritzens Spielsachen.
»Ich wollte ja nur den Buben ärgern«, sagte er wütend, als alle schrien: »Da ist der Einbrecher!«
»Man ärgert kein Kind an dem Tag, an dem unser Heiland geboren ist«, sagte die Mutter und nahm dem verlegenen August die Sachen wieder ab.
Das gab ein Gelächter, als Fritz sie mit einem Jubelschrei wieder in Besitz nahm. »Es war ein dummer Spaß«, sagten die

Nachbarn, »gut, daß es nicht ernst war.«
Und August schämte sich.
Am meisten hatte ihn das Wort der Bäuerin getroffen, daß man ein Kind nicht kränkt am Weihnachtstag.
Das nahm er sich zu Herzen.
Und fortan lebte er mit dem Fritz in guter Freundschaft.

Schulerlebnisse

Als Fritz sechs Jahre alt war, wurde er ein Schulbub wie andere auch. Nicht gerade zu fleißig und nicht gerade zu brav, saß er immer in der Mitte und hielt es auch so mit seinen dummen Streichen. Der Lehrer sagte zwar: »Der Fritz Immerfroh könnte ein besserer Schüler sein, wenn er wollte.« Aber Fritz war genügsam. Wenn sein Zeugnis nur so war, daß der Vater »Na, na«, sagte, war es ihm schon recht.
Als er im zweiten Jahr zur Schule ging, passierte eine Geschichte, über die in Spatzenlust noch lange gelacht wurde. Der Fritz wollte den Herrn Schulrat zur Tür hinauswerfen. Das kam so: Der Lehrer ließ manchmal Leute, die ihm etwas verkaufen wollten, während des Unterrichts in das Schulzimmer. Einmal sollte der Lehrer Zigarren kaufen, ein andermal Hefte für die Schulkinder, dann wieder ein neues Sofa oder Kunstdünger, und dem armen Lehrer wurde es manchmal himmelangst vor all den Dingen, die er nach der Meinung der fremden Leute notwendig brauchte.
Er hatte ein paarmal in der Klasse mürrisch gesagt: »Ich habe doch meine Zeit nicht gestohlen!« Und wer sich dieses Wort merkte, war Fritz Immerfroh.
Kam da eines Tages der Schulrat anspaziert, und Fritz, der ihm in den Weg lief, dachte gleich: Aha, der will sicher was verkaufen.

Da fragte auch gerade ihn der Schulrat: »Ist der Herr Lehrer schon im Schulzimmer?«
»Noch nicht, aber der hat keine Zeit für Sie, der hat seine Zeit nicht gestohlen.«
Das war ein Wort.
Der Schulrat war vor Erstaunen über diese Antwort noch sprachlos, als der Lehrer kam. Der hatte den Herrn schon von weitem kommen sehen und begrüßte ihn sehr höflich. Als der Schulrat sich über den frechen Buben beklagte, war Fritz spurlos verschwunden. Er schien vom Erdboden verschluckt.
Fritz saß in der Klasse, und er fühlte sich sehr ungemütlich auf seinem Platz. Wie würde es ihm jetzt ergehen? Vorerst passierte ihm aber gar nichts, denn der Schulrat, der sehr kurzsichtig war, erkannte ihn nicht.
Der sagte: »Jetzt soll einer beten!«
Nun beteten die Kinder sonst immer alle zusammen, und der Gedanke, es sollte eins vortreten und allein einen Spruch hersagen, war ihnen sehr ungewohnt. Und gerade Fritz Immerfroh traf das Geschick. Der war sehr verlegen, daß ihm nichts einfiel, was er sagen könnte. Und als der Schulrat mahnte: »Nun sag deinen Vers«, dachte er in seiner Verlegenheit: Vers ist Vers, und er begann:

>»Grünes die Kuh frißt,
>sie gibt auch Mist.
>Der Hahn, der kräht
>manchmal noch spät.«

»Halt!« rief der Lehrer erschrocken.
Das Gedicht, das Fritz aufsagte, war eins, das die Kinder selbst unter Anleitung des Lehrers gedichtet hatten. Reim um Reim, jedes hatte etwas hinzugetan. Es schloß mit einem Dank an Gott, und die Kinder fanden das Gedicht, in dem alle Tiere genannt waren, wirklich schön und konnten die Verlegenheit des

Lehrers gar nicht recht begreifen.
Aber der Schulrat war wütend, denn er hatte jetzt den Fritz erkannt und hielt das Gedicht für eine Ungezogenheit. »Der bleibt heute nach Schulschluß da!« erklärte er.
Das war für Fritz bitter. Nachsitzen hatte er noch nie müssen, und er empfand die Strafe als ungeheure Schande. Dazu gab es zu Hause Apfelstrudel. Nachsitzen müssen an einem solchen Tag! Dem Fritz verging das immerfrohe Wesen in dieser Stunde, und er heulte laut und heftig. Das Heulen rührte den Schulrat überhaupt nicht. Die Prüfung nahm ihren Fortgang. Der Herr Schulrat wollte genau wissen, was die Kinder gelernt hatten, und er fragte dies und das. Auch Gedichte mußten aufgesagt werden. Eines, »Der Reiter und der Bodensee«, liebten die Kinder besonders. Sie sagten es immer mit großem Gefühl her, und Fritz hatte übermütig einige Zeilen umgedichtet. Jetzt sollte er den Schlußvers sagen. Ganz ernsthaft begann er. Nun kam aber eine Stelle, die lautete richtig:

> »Da reckt die Magd den Arm in die Höh':
> ›Herrgott, so rittest du über den See!‹«

Fritz im Eifer deklamierte: »Da streckt die Magd das Bein in die Höh'!«
Ein schallendes Gelächter ertönte, und Fritz stand da wie ein begossener Pudel.
Es war ihm leicht anzusehen, daß er sich versprochen hatte. Aber der kurzsichtige Schulrat hatte nur den Klang der Worte im Ohr. Er rief wieder: »Der bleibt aber bestimmt nachher da. Herr Lehrer, geben Sie auf den scharf acht, das ist ein Frechdachs!«
Da war nun Fritz zum zweitenmal zum Nachsitzen verurteilt. Nun konnten ihn keine guten Antworten mehr retten.
Endlich, endlich war die Prüfung vorbei. Der Schulrat war im großen und ganzen zufrieden und sagte dies auch.

»Nun, wer will mir einen Gefallen tun und gleich zum Wirt gehen und mir ein Mittagessen bestellen? Ich muß nachher schnell weiter ins nächste Dorf«, fragte der Schulrat am Schluß. Alle meldeten sich, nur Fritz Immerfroh nicht. Der mußte ja dableiben.
Der Schulrat sagte: »Nun, mein Sohn, du allein willst wohl nicht gehen?«
»Doch, sehr gern«, stotterte Fritz.
»Dann kannst du mir das besorgen.«
Da war Fritz wie der Wirbelwind draußen.
Drinnen aber fragte bald darauf der Schulrat: »Wo ist denn der Junge, der nachsitzen muß?«
»Den haben Sie doch eben weggeschickt, Herr Schulrat.« Der Lehrer merkte erst jetzt, daß der Schulrat Fritz gar nicht erkannt hatte.
Aber Fritz war weg und blieb weg. Er kam sehr selig heim und aß so viel Apfelstrudel, daß er beinahe platzte.
Er hat auch nie nachsitzen müssen in seiner Schulzeit.

Wie Fritz zu zwei Mark kam

In Spatzenlust waren die Spatzen noch frecher als anderswo. Kein Wunder, wenn der Ort ihren Namen trägt. So etwas steigt Spatzen zu Kopf, und jede Spatzenmama, die junge Spätzlein ausbrütete, piepste: »Seid nur frech, ihr seid besondere Spatzen. Ihr dürft alles!«
Es war kein Wunder, daß dies die Jungen glaubten, also waren sie frech. Und so ein frecher junger Spatz flog oder fiel vielmehr eines Tages Fritz Immerfroh in die Mütze, als er unter einem Baum saß und über eine merkwürdige Begebenheit nachdachte. Fritz war in Petersdorf gewesen, um von dort für die Muhme Ledertäschle ein vergessenes Taschentuch, der

Muhme allerbestes Kirchentuch, zu holen. Die Muhme hatte große Angst um das Tüchlein ausgestanden, und Fritz hatte viele gute Ermahnungen mit auf den Weg bekommen. Er sollte das Tüchlein nicht verlieren, und vor allen Dingen nicht benutzen, denn die Muhme dachte: Man kann nie wissen, was so einem Buben einfällt, der nimmt gar das gute Kirchentuch für seine freche Nase.
Da fiel der Spatz auf das Tuch, denn das lag in der Mütze. Plumps! da lag der Spatz, und wutsch! – da saß die Mütze auf Fritz Immerfrohs Kopf.
Fritz fand den Spatzen sehr gut aufgehoben, der junge Spatz aber fand dies nicht; er krakeelte heftig.
Fritz war nun in der gleichen Lage wie der Junge in der bekannten Geschichte, der Spatzen unter dem Hut hatte. Und wie in der bekannten Geschichte kam ein Mann daher, den Fritz grüßen sollte. Aber Fritz war höflich, er behielt die Mütze nicht auf dem Kopf wie der Junge in der bekannten Geschichte, sondern grüßte höflich. Es war der Bürgermeister von Petersdorf.
»Brrr« machte der Spatz, als sich sein dunkles Gefängnis öffnete. Er stob natürlich heraus und flog geradewegs dem dicken Bürgermeister ins Gesicht.
Der fuchtelte erschrocken mit seinen Gliedmaßen in der Luft umher, denn in seiner Angst nahm er auch noch die Beine zu Hilfe, und das war sein Verhängnis, denn dabei verlor er das Gleichgewicht und plumps! – da saß er mitten in einem Häuflein Schmutz.
O je, war das eine Sache!
Der Bürgermeister von Petersdorf wollte dem Bürgermeister von Spatzenlust einen Besuch abstatten, und da er ein Mann war, der etwas auf sich hielt, hatte er seine Sonntagskleider angezogen. Und nun hatte er eine schmutzige Hose.
Eine schmutzige Hose ist für einen Buben nicht so schlimm wie für einen Bürgermeister, der doch eine Respektsperson sein

soll. Fritz begriff darum nicht, warum der Bürgermeister so schrecklich jammerte. Weil er aber ein gutes Herz hatte und ein schlechtes Gewissen dazu, wegen des Spatzen, bot er seine Hilfe an.
Die wurde auch angenommen.
»Da, nimm dein Sacktuch, mache es an der Quelle naß und putze mich sauber!« Fritz nahm ohne Bedenken das gute Kirchentuch der Muhme und wischte, als er es naß gemacht hatte, dem dicken Bürgermeister den Hosenboden ab. Das Kirchentuch wurde schmutzig, der Hosenboden zwar sauber, aber naß. Ja, Fritz hatte sehr viel Erfahrung in diesen Dingen.
Aber mit einem nassen Hosenboden kann ein Bürgermeister keinen Besuch machen, darum riet ihm Fritz, er solle sich auf den Bauch in die Sonne legen, da würde der Hosenboden schnell trocken.
Dem Bürgermeister leuchtete der Vorschlag ein. Er versprach Fritz eine Belohnung, wenn er aufpasse, daß ihn niemand unversehens in dieser Stellung überrasche.
Fritz versprach aufzupassen, und dann legte sich der Bürgermeister hin und schlief ein. Fritz aber dachte wieder über das seltsame Ereignis nach, daß er doch so viele Erdbeeren gefunden hatte und nur ein paar in seinem Krug waren, den er fürsorglich mitgenommen hatte.
Du lieber Himmel! Wo waren die geblieben? Sein Magen hätte ihm schon Auskunft geben können, wenn er ihn gefragt hätte. Aber er fragte lieber nicht. – Auf einmal sah Fritz jemand kommen, und er gab geschwind dem Bürgermeister einen kräftigen Rippenstoß und schrie ihm in die Ohren: »Herr Bürgermeister, stehen Sie rasch auf, es kommt jemand!«
»Wer denn?« murmelte der schlaftrunken.
»Der Bürgermeister von Spatzenlust!«
»Ei, du lieber Himmel!«
Mit einem Satz sprang der Petersdorfer Bürgermeister auf, und bei dem heftigen Ruck fiel ihm etwas aus der Tasche. Es waren

zwei Mark.
Nun hätte der Bürgermeister nie und nimmer dem Buben für das Hosenreinigen und Aufpassen zwei Mark gegeben. Zehn Pfennig wären genug gewesen. Aber in der Eile sah er sich das Geldstück gar nicht weiter an, sondern rief nur: »Behalt's! Behalt's!«
Es muß doch noch gesagt werden, daß sich der Bürgermeister nachher schwer geärgert hat, als er den Irrtum bemerkte, aber gegeben war gegeben.
Der Petersdorfer Bürgermeister ging mit dem von Spatzenlust davon, und Fritz starrte den beiden mit offenem Munde nach. Zwei Mark hatte er bekommen! War so etwas auszudenken? Auf einmal kam Leben in die Bubenbeine. Fritz lief, was er laufen konnte. Daß dabei die paar armseligen Erdbeeren, die noch im Krug waren, auch noch herausfielen, kümmerte ihn nicht besonders. Auch das schmutzige Tüchlein machte ihm keine Sorgen, und als er beim Heimkommen der Muhme Ledertäschle in die Arme lief und die nach ihrem Tüchlein fragte, holte er es ganz unschuldsvoll hervor und sagte: »Damit habe ich dem Petersdorfer Bürgermeister den Hosenboden abgewischt.«
»Was! Mit meinem Kirchentuch?« Die Muhme wollte Fritz an den Ohren packen. Aber August, der dabeistand, sagte: »Nun, nun, ein Bürgermeister ist schon eine wichtige Person, und dem sein Hosenboden ist etwas anderes als der von gewöhnlichen Leuten. Die Frau Base sollte das bedenken.«
Das war ein kluger Einwand. Und die Frau Base bedachte es auch. Sie ließ sich die ganze Geschichte erzählen, und als Fritz die zwei Mark erwähnte, schrie sie: »Was! So wichtig war ihm sein Hosenboden? Dann freilich verzeih' ich's dir. Aber hast du ihm wenigstens gesagt, daß es mein Kirchentuch ist?«
Das hatte Fritz nicht. Er versprach es aber nachzuholen, was die Base guthieß.
Also lief Fritz, nachdem er die zwei Mark der Mutter gegeben hatte, die sie eiligst in seine Sparkasse steckte, in das Dorf und

hielt Umschau nach dem Petersdorfer Bürgermeister. Es traf sich gut. Die beiden Bürgermeister standen gerade dick und gewichtig und in ein eifriges Gespräch vertieft vor dem Amtshaus, als Fritz dahergelaufen kam.
»Herr Bürgermeister«, rief er wichtig, »die Muhme hat gesagt, ich soll's Ihnen sagen!«
»Was denn?«
»Das Tüchlein, womit ich Ihnen den Hosenboden abgewischt habe, war ihr Kirchentüchlein.«
»Verflixter Bub!«
Der Petersdorfer Bürgermeister wurde krebsrot vor Verlegenheit. Was hatten ihm nun das Aufpassen und die zwei Mark genutzt? Nun war es doch herausgekommen, daß er sich um eines Spatzen willen in den Schmutz gesetzt hatte.
Alle, die es hörten, lachten. Aber niemand wußte, woher der Spatz gekommen war. Nur Fritz und der Spatz wußten darum, und die verrieten es nicht.
Das Kirchentuch aber wurde in der Wäsche wieder weiß und sauber.

Die Kirmeshose

Wenn in Petersdorf bei Spatzenlust Kirmes war, lief von Spatzenlust hin, wer nur laufen konnte. Die Petersdorfer waren wegen ihrer Streiche im ganzen Land berühmt, und wer nur einen weitläufigen Verwandten in Petersdorf hatte, der war stolz darauf. Die Immerfrohs hatten einen Teil aus ihrer Sippschaft in Petersdorf sitzen, nicht etwa Basen von Adam und Eva her, sondern Vettern von der Großmutter. Das ließ man sich schon gefallen. Und Kuchen wußte die Petersdorfer Muhme zu bakken, potz Wetter, ja! Sie galt sogar in Petersdorf als die beste Kuchenbäckerin, und das wollte was heißen.

Also war es für die Familie Immerfroh ein ganz großes Vergnügen, nach Petersdorf zur Muhme zu gehen, denn die war nicht knausrig. Sie gab reichlich, tat sich ein bißchen was zugute auf ihren wohlhabenden Bauernstand und sah die Spatzenluster so halb und halb als Städter an, und Städter waren in ihren Augen Hungerleider, die man ordentlich vollstopfen mußte.
Die Muhme, sie hieß Annebärbe, hatte noch etwas, worauf sie sehr stolz war und was Fritz Immerfroh tüchtig bewunderte, nämlich ein rotes Plüschsofa. Es war zwar nicht mehr ganz neu und ziemlich abgeschabt, aber die Muhme hielt das Sofa hoch in Ehren, denn in ganz Petersdorf gab es sonst nur Wachstuchsofas und keines, das mit rotem Plüsch – die Muhme sagte Samt, weil das feiner klang – überzogen war.
Die Muhme redete auch immer davon, sie wolle das Sofa neu beziehen lassen, aber dazu kam es nicht. Also blieb das etwas abgeschabte Sofa als Glanzstück in der Wohnstube stehen.
Und von einer Kirmes zur anderen freute sich Fritz Immerfroh auf das rote Sofa, denn wenn er bei der Muhme Annebärbe war, durfte er auf dem roten Sofa sitzen. Auch auf die neue Kirmeshose freute sich Fritz, denn zur Petersdorfer Kirmes bekamen die beiden Immerfroh-Buben neue Hosen. Das war Brauch von alters her.
Aber einmal, Fritz war gerade acht Jahre alt, langte es bei ihm für keine neue Hose, sosehr die Mutter auch rechnete, den Geldbeutel um und um drehte, die fehlenden Markstücke fielen nicht heraus. Es wurde von der Familie beinahe als Schande empfunden, daß kein Geld für eine neue Hose da war, und Berta sagte: »Am besten wär's, der Fritz bliebe daheim, da macht er uns keine Schande.«
Als ob der Bub schuld daran wäre, daß kein Geld für eine neue Hose da war!
»Er kommt mit«, bestimmte die Mutter. »Ich wasche und bügle seine alte Hose, dann merkt's niemand, die Base schon gar nicht, die ist ja kurzsichtig.«

Also wurde Fritz' Hose gewaschen und gebügelt. Aber jedermann sah, daß es die alte Hose war. Nur die Base sah es tatsächlich nicht. Die sah an diesem Tag überhaupt nur ihre Kuchen und ihr Sofa. Letzteres war nämlich am Festtagsmorgen einfach geplatzt. Eine Stelle des roten Plüschs war so fadenscheinig geworden, daß sie gerissen war. Man denke, ein zerrissenes Sofa am Kirchweihtag!

Frau Annebärbe war außer sich. Sie wäre am liebsten im Bett liegengeblieben, sosehr schämte sie sich. Aber da war doch der Kuchen, den sie gelobt hören wollte. Bei jedem Stück sollte man ihr sagen, wie gut er sei, und die Gäste sollten recht viele Stücklein essen. So kroch sie also aus dem Bett heraus und sagte traurig zu ihrem Mann, während sie das rote Sofa betrachtete: »Was tu' ich nur?«

»Kleb's mit Pechpflaster zu, dann sieht es niemand«, riet der Mann.

Das schien der Frau ein ganz kluger Rat zu sein. Flugs holte sie das Pflaster, schob vorsichtig einen Streifen unter den Riß und zog den Stoff darüber zusammen. Und es klebte, man sah den Riß kaum.

Mann und Frau freuten sich ungemein über ihren klugen Gedanken. Wer sich aber weniger freute, das war der kleine Fritz Immerfroh.

Der setzte sich nämlich gerade auf die Stelle, und als das Pflaster warm wurde, klebte er an.

Die Muhme Annebärbe sagte: »Geh, Fritz, und hol dir noch ein Stück Kuchen! Gelt, der schmeckt fein?«

»Wunderbar, er schmilzt einem richtig auf der Zunge«, sprach die Bäuerin Immerfroh.

»Bring der Mutter auch noch ein Stück!« sagte die Muhme.

»Geh, Fritz!« Aber wie soll einer gehen, wenn er festklebt?

»Na, du kannst wohl nicht mehr essen?«

»Doch, ich kann schon – aber –«

»Na, was aber?«

»Ich klebe!« – Da gab es einen Krach. Fritz hatte sich losgerissen, ein Stück vom roten Sofa klebte an seiner Hose, und ein Stück Hose klebte am roten Sofa.
»Aber Fritz!«
»Ich kann nichts dafür!«
Die Muhme war ehrlich genug, zuzugeben: »Er kann wirklich nichts dafür, es ist das Pechpflaster.«
O du lieber Himmel, nun muß ich wohl gar das Sofa bezahlen, und ich habe nicht einmal Geld genug für eine neue Hose, dachte der Bauer Immerfroh, gerade als die Muhme ausrief: »Und die Hose ist auch zerrissen, die neue Hose.«
»Sie war nicht neu«, sagte die Bäuerin leise, aber nur Fritz hörte es. Die andern jammerten laut um Sofa und Hose, und Fritz dachte: Nun ist's mit dem Kuchenessen zu Ende. Es war aber nicht zu Ende. Es gab noch sehr viel Kuchen, mehr als Fritz' Magen vertragen konnte, und darum ist es besser, nicht weiter davon zu reden.
Beim Abschied aber kam die Muhme Annebärbe mit einem Fünfmarkschein, den schenkte sie der Bäuerin Immerfroh: »Für eine neue Hose.«
»Sie war nicht neu, es war die alte!« rief die ehrliche Frau, während ihr doch die helle Freude aus den Augen sprach über die Aussicht, Fritz könne nun doch eine neue Hose bekommen. Da tat die Muhme Annebärbe, die eine herzensgute Frau war, als wenn sie nicht an die alte Hose glaubte, denn sie wollte die Verwandten nicht beschämen.
So bekam Fritz nun doch eine neue Hose, und die Muhme bekam ein neues Sofa. Auf dem durfte aber Fritz nie sitzen, es war zu schön dazu.

Die Äpfel und das Gespenst

Muhme Ledertäschle war geizig, aß aber doch oft gern etwas Gutes. Das stimmte nicht zusammen, denn wenn jemand ein Leckermaul sein will, muß er in seinen Beutel greifen.
Bei den Immerfrohs gab es wenig Leckereien, aber zu Weihnachten gab es die schönsten Äpfel; sie waren goldgelb und schmeckten herrlich. Die Äpfel stammten von einem großen Baum, der den ganzen Hof überschattete. Es war ein besonders schöner Baum, und alle Immerfrohs liebten ihn. Seine Äpfel wurden von allen gelobt, denn es waren eben Weihnachtsäpfel. Keiner im Hause hätte einen dieser Äpfel früher gegessen als zu Weihnachten, da lagen sie dann schön rotbackig auf den Tellern, und das ganze Zimmer war erfüllt von dem Duft der Weihnachtsäpfel.
Die Kammer, in der sie aufbewahrt wurden, war unverschlossen, denn die Mutter wußte, daß die Weihnachtsäpfel den Kindern heilig waren. Sie wurden auch nicht angerührt. Da sagte die Mutter eines Tages bei Tisch traurig: »Es fehlen einige von den Weihnachtsäpfeln.«
»Nanu, wer ist denn an die gegangen?« rief der Vater erzürnt.
Die Mutter wußte es, aber sie wollte es nicht sagen. Aber da ereiferte sich die Muhme Ledertäschle: »Es wird wohl Fritz gewesen sein, ich habe ihn aus der Apfelkammer kommen sehen.«
»Fritz?« Der Vater sah böse aus.
Fritz rief: »Ich nehm' die Äpfel nicht. Ich hab' sie nur angesehen!«
Nun wußte der Vater, Fritz log nicht. Er sagte darum: »Wer's gewesen ist, der melde sich.« – Es meldete sich aber niemand.
»Vielleicht war's das Gespenst«, sagte August.
»Ein Gespenst? Hier gibts es doch kein Gespenst!« Die Muhme Ledertäschle fürchtete sich vor Gespenstern. Sie war ganz käseweiß geworden und bekam runde Kulleraugen, als August erzählte: »Doch, das Knechtlein aus dem Turm kommt manch-

mal herüber. Hier, wo das Haus steht, soll einmal Elsa, seine schöne Herzliebste, gewohnt haben.«
»O jemine, da läuft es einem ja ganz kalt über den Rücken!« Muhme Ledertäschle nahm ihr Tuch fester um die Schultern und ging aus dem Zimmer.
Von den Äpfeln redete niemand mehr.
August und Fritz aber tuschelten heimlich, und Fritz sagte: »Ich war's nicht, sie war es.« Dann redete August von einem »Es« und beide lachten.
Was war das Es?
Vielleicht hätte es Muhme Ledertäschle erfahren, wenn sie gehorcht hätte, aber die horchte nicht, sie saß in ihrer Stube und hatte ungute Gedanken. – Was waren das für Gedanken?
Muhme Ledertäschle dachte an die Äpfel, die sie gegessen hatte. »Hätte ich die dummen Äpfel doch nicht genommen. Ist das eine geizige Familie, die um ein paar Äpfel solch ein Aufsehen macht«, ärgerte sie sich. Sie wußte dabei, daß sie der Familie unrecht tat. Geizig waren die Immerfrohs nicht, nur sparsam, und das mußten sie sein. Muhme Ledertäschle war in dem Augenblick wütend auf sich, daß sie in das Haus gezogen war, denn in ihrem Herzen regte sich eine mahnende Stimme: »Du bist geizig! Warum hast du dir beim Krämer keine Äpfel gekauft, statt sie den Immerfrohs wegzuessen? Pfui, schäm dich!«
Und die Muhme Ledertäschle schämte sich sehr. Am meisten aber darüber, daß sie ihre Schuld nicht bekannt, sondern Fritz verdächtigt hatte. Das war schlimm. Das war einen Lüge.
Ich schenke ihm was, dachte Muhme Ledertäschle. Doch die innere Stimme redete weiter: »Damit ist's nicht wieder gutgemacht, ganz sicher nicht.«
Ein paar Tage vergingen. Von den Äpfeln redete niemand mehr, nur das Gewissen der Muhme sprach noch davon. Aber das hörte niemand.
August und Fritz hatten ein Geheimnis, das konnte jeder merken, und die Mutter dachte: Es wird nichts Gescheites dabei

herauskommen.
Am dritten Tage sagte August bei Tisch: »Heute nacht hat's im Turm gespukt.«
»Unsinn!« rief der Bauer.
»Kein Unsinn, das Knechtlein ist wieder da. Vielleicht kommt es auch zu uns.«
»Dummheit!« Jetzt wurde der Bauer wütend. Sosehr er aber auch über den Gespensteraberglauben wetterte, der Knecht blieb dabei, daß es im Torturm gegeistert habe. – Und die Muhme Ledertäschle glaubte es.
Als sie am Abend ihr Zimmer aufsuchte, mußte sie an der Apfelkammer vorbeigehen, und es wurde ihr dabei recht unheimlich zumute.
Gerade als fingen die Äpfel zu geistern an, so kollerte es drin. Sie rannte in ihre Stube, wollte die Tür aufreißen. Aber jemine – da klebte das Gespenst an der Türe. Mit langem Fangarm stand es da. Unheimlich war es, schrecklich unheimlich.
Die Muhme warf einen raschen Blick darauf, dann hatte sie genug. Sie rannte davon und wollte schreien. Aber als sie an die Apfelkammer kam, verging ihr das Schreien, denn sie dachte: dann kommt es heraus, daß ich die Äpfel genommen habe.
Also setzte sich die Muhme in einen Fensterwinkel und überlegte: Hier sieht mich niemand, und ich warte, bis das Gespenst weg ist.
Sie wartete und fror dabei. Als sie genug gefroren hatte, ging sie in ihre Kammer zurück. Aber o Schreck! –, das Gespenst war immer noch da. Ein schneller Blick und wutsch, riß die Base wieder aus.
Sie setzte sich wieder in den Fensterwinkel und wartete und fror weiter.
Im Haus waren inzwischen alle ins Bett gegangen, und da die Stube der Muhme im Seitengebäude lag, wurde sie von niemandem gesehen. – Es war unheimlich, sehr unheimlich.
Endlich entschloß sich die Muhme, wieder in ihre Stube zu ge-

hen. Das Gespenst konnte doch nicht länger an der Stubentür stehen.
Aber es stand noch da. Gespreizt wie vorher.
Nun wurde der Muhme die Gespenstersache verdächtig. Immer und ewig konnte doch ein Gespenst nicht wie ein Grenadier dastehen. Also faßte sie Mut und ging auf das Gespenst los. Das wich und wankte nicht. Und als die Muhme ganz nahe war, merkte sie, daß das Gespenst mit – Kreide an die Stubentür gemalt war. – O August! O Fritz!
Wenn die beiden jetzt dagewesen wären, hätte es wohl ein paar tüchtige Ohrfeigen gesetzt. Aber zum Ohrfeigen gehören mindestens zwei, und die beiden Missetäter lagen längst in ihren Betten und schliefen.
In dem Augenblick schlug es Mitternacht, und eine kleine Maus huschte an der Muhme vorbei. Da verlor sie alle Fassung und stürzte laut schreiend die Treppe hinab.
Ihr Geschrei weckte die Immerfrohs. Die kamen herbei, auch August fehlte nicht. Nur Fritz verschlief alles, und das war gut, denn auf den war die Muhme ganz besonders wütend.
»Was ist denn geschehen?« fragte Frau Immerfroh erschrocken die schreiende Base.
»Ein Gespenst!« schrie August, der wohl von der Kreidemalerei wußte.
»Nein, eine Maus.« Die Muhme fing an, sich zu schämen, denn vor einer Maus lief niemand in Spatzenlust davon.
»Eine Maus?« Der Bauer lachte. »Und deshalb so ein Geschrei«, brummte er.
»Nein, doch das Gespenst!« jammerte die Muhme.
»Holla, wo ist das Gespenst?«
»Die Maus war ein Gespenst.«
»Unsinn. Mäuse sind Mäuse und keine Gespenster.«
»War die Maus in der Apfelkammer?«
August machte bei dieser Frage ein ganz verschmitztes Gesicht.
Da fing die Muhme an zu weinen und wollte eben sagen, daß

sie keine Äpfel genommen habe, als ihr das Gespenst, die Maus und wer weiß was einfiel.
Sie rannte so fix, wie sie konnte, wieder zurück, und die andern rannten hinter ihr her. Das war nun der Muhme sehr peinlich, aber was half es? Sie konnte das Gespenst nicht wegbringen, und alle sahen es.
»Jemine!« rief August. »Das ist aus der Apfelkammer gekommen!«
Klatsch! – hatte er eine auf seinen losen Mund bekommen.
Aber das war auch die einzige Strafe, die er erhielt, denn die Muhme verschwand in ihrer Stube und sagte kein Wort mehr.
»Das war ein dummer Spaß«, sagte der Bauer.
»Wenn sie doch von den Weihnachtsäpfeln nimmt«, brummte August.
Das hörte die Muhme drin im Zimmer, und sie schämte sich, schämte sich ganz gewaltig.
Von dem Tag an verschwand kein Apfel mehr, aber auch kein Gespenst erschien mehr. Die Muhme aß seitdem die schönen Weihnachtsäpfel nicht mehr so gern wie die Familie Immerfroh. Ja, am Heiligen Abend bat sie: »Mir keine, gib meine dem Fritz!«
Da bekam der Fritz die doppelte Portion, und er aß sie mit Vergnügen. Seinetwegen hätte sich auch ein Gespenst dazusetzen können, er fürchtete sich nicht.

DIE SCHELME VON STEINACH

Auf der Apfelstraße

In Steinach am Wald blühten die Bäume an den Straßen nicht mehr, denn es war inzwischen Herbst geworden. An jeder Straße war eine andere Baumart gepflanzt, und die Steinacher redeten darum von einer Apfelstraße, einer Birnen- und einer Pflaumenstraße.
Die Bäume hingen voller Früchte, und keine Steinacher Hausfrau brauchte sich um Weihnachtsäpfel oder um Pflaumen für den Kuchen oder um Birnenschnitze für die Winterzeit zu sorgen. Von allem gab es reichlich. Die Äste brachen fast unter der Last der reifen Früchte.
»Deswegen brauchen die Kinder aber nicht auch noch auf die Bäume zu klettern oder drumherum zu kriechen«, sagte Besenmüller, der in dieser Zeit in Steinach das Amt eines Feldschützen ausübte. Das war aber gar nicht leicht. Spazierte nämlich Martin Besenmüller die Apfelstraße entlang, dann spielten die Kinder auf der Pflaumenstraße, und schrie dort ein Bub: »Besenmüller!« flugs liefen alle zur Birnenstraße.
An einem Herbsttag, der noch heiß und sonnenleuchtend war – man hätte ihn für einen Sommertag halten können –, saß um die erste Nachmittagsstunde Besenmüller auf der Pflaumenstraße und strickte. Das war eine Arbeit, die ihm manchen Spott eintrug. Die Steinacher Kinder waren frech genug, ihn oft zu necken: »Besenmüller, ich hab' ein Loch im Strumpf, geh, schenk mir einen neuen!«
Dann war Besenmüller zwar wütend, er schimpfte und wetterte, und seine Frau schalt noch mehr, aber der Mann blieb

doch ruhig sitzen und strickte weiter. Und seine Frau sagte: »Strick nur, Besenmüller, der Mensch muß was fürs Gemüt haben. Was für Stadtleute das Lesen und Klavierspielen ist, das ist für dich das Stricken. Laß dir deine Freude nicht verderben!« Besenmüllers Ärger ging aber meist nicht tief, und wenn er zankte, lag wohl auch ein heimliches Lachen in seinen Augen. – Es war ja auch wirklich ein Vergnügen, so im Sonnenschein unter einem Baum zu sitzen und zu stricken. Besenmüller hatte gerade einen rosa Strumpf in Arbeit, und seine Laune war auch rosarot; er rief daher vergnügt: »Guten Tag auch!« als ein Bauer vorbeikam.
»Na, Besenmüller, hütest du mal wieder die Zwetschken?« fragte der Mann. »Freilich, freilich, sie sind sehr schön heuer. Die Kinder möchten zu gern drangehen.«
Besenmüller lächelte schadenfroh. Auf der Birnenstraße gab es nicht mehr viel zu holen, und die Winteräpfel, die noch an den Bäumen hingen, lockten nicht so sehr. »Sie sind jetzt sehr wild, die Kinder«, brummelte er.
»Ja, ja, wenn nur der neue Lehrer bald käme!« gab der Bauer zur Antwort. »Vater Hiller ist zu sanft.«
»Aus einer großen Stadt kommt der.« Besenmüller machte ein unzufriedenes Gesicht, und der Bauer fragte: »Ist dir wohl nicht recht?«
»Nä, bewahre, ein Städter ist ein Städter, der wird nicht nach Steinach passen. Ich bin nicht zufrieden.«
Da ging der Bauer kopfschüttelnd weiter. Ja, wenn Besenmüller unzufrieden war, so war das eine schlimme Sache. Besenmüller war nicht allein Feldschütz, er war auch der Schul- und Kirchendiener. O weh, und der war nun mit dem neuen Lehrer unzufrieden!
Besenmüllers Laune war nun nicht mehr so rosarot wie sein Strumpf. Der Gedanke an den neuen Lehrer hatte sie ihm ein bißchen verdorben. Fünfunddreißig Jahre hatte der alte Lehrer Hiller in Steinach sein Amt ausgeübt, und auf einmal wollte er

fort. Er brauche Ruhe, hatte der Arzt gesagt. Nun wollte Vater Hiller, so wurde er im Dorf genannt, zu seinen Kindern ziehen, und ein Neuer sollte an seine Stelle treten.
Wie dieser neue Lehrer sein würde, daran dachte nicht allein Besenmüller an diesem Nachmittag, auch die Kinder redeten davon. Die saßen miteinander, Buben und Mädel, große und kleine, an der Apfelstraße und fanden, daß Winteräpfel auch schon im Herbst ganz gut eßbar seien. Die Buben saßen auf den Bäumen, die Mädel darunter und alle schmausten sie mit vollen Backen.
Dort, wo sich die Apfelstraße schon dem kleinen Bahnhof näherte – er lag etwa eine Viertelstunde Fußweg vom Dorf entfernt –, saß auf einem Apfelbaum Arnulf Weber. Er war groß und schlank; wenn er mit seinen Kameraden ging, ragte er immer ein Stückchen über sie hinaus. Und lärmten die Buben auf der Straße gar zu arg, dann sagten die Steinacher: »Man merkt's, Arne ist dabei.«
Arne saß oben in dem Baum, und im untersten Geäst hing Fritz Schwetzer. Der war kurz und stämmig, und seinen Namen verdiente er eigentlich gar nicht. Redefauler als Fritz Schwetzer konnte nicht leicht einer sein. Wenn den seine Mutter mit einem Auftrag zu einer Nachbarin schickte, dann sagte er dort meist nur das letzte Wort, etwa »Kuchenblech«. Die Nachbarin reimte sich dann schon zusammen, daß Frau Schwetzer ein Kuchenblech geliehen haben wollte.
An diesem Nachmittag sagte Fritz überhaupt nichts. Er aß nur einen Apfel nach dem anderen, obgleich seine Mutter bei Tisch gesagt hatte: »Fritz, du wirst noch platzen, wenn du dich so arg stopfst.«
Desto mehr redete Arne. Seine Stimme tönte hell aus der Höhe über die Apfelstraße, und von anderen Bäumen, auch aus dem Straßengraben heraus, in dem die Mädel saßen, kam Antwort. Lustige Neckereien flogen hin und her. Manchmal sauste auch ein Apfel von Baum zu Baum, im Straßengraben kicherte es,

und in all den heiteren Lärm hinein schrie auf einmal Zimplichs Max: »Nun kommt er bald!«
»Wer denn?« fragten die einen. »Was hat er gesagt?« die anderen.
»Der Neue!«
Zimplichs Max brüllte es laut, und Ach- und Oh-Rufe tönten die Apfelstraße entlang.
Auf einmal dachten sie alle an den neuen Lehrer, auf den sie ungeheuer neugierig waren. Ob er wohl sehr streng war? Strenger als Herr Hiller sicher! Und nun würden die vielen schönen schulfreien Tage ein Ende haben, denn Herr Hiller hatte zuletzt nicht mehr so viel unterrichten können. Er war lange krank gewesen.
»Ich fürchte mich nicht!« Ein kleiner, dicker Stöpsel, der mit Mühe und Not auf einen niedrigen Baum gekommen war, schrie es kühn und laut.
Das Wort fand allgemeinen Beifall, und bald hörte man von allen Seiten: »Wir fürchten uns nicht.«
»Jackenknöpfle hat recht!« Webers Arne warf dem kleinen, dikken Burschen einen roten Apfel zu. Der fing ihn auf, biß hinein und ärgerte sich dabei. Sein Spitzname kränkte ihn. Jakobus Knöpfle hieß er, daraus hatte ein Spaßvogel Jackenknöpfle gemacht, und dieser Name hing ihm nun an. Seine Mutter tröstete ihn zwar: »Sei froh, daß sie nicht Hosenknöpfle sagen!« Aber das war doch nur ein schlechter Trost.
Während so die Kinder auf der Apfelstraße von dem neuen Lehrer redeten und Besenmüller auf der Pflaumenstraße verdrießlich an ihn dachte, saß Herr Heinrich Frey im Zug nach Steinach. Er war der neue Lehrer, und als er so das Land im Herbstschmuck sah und an seine Frühlingsreise dachte, kam es ihm ganz wunderbar vor, daß nun Steinach sein Ziel war. Wie es so kommt. Im Sommer hatten die Ersparnisse noch nicht zu einer Ferienreise gereicht, und Mutter und Sohn hatten zueinander gesagt: »Nächstes Jahr vielleicht.« Und dann war Hein-

rich Frey eines Tages in die Schule gekommen, in der er als Hilfslehrer unterrichtete, da hatte sein Rektor zu ihm gesagt: »Möchten Sie aufs Land? Es ist schnell eine gute Stelle zu besetzen. Der dortige Lehrer ist krank und will in den Ruhestand treten.«
Aufs Land? Dorflehrer sollte er werden? Nur zögernd hatte er gefragt: »Wie heißt denn der Ort?«
»Steinach am Wald.« Der junge Lehrer im Zug mußte wieder lächeln, als er an sein Erstaunen damals dachte und an das seiner Mutter über den seltsamen Zufall. Steinach am Wald, dort sollte er Lehrer werden. Nur drei Tage blieben ihm Bedenkzeit, und in diesen Tagen hatten Mutter und Sohn viel von dem fernen Dorf gesprochen. Sehr froh waren sie beide nicht, sie wären gern in der Stadt geblieben.
Frau Frey gehörte zu jenen Müttern, die nur für ihre Kinder leben. Sie dachte nie an sich selbst, sondern nur an ihren Sohn, und der sollte mehr werden als nur ein Dorflehrer. Er sollte ein Gelehrter werden. In der Stadt konnte er weiterlernen, auf dem Dorfe kaum.
Die gute Mutter, dachte Heinrich Frey, als er Steinach immer näher kam. Nun würde er bald dort sein, aber zuerst allein, so hatte es die Mutter verlangt. »Wenn es dir nicht gefällt, kommst du zurück«, waren ihre Worte beim Abschied gewesen. Und der Sohn wußte, sie würde in ihrer Einsamkeit von morgens bis abends arbeiten, nur für ihn. Sie würde für ihn sorgen, unermüdlich, vielleicht kam er bald zurück und brauchte ihre Hilfe.
Da hielt der Zug, Steinach am Wald war erreicht. Er stellte fest, daß er der einzige Reisende war, der hier ausstieg. Der Zug fuhr weiter, und er schlug den Weg zum Dorfe ein.
»Nur immer die Apfelstraße hinunter«, sagte der Bahnbeamte freundlich. »Ihren Koffer lassen Sie nur hier, Herr Lehrer – das sind Sie doch?«
Der Mann grüßte und nickte, und Heinrich Frey ging die Ap-

felstraße entlang. In der großen Stadt, aus der er kam, konnte er durch viele Straßen gehen, niemand kannte ihn, und hier wußten sie gleich, wer er war. Es ist freilich ein Dorf, sagte er zu sich und seufzte aus tiefstem Herzen, nur ein Dorf!
Um diese Zeit dachte Besenmüller gerade auf der Pflaumenstraße: Heute sind sie aber brav, die Kinder, und die braven Kinder jauchzten, lärmten und schmausten vergnügt auf der Apfelstraße. Da ertönte der schrille Pfiff einer Lokomotive in das fröhliche Gelärm hinein, und Arne schrie: »Vielleicht kommt jemand.«
Geschwind verkrochen sich die Buben im dichteren Blattgewirr, und die Mädchen duckten sich in den Straßengraben. Es war doch möglich, daß jemand vom Bahnhof kam, und wenn sie auch alle meinten, im Recht zu sein mit ihrer Schmauserei, erwischen lassen wollte sich keins. Ein paar riefen: »Arne, paß auf!«
»Es kommt jemand, ein Fremder!« schrie der von seinem Baum zurück, und der Ruf eilte schnell die Apfelstraße entlang, von Baum zu Baum.
Von den Bäumen herab, aus dem Straßengraben heraus lugten schwarze und blaue Augen dem Ankommenden entgegen. Wer mochte das sein? Ein Fremder in Steinach, welch ein Wunder!
Nur Fritz Schwetzer kümmerte sich nicht um den, der kam. Er hatte eben einen Apfel angebissen, der außen schön rot und glänzend, aber innen angefault und bitter war. Das ärgerte ihn. Er drehte den Apfel rundherum, biß noch einmal da und dort hinein, vielleicht gab es noch eine gesunde Stelle, aber da der Apfel bitter blieb, warf Fritz ihn in weitem Bogen auf die Landstraße.
»Holla, was ist denn das?« Heinrich Frey sah sich erstaunt um, ihm war etwas an den Kopf geflogen und hatte ihm den Hut heruntergerissen, und es war doch ganz windstill, kein Lufthauch war zu spüren. Aber in den Bäumen raschelte und zitterte das Laub trotzdem, und der junge Lehrer sah da und dort

Bubenbeine herabhängen, er sah auch neben seinem Hut einen angebissenen Apfel liegen. Rasch trat er auf den nächsten Apfelbaum zu, packte Fritzchens Beine und rief: »He, du da oben, ist das Sitte hier, Fremden den Hut vom Kopf zu werfen?«
Fritz erschrak. Er sagte aber nichts, sondern versuchte nur, seine Beine zu befreien. Arne beugte sich rasch hinab, um sich den Fremden näher anzusehen. Doch dabei entglitt ihm sein Apfel und traf Herrn Frey an der Nase.
»Potz Wetter«, rief der nun ärgerlich, »da sitzt ja noch so ein frecher Schlingel! Ihr scheint mir ja nette Rangen zu sein! Kommt mal gleich herunter.«
»Nä!« rief Arne trotzig. Er hatte gar keine Lust, bei dem Fremden unten auf der Landstraße zu stehen. Auch Fritz Schwetzer verspürte dazu keine Neigung, aber ihn konnte der junge Mann leicht herunterholen. Das war bedenklich, und er überlegte, ob es eigentlich nicht ratsamer wäre, dem Fremdling einfach über den Kopf wegzuspringen. Auf diese Weise entging er aller Fragerei.
Gedacht, getan. Ehe Herr Heinrich Frey noch wußte, was geschah, sauste Fritz vom Apfelbaum herunter. Aber hatte vorher sein Apfel den Hut des jungen Lehrers mitgenommen, so nahm der Bub gleich diesen selbst mit. Pardauz, lagen beide auf der Straße. Fritz überschlug sich zweimal, sprang auf und raste davon.
Aus dem Graben schauten drei lachende, kleine Mädchen heraus, und oben auf dem Baum kreischte Arne laut vor Vergnügen. Sein Jubel fand ein Echo. Plötzlich lachte, schrie und kicherte es weit die Apfelstraße entlang. Den Buben und Mädchen schien die Purzelei von Fritz und dem Fremden ein lustiger Spaß zu sein; dieser fand es gar nicht so lustig. Er war sehr verärgert. Er suchte mißmutig seine Sachen zusammen, die zerstreut am Boden lagen, und dachte dabei: Das ist ja ein netter Anfang! Wenn das so weitergeht, wird es mir kaum in Steinach gefallen.

Unschlüssig stand er eine Weile da und sah die lange Straße hinab. Kerzengerade lief sie bis zum Dorf hin. An ihrem Ende ragte schlank der Kirchturm in die Luft. Der junge Lehrer sah aber nicht allein das Dorf im Hintergrund, er sah auch da und dort noch Bubenbeine von den Bäumen herabhängen, und kleine kecke Mädchennasen streckten sich aus dem Graben heraus. Recht seltsame Früchtchen waren das.
Wie er noch so dastand und seine zukünftigen Schulkinder betrachtete, tönte von unten herauf der Ruf: »Besenmüller, Besenmüller kommt!«
Ritsch, ratsch verschwanden die Beine, wie reife Äpfel plumpsten die Buben von den Bäumen, aus dem Graben kamen die Mädchen heraus, und heidi, ging es weg. Im Umsehen lag die Apfelstraße verlassen da, nur eine auffallend große Frau schritt dem jungen Lehrer entgegen.
In der Mitte der Straße trafen sich die beiden. Die Frau musterte den Fremden rasch, dann sagte sie: »Ich bin die Besenmüllerin, Herr Lehrer!«
»Ja, kennen Sie mich denn?«
»Nun, freilich, sonst kommt doch kein Fremder hierher um diese Jahreszeit. Und Pflaumenkuchen hab' ich auch schon gebacken, und unser alter Herr Lehrer erwartet Sie auch. Und mein Mann sitzt unten auf der Pflaumenstraße, und ich dachte gleich, die Kinder sind hier. Besenmüller ist zu gut, viel zu gut, Herr Lehrer, so gut ist keiner wie der. Er müßte strenger sein gegen die Kinder. Nicht wahr, Herr Lehrer, das meinen Sie auch?«
»Hm«, sagte der junge Lehrer nur. Er kannte weder Besenmüller noch seine Frau, er wußte nichts von deren Güte oder Strenge.
»Ich will nun gehen«, murmelte er.
»Ich geh' mit, und Ihr Zimmer ist schon fertig, Herr Lehrer.«
So schwatzte Frau Besenmüller, die Frau des Kirchen- und Schuldieners, unablässig weiter und führte den jungen Lehrer

nach Steinach hinein. Der brauchte nichts zu fragen und zu sagen, Frau Besenmüller erzählte ihm alles, wie ein Mühlwerk ging ihre Zunge, und dabei konnte ihr Begleiter nie feststellen, weinte oder lachte sie, weil nämlich ihr Gesicht ganz merkwürdig schief war.
Seltsame Leute und seltsame Sitten scheint es hier in Steinach zu geben, dachte der junge Lehrer, als sie das Dorf erreichten. Ob ich hier wohl lange bleiben werde? Sicherlich nicht!
»Na, so was«, rief da Frau Besenmüller, »Webers Wagen ist umgefallen!«
Quer über die Straße lag ein umgestürzter Düngerwagen und versperrte den Zugang. Der Duft, der von ihm ausging, war nicht gerade lieblich zu nennen, und Heinrich Frey schickte sich seufzend an, einen weiten Bogen um ihn zu machen, und so langte er endlich verdrießlich vor dem Schulgebäude an.

Ein letzter Schultag

Am nächsten Morgen lag Steinach im Nebel. Die Sonne wollte zwar sehr gern scheinen, sie zeigte die allergrößte Lust dazu, aber der Nebel ließ sich nicht so schnell verjagen. Der hatte das ganze Dorf in dichte, weißgraue Schleier gehüllt, und es konnte gerade jeder noch seinen Nachbarn sehen, mehr nicht. Es sah sehr lustig aus, wenn auf der Dorfstraße Gestalten im Nebel auftauchten und gleich darin wieder verschwanden.
»Wie Rosinen im Mehl«, sagte Frau Knöpfle, die Mutter des Jakobus.
Den Kindern schien der Nebel eine lustige Angelegenheit zu sein, und Jackenknöpfle stellte die nachdenkliche Frage: »Ob's mal einen so dicken Nebel gibt, daß man die Schule nicht mehr findet?«
Die anderen meinten zwar alle, dies würde sehr fein sein, und

einige gaben sich auch Mühe, die Schule nicht zu sehen, sie sahen sie aber doch. Zum Überfluß klingelte Frau Besenmüller auch noch lauter als sonst, und die Kinder dachten schon: O je, vielleicht ist sie doch noch wütend! Aber die Schuldienersfrau war nicht mehr wütend. Die hatte schon am frühen Morgen das Klassenzimmer blitzblank geputzt, ein Blumengewinde um die Tür angebracht, auch einen Strauß Blumen auf das Pult gestellt. Es sah sehr feierlich aus, und die Kinder staunten ehrfürchtig ihr Schulzimmer an; es wurde ihnen dabei auch ganz feierlich zumute, und alle nahmen sich vor, heute sehr gut zu singen. Die Steinacher waren ein sangeslustiges Völkchen. Sie sangen gern und gut, aber Brummer gab es auch unter ihnen und solche, die nicht singen konnten, so gern sie vielleicht auch wollten.

Unter den Kindern war besonders Schwetzers Fritz so ein rechter Brummer. Alle meinten, dem Buben sei das gleich, aber da irrten sie sich alle, denn heimlich bekümmerte es Fritz sehr, daß er so schlecht singen konnte. Er hätte manchmal gern so recht aus vollem Herzen heraus gesungen, wie er sich auch danach sehnte, so reden zu können wie die andern. Es war aber sehr schlimm bei ihm. Wenn er etwas sagen wollte, hatten es zwei andere schon gesagt, und wenn er singen wollte, rief selbst der gute Vater Hiller: »Hör auf!«

Hinzpeters Malchen war nun nicht gerade schweigsam, sie hatte eine glockenhelle Stimme, aber singen, das konnte sie auch nicht. Sie sang immer ein paar Töne zu tief oder ein paar Töne zu hoch und rutschte mit ihrer Stimme immer aus. Wenn die andern mit ihren Stimmen in die Höhe kletterten, saß sie mit der ihren im Graben. Sie wurde darum die »Krähe« genannt, ein Name, der Malchen bitter kränkte, denn sie war so singlustig wie eine Lerche. Daheim sang sie auch nach Herzenslust, und niemand störte es. Ihr Vater meinte: »Ein Hahn kräht ja auch, die Schafe blöken, die Gänse schnattern, ja warum soll da mein Malchen nicht singen?«

Auch die alte Großtante sagte das. Sie war freilich ziemlich taub, erklärte aber doch: »Malchen singt sehr schön, fast wie ein Engel. Vielleicht gefällt's auch dem neuen Herrn Lehrer besser, man kann so was nicht wissen.«
Daran dachte nun Malchen, als sie an diesem Nebelmorgen zur Schule wanderte. Ach, vielleicht konnte sie auch einmal so singen wie Pastors Regine. Sehr froh, sehr hoffnungsvoll trat sie in das Schulzimmer und dort setzte sie sich so brav an ihren Platz, wie es an diesem Tag alle taten. Alle waren schrecklich neugierig, wie der neue Herr Lehrer sein würde, und als Vater Hiller mit seinem jungen Nachfolger das Zimmer betrat, war es, als wollten alle blauen, schwarzen und braunen Augen den neuen Herrn Lehrer verschlingen, selbst die Schüchternsten starrten ihn unentwegt an. Der junge Mann mußte ein wenig lächeln, als er die Kinder alle so vor sich sah, rechts die Großen, links die Kleinen, da die Buben, dort die Mädchen. Er sah sich auch in dem großen Klassenzimmer um, das blinkte vor Sauberkeit, und seine schön mit Stuck verzierte Decke erzählte von glanzvoller Vergangenheit.
Vater Hiller sprach das Gebet, und dann begann der Gesang. Sorgsam hatte der alte Lehrer das Lobeslied eingeübt, festlich und rein sollte es klingen, dem neuen Lehrer zum Gruß. Daran, daß an einem solchen Tag die Brummer teilnehmen wollten an der allgemeinen Freude, hatte er freilich nicht gedacht. Malchen schmetterte zuerst los, Schwetzers Fritz folgte, und als das die andern Brummer hörten, sangen sie unverzagt mit. Hui, ging's in die Höhe, bums, saß Schwetzers Fritz in der Tiefe: Malchen war immer einen halben Takt voraus, Hans Neuber schleppte sich mühsam dreiviertel Takte hinterher.
Klapp! schlug Vater Hiller auf das Pult. »Stille! Was ist denn das für eine Singerei? Es darf nur mitsingen, wer es kann!«
Ein paar senkten verlegen ihre Köpfe, nur Malchen nicht, das dachte: Ich kann's doch, ich habe doch so fein gesungen!
Das Lied begann noch einmal, und hui, entwischte Malchens

Stimme wieder. Die kletterte gleich bis aufs Dach. Die andern stockten, und ein paar murrten: »Die Krähe singt ja ganz falsch!«

Malchen wurde blutrot vor Schreck und Scham, und die Tränen stürzten ihr aus den Augen. Malchen weinte gleich sehr heftig los, und Heines Marlise tat es ihr nach, und Vater Hiller ließ verdrießlich den Taktstock sinken.

»Aber Kinder«, rief er ärgerlich, »was soll das heißen? Schämt euch, das heutige Festlied so schlecht zu singen! Wer heult, muß raus! Also eins, zwei, drei, jetzt noch einmal!«

Das half, die Mädchen stellten das Weinen ein, die schlechten Sänger schwiegen, und nun brauste feierlich und rein das Lied auf. Es ging glatt, nur beim letzten Vers mischte sich ein seltsamer Ton, ein Schnurren, Scharren und Schreien, hinein. Kaum war das Lied verklungen, da riefen ein paar Stimmen: »Eine Katze, eine Katze!«

Vater Hiller war sehr sanftmütig und geduldig, er war auch immer mit seinen Schulkindern gut fertig geworden. An diesem Tage wurde er aber doch ärgerlich. Er hatte seinem jungen Nachfolger zeigen wollen, wie nett und brav seine Schulkinder waren. Nun gab es erst die verkehrte Singerei und jetzt das Geschrei einer Katze wegen. Er rief darum strenger als sonst: »Wo steckt denn die Katze? Wer hat eine mitgebracht?«

Alle schwiegen, eines sah das andere an, und merkwürdig, die Katze schwieg auch.

»Es ist ja gar keine hier«, brummte der alte Lehrer, »irgend jemand —«

»Miauau, raurau, miau!« schrie es da wieder jämmerlich, und Kinder und Lehrer sahen sich an und sahen im Zimmer herum.

»Vielleicht steckt sie im Schrank«, sagte Heinrich Frey, der daran dachte, daß auch in der Stadt mitunter eine Maus auf seltsame Weise in den Schulschrank geriet.

Vater Hiller sah die Kinder prüfend an. Offen, zutraulich, sehr erstaunt waren aller Augen zu ihm aufgeschlagen. Er sah es

gleich, keins hatte ein schlechtes Gewissen. Er trat aber doch an den Schrank und schloß ihn auf. Keine Katze war darin.
»Miauau, raurau, miauau!« Noch kläglicher klang's, und Heinrich Frey sah sich verdutzt um, das kam doch von unten herauf Aller Augen starrten nach dem neuen Lehrer hin, das klang ja gerade, als käme das Miauen daher, wo dieser stand.
Vater Hiller schritt zur Türe, öffnete sie, sah hinaus – nirgends war einen Katze zu sehen, und auf einmal war alles still. War es doch ein dummer Bubenstreich, das Gemaunze?
»Miauau!« quäkte es drinnen immer jämmerlicher. Er hörte es nun ganz genau, es kam doch aus dem Zimmer. »Frau Besenmüller, Frau Besenmüller!« rief er laut über den Flur. »Kommen Sie einmal her, hier schreit eine Katze irgendwo.«
Frau Besenmüller kam mit unheimlicher Eile angelaufen, und noch an der Türe rief sie atemlos: »Das ist sicher so 'n dummer Bub, der das macht. Webers Arne kann gut miauen.«
»Ich miaue nicht!« Arne schrie ordentlich vor Entrüstung, und gleich riefen ein paar Stimmen: »Nein, Arne war's nicht!«
»Unterm Pult scheint etwas zu sein.« Heinrich Frey hatte es genau gehört; er versuchte, das Pult wegzuschieben, aber Frau Besenmüller sagte ein wenig gekränkt: »So was ist nicht möglich. Erst vorhin hab' ich darunter und darüber gewischt. Ach nein, Herr Lehrer, Katzen sitzen in Steinach nicht im Schulzimmer. Die Buben sind's, die machen immer so Dummheiten.«
»Nein«, schrien die Buben und Mädchen wie aus einem Munde, »Frau Besenmüller will uns nur schlecht machen.«
»Klatsch, patsch, ich weiß, was ich weiß.«
Rutsch, schob der junge Lehrer das Pult zur Seite, und – hervor spazierte kläglich mauzend ein schneeweißes Kätzchen.
Erst starrte Frau Besenmüller mit offenem Mund das Tierchen an, dann aber stürzte sie mit einem Schrei darauf los, hob es auf und sagte im Tone allerbitterster Anklage: »Dich haben sie unter das Pult getan, mein Minchen! Nein, so ungezogene Kinder!«

»Wir waren's doch nicht!«
»Stille!« Vater Hiller hob den Taktstock. »Wer's getan hat, kommt vor!«
Keins rührte sich, und wieder las der alte Mann in all den blühenden Gesichtern – nein, es hatte keins ein schlechtes Gewissen.
»Frau Besenmüller«, sagte er gütig, »besinnen Sie sich doch mal, die Katze wird Ihnen wohl nachgelaufen und selbst unter das Pult gekrochen sein.«
»Hm!« Die Schuldienersfrau sah ihr Kätzchen an, dann nickte sie nur langsam. »Ja, erstaunlich klug ist's freilich, mein Minchen, da kommt kein so 'n Dickkopf von Bub dagegen auf, nein, nein! 's ist schon möglich, es hat zuhören wollen.«
»Aber, Besenmüllerin!«
Die Kinder brüllten vor Vergnügen, daß die Katze hatte zuhören wollen, und Frau Besenmüller zog schmunzelnd mit ihr zum Zimmer hinaus.
Der Friede war wiederhergestellt, und Vater Hiller sagte ernsthaft: »Doch jetzt Ruhe!«
Der alte Lehrer war verstimmt, daß dieser erste Schultag so laut und zerfahren begann. Er sah wohl das heimliche Schmunzeln in den Augen des andern. Wehmütig überschaute er seine Schar, und Mädchen und Buben spürten es: ihr guter alter Freund war unzufrieden. Da nahmen sie sich zusammen; ganz still und brav saßen sie da, und so begann der Unterricht.
Es ging nun alles glatt und gut, die Kinder wußten viel, wenn auch nicht alles. Manch einem wollte und wollte die Antwort nicht zum Munde heraus, was natürlich von der Antwort schnöde Bosheit war. Mitunter klang auch wohl die Antwort so verkehrt, als wäre sie vom Mond herabgefallen. So kam der Stille Ozean auf einmal in die Nähe von Berlin, und die Donau zeigte die allergrößte Lust, vom Sankt Gotthard herunterzurinnen. Kaiser Friedrich Barbarossa lebte auf einmal mitten im Siebenjährigen Krieg, und niemand wußte, wie er hineingekom-

men war.
Sonst ging es aber ganz gut, Vater Hiller war leidlich zufrieden, und die Kinder waren es ungemein. Weil der neue Lehrer lächelte, meinten sie alle: Der findet's fein bei uns!
Frau Besenmüller klingelte und laut fuhr der Ton durch das Haus.
Der alte Lehrer erschrak. Das hörte er nun zum letztenmal. Morgen war Sonntag, und am Montag in aller Herrgottsfrüh wollte er abreisen. Wenn die Klingel das nächste Mal ertönte, dann trug ihn der Zug schon von Steinach fort.
Er stand ein wenig gebeugt, weil ihn das Alter müde gemacht hatte, vor den Kindern. Er wollte zu ihnen sprechen, gütige Worte sagen, aber die Stimme versagte ihm.
»Liebe Kinder!« setzte er an, und dann noch einmal: »Liebe, liebe Kinder!«
Da war es Hinzpeters Malchen, als müsse ihr das kleine, zärtliche Herz brechen vor Kummer, sie schluchzte laut auf und rief flehend: »Ach, bleiben Sie doch bei uns, lieber Vater Hiller!«
»Ach bitte, bitte, ja, Vater Hiller!« tönten alle andern Stimmen nach. Sonst hatten die Kinder »Herr Lehrer« gesagt, in der Abschiedsstunde kam ihnen das vertrauliche »Vater« auf die Lippen. Und wie einen gütigen Vater umdrängten sie den alten Mann. Sie sprangen über Tische und Bänke hinweg, krochen unten durch, um nur ja schnell die Hand des alten Freundes fassen zu können.
Die Mädchen heulten. Die Buben schnitten solche Grimassen, als wäre ihnen etwas Bitteres im Hals steckengeblieben, und immer wieder bettelten sie: »Bleiben Sie doch da, Vater Hiller, ach bitte, bitte!«
»Ich reise ja erst übermorgen ab, Kinder.« Ein paar helle, glänzende Tropfen rannen dem alten Mann über die Backen.
Die Kinder sahen es, aber sie hörten zugleich das verheißungsvolle »übermorgen«. Das war ja noch eine lange Zeit, da konnten sie Vater Hiller noch oft besuchen, konnten ihn sehen,

wenn er durch das Dorf ging. Sie konnten ihn auch zur Bahn bringen. Das sagten sie gleich laut: »Wir gehn alle mit auf den Bahnhof!«
»Dann müßt ihr aber alle sehr früh aufstehen.«
»Ach ja, das wird fein! Hurra, wir gehn mit auf den Bahnhof!«
»Und Sie besuchen uns bald, Vater Hiller, ja?« bettelte Malchen.
»Ja, freilich, ich besuche euch bald.«
»Hurra, Vater Hiller besucht uns!«
In den Augen standen noch Tränen, die Münder aber lachten schon wieder, und immer wieder drückten die kleinen derben, braunen Hände die welke Hand des treuen Freundes. Sonst liefen die Buben und Mädchen immer alle, so flink sie nur konnten, zur Schule hinaus, heute konnten sie sich gar nicht trennen. Vater Hiller mußte sie mit sanfter Gewalt bis zur Haustür geleiten, und draußen ging es nochmals ans Abschiednehmen.
In einer Ecke stand Frau Besenmüller. Sie hatte die große Schulglocke mit beiden Händen an ihr Herz gedrückt, und ihre Tränen fielen darauf nieder.
»So ist's recht, so muß der Abschied sein«, brummte sie vor sich hin. »Da sieht man doch, es war die rechte Liebe.«
Die rechte Liebe! Das Wort blieb dem jungen Lehrer im Ohr. Er entfernte sich still, und niemand merkte es. Er stieg die Treppe hinauf, betrat sein Zimmer, und dort öffnete er weit das Fenster. Er sah, wie sich draußen der Nebel löste und die letzten Fetzen zerflossen. Die Sonne drang siegreich hervor, und schimmernd glänzten Büsche und Bäume im goldenen Herbstkleid.
Die rechte Liebe, dachte Heinrich Frey – würde er sie auch für Steinach und für seine Kinder aufbringen?

Auf der Schelmenburg

»Besenmüllerin«, wie die Kinder die Schuldienerfrau nannten, hatte viele vortreffliche Eigenschaften, aber auch zwei Fehler: sie war neugierig und sehr abergläubisch. Die Kinder sagten zwar, Frau Besenmüller putze auch zuviel, das hielten sie für ihren allergrößten Fehler, aber die Erwachsenen waren anderer Meinung. Vater Hiller nannte Frau Besenmüller eine tüchtige, saubere Frau, während besonders die Buben es höchst überflüssig fanden, wenn Frau Besenmüller sie immer ermahnte: »Putzt eure Schuhe ab, tragt mir nicht die ganze Dorfstraße ins Haus!«
Zimplichs Max knurrte dann immer: »Wegen so einem bißchen Dreck!« Aber wie es halt ist, Frau Besenmüller hatte andere Ansichten. Sehr lustig dagegen fanden es die Kinder, wenn die Frau ihnen alles mögliche erzählte, was sie vorausgeahnt hatte, und was sonderbarerweise immer ganz anders in Erfüllung ging. Frau Besenmüller sah zum Beispiel aus allerlei Zeichen und Andeutungen, auch aus ihren Träumen, daß sie einen Unfall erleiden würde; dann fiel vielleicht Hinzpeters Malchen auf die Nase, und das war weder für Malchen noch für Frau Besenmüller ein großes Unglück.
Aber die Frau blieb dabei, dies und das als besonderes Zeichen zu deuten, und darum sagte sie auch nach dem ersten Schulvormittag des neuen Lehrers zu ihrem Mann: »Paß auf, mit dem neuen Lehrer wird das nichts hier!«
»Warum denn nicht, Frau?«
»Na, da ist das zerbrochene Fenster und dann – die Katze. Nein, das wird nichts Rechtes!«
»Aber Frau!« Der Schuldiener lachte. »Scherben bedeuten Glück, und die Katze, die war doch weiß, und nur eine schwarze Katze bringt Unglück, und stimmen tut das nicht einmal. Mir hat noch nie eine Katze Verdruß gebracht. Nur einmal hat mir eine meine Wurst gestohlen, und die war grau,

die Katze nämlich.«
»Hm!« Frau Besenmüller seufzte, sie hätte gerne ihrem Mann geglaubt, aber sie konnte nicht. »Nein, nein, Scherben und eine Katze, was zuviel ist, ist zuviel«, murmelte sie.
Während Frau Besenmüller ihre bösen Ahnungen hatte, ging Heinrich Frey sehr zufrieden in Steinach spazieren. Das Dorf gefiel ihm immer besser. Es war sauber und wirkte wohlhabend. Die kleinen, weißen Häuser waren alle mit Schiefer gedeckt, und die dunklen Dächer glänzten in der Sonne. Um jedes Haus war ein kleiner Garten, und hinter den Fenstern blühten Geranien und andere bunte Blumen. Der junge Lehrer ging bis zur Kirche, die mitten im Dorf stand; sie war grau und alt, Efeu war an ihr emporgewachsen, und ein wenig hatte dieser auch den Grabstein des Schelms von Steinach umrankt, der hier begraben lag. Die Inschrift war schwer zu lesen, und der Ritter, der fromm die Hände gefaltet hatte, sah gar nicht so schelmisch drein, wie das doch eigentlich ein Held so vieler Schelmengeschichten tun müßte.
Von der Kirche aus führte ein schmaler Weg zum Pfarrhaus hinüber. Das lag weiß und still in einem großen Garten, die Fenster standen offen und die weißen Vorhänge flatterten und wehten, als wollten sie winken: Komm doch herein, komm doch herein! Doch der Samstagnachmittag war keine Besuchszeit, und darum blieb der junge Lehrer draußen am Zaun stehen. Vater Hiller hatte freundlich von den Pfarrersleuten gesprochen. Sieben Kinder waren in dem weißen Haus schon groß geworden. Sechs waren bereits draußen in der Welt, lernten und arbeiteten dort, und nur Regine, die Jüngste, war noch daheim.
Ob das wohl die Sängerin war, die ich gestern abend gehört habe, dachte Heinrich Frey. Er brauchte nicht lange auf eine Antwort zu warten, denn drinnen im Garten fing die gleiche Stimme ein lustiges Liedchen zu singen an. Kinderstimmen fielen ein, und als der junge Lehrer weiterging, sah er auf zwei

langen Bänken viele kleine Mädel sitzen, die strickten und nähten, und ein junges Mädchen saß vor ihnen, schön und anmutig: Pfarrers Regine. Eine allzu strenge Lehrerin mußte sie anscheinend nicht sein, denn man konnte nicht leicht vergnügtere Gesichter sehen, als die der Mädchen bei dieser Nähstunde im herbstlich bunten Garten.
Die Mädel saßen alle dort, aber wo mochten die Buben sein? Heinrich Frey grübelte darüber, als er weiterging. Er sah nur die Allerkleinsten auf der Gasse spielen, die noch nicht am ersten Schultag zu seufzen brauchten: »Wenn doch erst wieder Ferien wären!« Die großen Buben waren alle unsichtbar, sie waren wohl wieder auf einer der Obststraßen, denn nicht einmal ihr Geschrei war zu hören.
Da und dort grüßte man den jungen Lehrer freundlich. Er redete mit diesem und jenem, und dabei wunderte er sich, daß ihn niemand fragte, ob es ihm hier gefalle. Er wußte nicht, daß die Steinacher meinten, ihr Dorf müsse eben jedem gefallen, weil es so hübsch gelegen war.
Als Heinrich Frey es nach allen Seiten hin durchwandert hatte, beschloß er, da die Sonne noch hoch stand, gleich noch auf den Schafskopf zu gehen, um von dort aus das Land zu überschauen. Eine halbe Stunde, länger dauerte der Aufstieg wohl nicht. Ein Bauersmann gab ihm auf seine Frage bereitwillig Auskunft über den Weg und versicherte dem Lehrer: »'s ist sehr schön da oben, nur nicht, wenn's dunkel ist.«
»Warum nicht? Spukt es da vielleicht?«
Der junge Lehrer lachte, und der Bauer lachte auch. Er sagte nicht ja, er sagte nicht nein, in seinen Augen aber war ein lustiges Blinken, und Heinrich Frey dachte: Wirklich, die Schelme scheinen noch nicht ausgestorben zu sein. Er schlug den beschriebenen Weg zum Schafskopf ein, und um die gleiche Zeit tat dies Frau Besenmüller auch. Oben am Berghang gab es viele wilde Rosen, und deren kleine rote Früchte wollte Frau Besenmüller pflücken. Ihr Mann liebte Hagebuttentee; er meinte, er

sei gut für allerlei Gebrechen im Winter, und darum sorgte die Frau immer beizeiten für einen richtigen Wintervorrat. Es war immer ein schwerer Weg für sie; sie ging nicht gern auf den Schafskopf, selbst am Tage nicht, abends wäre sie um keine Königskrone hinaufgegangen. Sie fürchtete sich, sie meinte immer, von den Schelmen säße noch etwa ein halbes Dutzend in irgendeinem geheimen Gemach, jederzeit zu allerlei Untaten bereit.

Weil sie sich fürchtete, rannte Frau Besenmüller so schnell sie konnte; je früher sie oben war, desto früher war sie wieder unten. Sie kam daher auch viel eher oben an, als der neue Lehrer und begann eifrig zu pflücken. Die wilden Rosen hatten das alte Gemäuer dicht umwachsen. Wo nur ein freies Plätzchen war, hatte sich so ein Rosenbusch hingesetzt und gedacht: Da bin ich und bleib' ich, das ist nun mein Reich. Weil die Sonne immer so warm auf dem Schafskopf ruhte und niemand den Frieden dieses stillen Fleckchens störte, blühten die Rosen meist in üppiger Fülle, und ebenso ungestört wurden kleine rote Hagebutten daraus.

Frau Besenmüller brauchte nur zuzugreifen, ribsch, rabsch, schon füllte sich ihr Korb. Um den Turm herum, von dem freilich nur noch ein kümmerlicher Rest stand, wuchsen die meisten Rosen, und die größten Hagebutten gab es da. Als sich die Schuldienersfrau dem Turm näherte, war es ihr wie immer etwas unheimlich zumute. Sie blickte an dem grauen Gemäuer empor. Nur auf der einen Seite gab es noch eine Fensteröffnung, und aus diesem Loch heraus hing ein Strick.

Frau Besenmüller schrie laut auf, als sie das sah. Sie rannte gleich wieder ein Stück zurück. Wo kam der Strick auf dem verfallenen Turm her? Von unten herauf starrte die Frau zu dem Strick empor – ganz ruhig, unbeweglich hing er da. Von den alten Herren von Steinach konnte er nicht mehr stammen, denn so oft Frau Besenmüller früher hier gewesen war, den Strick hatte sie noch nie gesehen.

Also war jemand hier oben gewesen, jemand hatte den Strick aus dem Fenster gehängt. Wozu? Warum? Und wer war es gewesen? Die Frau seufzte. Sie fürchtete sich und war neugierig, die Furcht trieb sie zurück, die Neugier wieder vorwärts. Sie stand und überlegte eine Zeitlang, sah auf den Strick, der seltsam in der Sonne glänzte und dahing, als müßte es so sein. Und gerade über den allerschönsten Rosenbüschen hing er, an denen die roten Früchte schimmerten und lockten.

Und Frau Besenmüller ließ sich locken. Schritt für Schritt kam sie näher, bis sie vor den Büschen stand. Sie pflückte rasch und eilfertig, rupfte und zupfte, und dabei blinzelte sie immer wieder nach dem Strick. Was war denn das? Er schwankte und zitterte doch hin und her!

Was nur damit los ist? Man müßte mal dran ziehen! Frau Besenmüller überlegte das gerade, als sie Schritte hörte; trapp, trapp kamen sie den Berg herauf.

Sie erschrak sehr, aber da begann ein lustiges Singen, und da Gespenster am hellichten Tage keine Wanderlieder zu singen pflegen, beruhigte sie sich gleich wieder. Eine Weile lauschte sie dann, da sah sie Heinrich Frey den Weg heraufkommen, und sie brummte zufrieden vor sich hin: »Das ist recht, der sieht sich gleich gut um.« Alle Furcht war wie weggeblasen, nur die Neugierde war geblieben, und die trieb sie noch näher an den Strick hin. Sie mußte doch wissen, wie der hierherkam. Was hatte so ein Strick hier zu diesem Loch, das früher ein Fenster gewesen war, herauszuhängen?

»Überall Unordnung! Ärgern muß man sich alleweil«, schalt die Frau, griff rasch nach dem Strick und zog fest daran und –
Heinrich Frey hörte auf einmal ein lautes Geschrei, ein Poltern und Rasseln. Er brach sein Lied jäh ab und war mit ein paar Sätzen am Turm.

»Hilfe, Hiiilfe, uuh, uuh!« schrie Frau Besenmüller. Sie hielt den Strick in der Hand, schwankte mit ihm wie eine Fahne im Winde, während unaufhörlich Mauergeröll purzelnd von oben

herabrieselte.
»Lieber Himmel, was ist das?« Der junge Lehrer hatte die Frau erreicht und hielt sie fest. »Was ist denn geschehen? Lassen Sie doch den Strick los!«
»Huuhhu«, heulte Frau Besenmüller, »er – er – ist – ja verhext!«
»Was, der Strick?«
Heinrich Frey wollte auch danach greifen, aber er zog rasch seine Hand zurück.
»Der klebt ja, der ist mit Vogelleim beschmiert!«
»Huuhhuuh, drinnen sitzt – huhuhu – so ein Gespenst!« Frau Besenmüller zog angstvoll am Strick, der gab jäh nach, und plumps, saß die Schuldienersfrau in den Rosenbüschen. Von dem alten Mauerwerk bröckelte wieder etwas ab, das rieselte zu Boden, und eine Staubwolke stieg empor.
»Holla, das Gespenst wollen wir mal fangen!« Der junge Lehrer hatte flinke Beine, er lief um den Turm herum, fand den Eingang und fand auch die bösen Geister. Ein ganzes Nest voll war es. In dem von drei Seiten nur mit ganz niedrigem Gemäuer umschlossenen Turmviereck wimmelte es von Buben, und Arne Weber hatte Schwetzers Fritz auf den Schultern, und der trug wieder das Jackenknöpfle; so reichten sie knapp bis zum Fensterloch. Jackenknöpfle wollte gerade hinabklettern, als der neue Lehrer erschien. Da wackelte die lebendige Leiter, und Heinrich Frey konnte den Jackenknöpfle gerade noch auffangen und ihn vor einem vielleicht schlimmen Sturz bewahren.
»Kommt mal mit!« Kurz und scharf klang der Befehl, und kein Bub wagte es, auszureißen. Wie eine Schafherde, die in einen Gewittersturm geraten ist, so folgten sie alle ihrem neuen Lehrer. Der führte sie um den Turm herum bis zu der Stelle, wo Frau Besenmüller immer noch einen wilden Kampf mit dem geleimten Strick führte. »Da sind die Gespenster, Frau Besenmüller.«
»Ach du meine Güte, nein, so was!«

Die Frau wäre weniger verdutzt gewesen, wenn Heinrich Frey ein in weiße Bettücher gewickeltes Gespenst oder einen alten, mit Ketten, Schwertern, Harnisch und sonstigem Eisenkram rasselnden Ritter angebracht hätte. »Ach du meine Güte, die verflixten Bengel!«
»So, jetzt helft einmal Frau Besenmüller, von dem Strick loszukommen. Schnell, eins, zwei, drei!«
Zehn Bubenhände und mehr griffen nach dem ungeleimten Ende, sie zerrten und zogen. »Herrje«, schrie Frau Besenmüller, die vorwärtsgezogen wurde, »nicht so wild, du meine Güte!«
Plumps – da saß sie noch einmal in den Rosenbüschen, aber sie war nun doch den unheimlichen Strick los.
»Und nun geschwind, ihr Buben, alle heran und Hagebutten gepflückt! In einer halben Stunde muß der Korb voll sein.«
Wieder klang der Befehl kurz und scharf, und wieder folgten die Buben ohne Zögern. Sie stürzten sich mit wildem Eifer auf die Büsche, rissen ab, was ihnen unter die Finger kam, und Heinrich Frey mahnte: »Nur die roten Früchte, keine grünen Blätter oder Äste oder gar die halben Büsche!«
Da blinzelten die Buben ein wenig nach dem neuen Lehrer hin. Das letzte Wort klang ihnen fast wie ein Spaß, aber zu lachen wagten sie doch nicht, und obgleich sie das Hagebuttenpflücken wenig belustigend fanden, pflückten sie doch wie die Heinzelmännchen.
Frau Besenmüller vergaß darüber vor Staunen jegliches Schimpfen, trotzdem sie sich von ihrem Schreck schon wieder erholt hatte. Sie saß auf einem Mauerrest, rieb sich die Hände an der Schürze sauber und sah zu. Wie eine leibhaftige Prinzessin, dachte sie, obgleich sie mit ihrem blauen Kopftuch und der großen Küchenschürze nicht gerade einer Prinzessin glich.
Von den Buben kam auch keiner auf den Gedanken, Frau Besenmüller mit einer Prinzessin zu vergleichen, sie waren sogar alle miteinander etwas wütend auf die arme Frau. Warum hatte

sie nur auch gleich so geschrien? Wegen so einem bißchen Vogelleim?
»Sie brauchte den Strick doch nicht anzufassen!« brummte Jakkenknöpfle. Aber er pflückte trotzdem so geschwind wie die andern. Ritsch, ratsch, da! Die roten Früchte kollerten in den Korb, und sehr bald war der voll und die Rosenbüsche kahl.
»So ist's recht!«, lobte der Lehrer. »Und nun tragen zwei der Frau Besenmüller den Korb nach Hause. Wer hat den Plan ausgeheckt, den Strick mit Leim zu beschmieren?«
Einen Augenblick herrschte tiefe Stille, dann trat Arne vor. Er trug den blonden Kopf ganz hoch, und der junge Lehrer lächelte ein wenig, feig war der Bub also nicht. Aber noch war Arne nicht am Korb, da faßte schon Schwetzers Fritz mit an.
»Also ihr beide seid die Anstifter? Na, gut —«
»Nein, Schwetzers Fritz nicht, der nicht!« Sechs Stimmen riefen es auf einmal, und Heinrich Frey sah etwas erstaunt auf Fritz.
»Warum trittst du dann vor?«
Fritz hätte schon gern eine Antwort gegeben, aber so etwas mußte bei ihm doch Zeit haben. Er blickte in die Luft, als erwarte er eine Antwort vom Himmel herunter, und da sagte auch schon der neue Lehrer: »Vielleicht hast du's gedacht?« Er nickte den beiden freundlich zu. »Tragt den Korb aber vorsichtig, damit nichts herausfällt.«
Die beiden trabten los, Frau Besenmüller wanderte hinterher. Sie kam sich nun wirklich wie eine leibhaftige Prinzessin vor. Weil sie so schnell und mühelos ihre Hagebutten geerntet hatte, war ihr Herz mild und versöhnlich gestimmt, und vor dem Schulhaus sagte sie gnädig: »Wartet ein bißchen, ihr sollt auch ein Stück Kuchen bekommen!«
Sie brachte zwei riesige Kuchenstücke, von dem mit Leim beschmierten Strick sagte sie nichts mehr, und Arne und Fritz fanden den Kuchenlohn auch nur gerecht. Sie zogen vergnügt von dannen, kauten mit vollen Backen und hofften, sie würden bald ihre Gefährten treffen. So war es auch. Die kamen ihnen auf

halbem Wege entgegen, und sie schrien gleich: »Ihr eßt ja Zwetschkenkuchen!«
»Na ja, von der Besenmüllerin!« Arne stopfte schnell sein letztes Stück in den Mund, Fritz war schon fertig. Das war sicherer.
»Hast du denn das wirklich gedacht mit dem Strick!« forschte Jackenknöpfle eifrig, während die andern maulten: »Wir haben keinen Kuchen gekriegt!«
»Hm, na ja!« Schwetzers Fritz nickte strahlend. Ihm gefiel der neue Lehrer sehr gut. Bei dem brauchte er sich gewiß nicht mit Sprechen anzustrengen, der las einem ja die Gedanken an der Nasenspitze ab. »Hurra!« schrie er plötzlich und machte einen Luftsprung.
»Hurra!« schrien die andern und machten es ihm nach. Und dann trabten sie alle vergnügt dem Walde zu. Es war ja Samstag, und die Sonne stand noch am Himmel, da war noch Zeit für die allerschönsten Spiele.
»Hurra, hurra!«
Der junge Lehrer Heinrich Frey hörte das Freudengeschrei oben auf dem Burgberg. Lächelnd schaute er ins Tal und dachte: Wirklich, es scheint so, die Schelme von Steinach leben noch immer!

Schloß Moorheide

Ob es in der zweiten Nacht, die Frau Frey – die ihrem Sohn gefolgt war – in Steinach zubrachte, der Mond vergaß, mit der Sonne zu reden, ob sie sich stritten – wer kann es wissen? – Jedenfalls blieb die Sonne am nächsten Morgen in ihrer warmen Sonnenstube. Grau hing der Himmel über dem Dorf, und dann begann es zu schneien. Erst sacht und sanft, dann wurden die Flocken größer, sie wirbelten und tanzten in der Luft herum,

und ganz Steinach versank allmählich in ein weiches, weißes Schneebett. Es wurde so gemütlich, so weihnachtlich, daß man das ganze Dorf mit seinen weißbeschneiten Dächern, den hohen Schneewällen ringsum, gleich in ein Weihnachtsbilderbuch hätte setzen können. Durch den Schnee kamen eines Tages ein paar große Wagen vom Bahnhof gefahren: der Hausrat der alten Frau Frey. Und nun schaffte diese emsig im Haus, Frau Besenmüller half ihr, und selbst Besenmüller mußte mit anfassen. Aus dem Pfarrhaus kam Fräulein Regine, die immer ausrief: »Wie hübsch das ist, wie hübsch!«
Manches Stück aus der Großmutterzeit war unter den Sachen, das paßte gut in die große Stube des Schulhauses, viel besser als in die enge kleine Mietwohnung in der großen Stadt. Mutter und Sohn staunten selbst, wie schön die Wohnung aussah, und als dann die Bücherkisten kamen und Heinrich Frey seine geliebte Lektüre wieder hatte, da fand auch er es nicht mehr so einsam in Steinach.
Draußen wurde es immer weihnachtlicher. Die Kinder sangen Weihnachtslieder, wo sie gingen und standen, und keiner schalt, wenn die Brummer auch mitsangen. Hinzpeters Malchen sang manchmal noch im Bett die bekannten Lieder. Im Schulhaus hörte die alte Frau Lehrer das frohe Singen auch, und sie meinte, seit vielen, vielen Jahren sei es ihr noch nie so weihnachtlich zumute gewesen wie hier in Steinach. Ihr fielen immer wieder heitere Geschehnisse ein, die sie einst im Elternhaus unter dem Adventkranz erlebt hatte, und eines Tages wanderte sie selbst in den Wald, holte sich Tannenzweige, wand einen Adventkranz, steckte drei Lichter darauf, denn so weit war die Zeit nun schon vorgeschritten, und dann lud sie die Schulkinder zu einer Adventfeier ein.
So etwas hatte es noch nie in Steinach gegeben, und sämtliche Spatzen im ganzen Land zusammen konnten nicht so neugierig sein wie die Steinacher Kinder. Die hatten es an diesem Sonntagnachmittag ungeheuer eilig, in das Schulhaus zu kommen.

Eine Stunde früher als angesagt waren sie schon da. Aber Frau Besenmüller war auch da, und die fand gar nicht, daß es nötig sei, auch nur eine Minute früher zu kommen. »Geht nur wieder«, sagte sie, hartherzig, wie die Kinder fanden, »ich bimmle schon!« Und klapp, schloß sie ihnen die Tür vor der Nase zu.
»Frech!« rief Arne.
»Die Besenmüllerin ist komisch!« brummten einige.
»Da steht die Bimmel!« Zimplichs Max rief es laut. Die andern folgten mit ihren Blicken seinem Zeigefinger, und da sahen sie wirklich alle außen im Türwinkel die große Schulglocke stehen. Frau Besenmüller hatte sie am Morgen in Gedanken vor die Haustür statt hinter diese gestellt.
Die Schulklingel! Die liebten und haßten die Kinder gleichzeitig. Manchmal atmeten besonders die Faulpelze auf, wenn sie ertönte, weil endlich die Stunde aus war. Ein andermal ärgerten sie sich wieder über den hellen Ton, wenn er ihnen mitten in ein lustiges Spiel hineinfuhr. Und nun stand dieses Ding, das eine Stimme hatte, und beinahe wie ein lebendiges Wesen war, vor ihnen, unbeschützt von Frau Besenmüller.
»Wir bimmeln!« riefen Arne und Malchen.
»Ach ja, wir bimmeln«, schrien ein paar andere.
»Nein, wir verstecken die Klingel.« Zimplichs Max und Jackenknöpfle schrien es, und gleich schrien die andern: »Wir verstecken sie, hurra, fein!« Ein paar stürzten auf die Klingel los, und Schmiedmeister Traugotts Hans warnte: »Haltet den Klöppel fest.«
Die Warnung kam zur rechten Zeit, der Klöppel wurde festgehalten, die Schulglocke mußte stumm bleiben. Sie konnte nicht rufen und nicht anklagen, sie mußte es dulden, daß sie von schlimmen Buben und kichernden Mädchen in Besenmüllers Holzschuppen getragen wurde. Dort erhielt sie ihren Platz auf einem hochgeschichteten Holzstoß, und da saß sie und mußte schweigend warten, bis Frau Besenmüller einmal kommen und Holz holen würde.

Die Kinder zogen sich wieder vor das Schulhaus zurück, sie freuten sich schon über Frau Besenmüllers Erstaunen, wenn sie die Klingel nicht fand. Sie wollten ihr dann suchen helfen, das gab gewiß einen Hauptspaß.
Es kam aber anders. Fräulein Regine aus dem Pfarrhaus traf auch vorzeitig ein. Und Fräulein Regine ließ Frau Besenmüller nicht draußen stehen, und weil das junge Mädchen sagte, es sei so kalt draußen, die Kinder sollten doch lieber auch gleich ins Haus gehen, machte die Schuldienersfrau wirklich die Tür weit auf, und alle liefen schwatzend und lachend in das schöne, alte Haus hinein. Einige dachten: Nun braucht die Besenmüllerin die Bimmel nicht zu suchen, schade! Aber dann vergaßen sie bald die arme, verlassene Schulklingel im Holzstall, denn es wurde sehr fein.
Frau Frey hatte lange kein Adventfest gefeiert, und sie hätte wohl auch die Kinder nicht zur Adventfeier eingeladen, wenn nicht Fräulein Regine ihr geholfen hätte. Aber Fräulein Regine konnte singen, die allerschönsten Lieder, sie konnte erzählen und plaudern, und dann konnte sie lachen. So aus vollem Herzen zu lachen wie Fräulein Regine konnte nicht so bald jemand, und dieses Lachen steckte an. Die große Schulstube sah an diesem Nachmittag lauter heitere, lachende Gesichter, trotzdem der neue Lehrer, vor dem die Kinder immer noch ein wenig Angst hatten, auch im Zimmer blieb. Auch Frau Besenmüller saß mit darin und ihr Mann, der emsig an einem rosaroten Strumpf strickte. Frau Frey zeigte den Kindern, wie sie alle die bunten Papierstreifen, von denen sie eine große Schachtel voll vor sich stehen hatte, zu Ketten zusammenkleben konnten. So etwas hatten die Steinacher Kinder noch nie getan, und sie fanden, es sei eine lustige Beschäftigung.
Fräulein Regine erzählte dazu das Märchen vom Vater Strohwisch, und dazwischen wurden Lieder gesungen. An einer Geschichte hatten die Kinder aber nicht genug, und sie baten um weitere.

»Mutter, erzähle den Kindern doch einmal die Geschichte aus Urgroßvaters Jugendzeit«, bat Heinrich Frey. »Sie ist zwar ernst, aber eigentlich ist es eine Adventgeschichte, wenn sie auch im Sommer beginnt.«
»Sie ist zu lang«, warf die Mutter ein.
»Ach nein«, schrien die Kinder, gerade als wüßten sie genau, wie lang die unbekannte Geschichte sei. Und selbst Besenmüller, der unentwegt und stumm an seinem rosaroten Strumpf gestrickt hatte, tat seinen Mund auf und sagte: »Zu lang ist eine Geschichte nicht leicht, wenn sie schön ist.«
»Ob sie schön ist, müßt ihr nachher selbst entscheiden«, sagte Frau Frey. »Sie ist lustig und ernst, und der Försterbub darin war mein Großvater. Es ist also eine wahre Geschichte, und das ist auch etwas wert. Nennen werde ich sie

Schloß Moorheide

An einem See, der von einem dunklen Tannenwald umschlossen war, lag ein graues Haus. Es wurde Schloß Moorheide genannt, obgleich der einfache Bau nichts Schloßartiges an sich hatte. Nur die breite Freitreppe, die vom Eingang hinab in einen ziemlichen wilden Garten führte, verlieh dem Haus ein vornehmes Aussehen. Am Fuße dieser Treppe stand an einem schönen Sommertag des Jahres 1812 ein kleines Mädchen, ein feines, zierliches Ding mit braunen Locken und veilchenblauen Augen.
Vor ihr stand, die Hände in den Hosentaschen, ein etwas größerer Bub. Er war halb städtisch, halb bäuerlich gekleidet, und sein braungebranntes Gesicht stach gegen seine flachsblonden Haare ab. Dem kleinen Kerl sah man es an, daß er in Wind und Wetter draußen war, und seine blitzenden Augen verrieten, daß er auch zu tollkühnen Unternehmungen gern bereit war.
›Du bist feige‹, sprach er grollend zu seiner Gefährtin.

Sabina von Hartenstein, so hieß das zierliche Mädchen, schüttelte traurig den Kopf. ›Ich darf doch nicht‹, sagte sie, und ein sehnsüchtiger Blick flog zum Wald hin; in ihren Augen aber stand: Ich möchte schon!
›Frag doch deine Frau Mutter‹, drängte der Bub. ›Pah, mit mir kannst du doch in den Wald gehen‹, fügte er ein bißchen prahlerisch hinzu und reckte die Stupsnase gewaltig in die Höhe.
Binchen, so wurde Sabina gerufen, lachte schelmisch: ›Du tust ja gerade, als wärst du mindestens ein Ritter, Heiner. Großmutter sagt, es sei jetzt so unsicher im Wald, man müsse immer damit rechnen, Soldaten zu begegnen, und du weißt‹ – sie sprach nicht weiter, aber ein scheuer Blick flog zu dem Hause hinauf. Oben stand ein Fenster offen, und manchmal hörte man Männerstimmen in der friedlichen Nachmittagsstille.
Heiner Strohmanns hellblaue Augen blinzelten, und er schaute mit ehrfurchtsvoller Bewunderung an dem Haus hinauf.
Der Bub war der Sohn des Försters, sein Vater wohnte nicht allzuweit vom Schloß entfernt im Walde. Fast täglich kam Heiner in das Schloß, denn Binchen war seine liebste Spielgefährtin; die beiden streiften dann oft stundenlang in den weiten, sich bis an die russische Grenze hinziehenden Wäldern umher. Heiner kannte jeden Weg und Steg so gut, daß er sich selbst im Dunkeln zurechtfinden konnte. Er kannte aber auch jeden Vogelruf, er wußte, wo die Rehe ästen, wo Füchse, Dachse und andere Tiere hausten, und oft genug hatte er seiner kleinen Freundin schon die Wunder des Waldes gezeigt. Heute hatte er ihr einen Fuchsbau zeigen wollen. Er hatte vor etlichen Tagen die jungen Füchslein beobachtet; morgen wollte sein Vater den gazen Bau ausheben, da wollte er Binchen noch rasch vorher hinführen. Es kam ihm sehr ungelegen, daß Frau von Hartenstein ihrer Tochter verboten hatte, im Wald umherzustreifen. Noch waren nämlich die Truppen des Kaisers Napoleon auf dem Durchmarsch nach Rußland begriffen. Napoleon nannte den König der Preußen zwar jetzt seinen Freund und Bundes-

genossen, aber davon merkte man beim Durchmarsch seines Heeres sehr wenig.

Nach Schloß Moorheide, das abseits von der großen Heerstraße lag, waren bisher noch keine Soldaten gekommen. Auch das nahe Dorf war bis jetzt noch verschont geblieben, Vorspanne, Schlachtvieh und Lebensmittel aller Art stellen zu müssen.

Auf Moorheide wohnten schon seit einigen Generationen die Hartensteins. Der alte Herr Jobst von Hartenstein, der derzeitige Besitzer, war schon lange verwitwet. Bei ihm lebte seine Schwiegertochter mit ihrem Töchterchen Sabina. Ihr Mann war tot; wenige Wochen nach Binchens Geburt war er gestorben. Die Kleine dachte oft sehnsüchtig an den Vater, den sie nie gekannt hatte und den sie doch so liebte, weil alle Menschen, die von ihm sprachen, nur Gutes von ihm zu erzählen wußten.

Wenn aber auf den Nachbargütern der Name Ferdinand von Hartenstein genannt wurde, dann schwiegen meist alle dazu, die Männer schauten ernst und betrübt drein, und die Frauen hatten Tränen in den Augen. Auch in dem etwas düsteren Schloß am See, wurde dieser Name nur leise und voller Trauer genannt, und der Großvater, der seit einem Jagdunfall gelähmt war, sprach fast nie seinen Namen aus. Ferdinand war sein Enkelsohn, Sabinas zehn Jahre älterer Bruder. Der begeisterte Jüngling hatte sich in seiner heißen Vaterlandsliebe dem Schillschen Korps angeschlossen, er hatte fliehen müssen und war in einer grauen Nebelnacht nach Schweden entkommen. Die Mutter trauerte tief um diesen letzten Sohn. Der älteste war einst bei Jena gefallen. Der Großvater sehnte sich nach dem fernen Enkel, und Binchen hatte dem Bruder schon viele Tränen nachgeweint. Mit ihrem Freund Heiner Strohmann sprach sie oft von dem Bruder. Der Bub bewunderte den Geflohenen als Helden, und er wurde nie müde, von ihm zu hören. Wie der Bruder aussah, wußte Binchen freilich selbst nicht mehr genau.

Schon seit sieben Jahren hatte sie ihn nicht mehr gesehen, und sein Bild hielt die Mutter verborgen. So konnte sich auch niemand von den Hausgenossen recht an den jungen Herrn erinnern.
›Ob er es wirklich ist?‹ fragte Heiner jetzt voll ehrfürchtiger Scheu, und sein Blick streifte rasch das offene Fenster.
Binchen legte ihre Arme um den Hals des Kameraden und flüsterte, obgleich nirgends ein Mensch zu sehen war: ›Ich denke, er muß es sein. Und weißt du, er ist gekommen, weil Großvater so lange, lange krank war.‹
›Wenn ich ihn nur einmal sehen könnte, nur ein einziges Mal!‹ rief Heiner laut und aufgeregt.
Binchen hielt ihm rasch den Mund zu. ›Schrei doch nicht so, Stepke!‹ schalt sie ärgerlich.
Heiner wurde ein bißchen verlegen. Stepke nannte ihn seine kleine Freundin immer, wenn er gar zu wild und jungenhaft war, und darum konnte er den Namen nicht leiden. Er grollte auch jetzt: ›Brauchst mich nicht gleich Stepke zu nennen, wenn ich einmal ein bißchen laut rede. Ihr Marjellen seid auch zu zimperlich!‹
Marjell ließ sich nun wieder Binchen sonst nicht gern nennen, sie war an diesem Tag aber viel zu aufgeregt, um auf solche Kleinigkeiten zu achten. ›Wenn du ganz leise gehen willst, weißt du, auf den Zehenspitzen und ohne Stiefel, dann führe ich dich in die blaue Stube. Die hat nämlich ein Fenster zum Zimmer des Großvaters, und wenn wir ganz vorsichtig sind, dann können wir da rasch einmal hindurchsehen; der Vorhang ist fast immer nur halb zu.‹
Heiner hätte beinahe einen lauten Jauchzer ausgestoßen, er besann sich aber noch rechtzeitig auf Binchens Mahnung zur Stille und hielt sich geschwind seine kleine braune Hand vor den Mund.
Einige Minuten später schlichen die Kinder auf Strümpfen durch das Haus, während ihre Schuhe einträchtig nebeneinan-

der in einem dichten Holunderbusch im Garten standen. Sabina führte Heiner Strohmann durch einige Zimmer, bis sie aufatmend einige Augenblicke stillstand. Nebenan war das blaue Zimmer, und von dort aus konnten sie in Großvaters Arbeitszimmer sehen. Es hatte dem Mädchen niemand verboten, das blaue Zimmer zu betreten, es hatte schon oft durch das Fenster geschaut und dem Großvater zugenickt und zugelacht. Dennoch zögerte Sabina jetzt. War es nicht doch etwas Heimliches, was sie nun tun wollte? Warum wagte sie eigentlich nicht, Heiner einfach in das Zimmer zu führen?
Seit zwei Tagen waren Gäste im Haus, zwei junge Männer. Ihre Namen wußten außer dem Großvater und der Mutter nur noch Förster Strohmann und die alte, treue Marinka. Die aber waren beide verschwiegen und hätten sich eher die Zunge abgebissen, bevor sie ein ihnen anvertrautes Geheimnis verraten hätten. Obwohl niemand über das Woher und Wohin der Fremden etwas wußte, sagten es doch alle im Hause, von der Köchin Lisabetha an bis hinab zu dem kleinen frechen Pferdeknecht Michael, daß der Jüngere der Fremden kein anderer sei als Herr Ferdinand, der geflüchtete Sohn des Hauses. Auch Sabina glaubte es halb und halb, und sie hätte so gern den Fremden als Bruder angeredet, aber sie sah ihn wenig; fast immer waren die beiden Gäste in dem Zimmer des kranken Großvaters. Kam er aber einmal in das Wohnzimmer und sprach mit ihr, dann schwieg sie befangen, ja dann schien es ihr kaum möglich, daß dieser Mann mit dem ernsten Gesicht, der breiten, roten Narbe über der rechten Wange, ihr Bruder sein sollte, so fremd kam er ihr vor, und sie meinte, der fröhliche Jüngling der sie einst als kleines dummes Marjellchen oft samt ihrer Puppe Rosalinde spazierengefahren hatte, sei doch ein ganz anderer gewesen.
Sabina hatte auch ihrem Freund Heiner ihre Zweifel nicht verschwiegen, aber der hatte versichert: ›Wenn ich ihn nur eine Minute sehen könnte, ich wüßte ganz bestimmt, ob er's ist.‹

Und dabei war der Bub bei des jungen Herrn Abschied auch erst ein Dreikäsehoch gewesen!
Aber die Kleine glaubte dem Freund seine kühne Behauptung und darum schlichen sie jetzt alle beide in die blaue Stube, um den geheimnisvollen Fremden zu sehen. Sabinas Herz schlug so laut, daß sie meinte, man müsse sein Pochen drin im Nebenzimmer hören; sie wagte kaum einen Blick durch das nur lose verhängte kleine Fenster, das nach altmodischer Bauweise in die Zimmerwand eingelassen war. ›Guckerchen‹ nannte man es im Hause, und am Guckerchen stand nun Heiner und starrte mit begierigen Augen hinüber. ›Er ist's‹, flüsterte er der Freundin zu, die ihm rasch und angstvoll den Mund zuhielt, während ihre Augen flehten: ›Sprich nicht, sei leise!‹
Drinnen in dem Zimmer saß in einem Lehnstuhl Sabinas Großvater. Sein bleiches Gesicht trug die Spuren langer Krankheit, und blaß und schmal lagen die Hände auf der dicken Decke, in die er sich trotz der Sonnenwärme gehüllt hatte. Die schönen, klaren Augen des alten Herrn ruhten liebevoll auf einem jungen Mann, der auf einem niedrigen Schemel vor ihm saß und ihm etwas zu erzählen schien. Was er sagte, verstanden die beiden Eindringlinge am Guckerchen nicht. Sabina zitterte wie ein Grashalm im Wind vor Aufregung, ihr Freund aber hatte ganz vergessen, wo er sich befand. Der braunlockige junge Mann mit den grauen, kühn blitzenden Augen, der zu Füßen des Gutsherrn saß, das mußte er sein: Ferdinand, der Held.
Doch da zupfte ihn Sabina am Jackenzipfel, das sollte heißen: Komm, komm! Die Kleine hatte gesehen, daß nur noch der andere Gast, ein hochgewachsener, schlanker, blonder Mann, der aber wohl erheblich älter als sein Freund sein mochte, in Großvaters Zimmer war. Die Mutter fehlte, und Sabina fürchtete, sie könnte zufällig ins blaue Zimmer kommen und sie beide am Guckerchen finden. Endlich gelang es ihr mit Zupfen und zaghaftem Flüstern, den Kameraden fortzulocken. Leise huschten beide wieder hinaus, unten im Garten aber sprang Heiner

Strohmann hoch in die Luft vor Freude und rief: ›Er ist's, ganz gewiß, er ist's! Den erkennt –‹
›Binchen, Heiner!‹ rief Frau von Hartenstein. Sabina konnte noch gerade in ihre Schuhe schlüpfen, ehe die Mutter aus dem Hause trat.
›Frag wegen der Füchse!‹ tuschelte ihr Heiner so laut zu, daß seine kleine Freundin gar nicht erst zu fragen brauchte.
Die Mutter hatte es gehört und wollte nun wissen, was mit den Füchsen los sei. Sie lachte, als Heiner Strohmann die Fuchsfamilie begeistert schilderte und treuherzig hinzusetzte, mit ihm könne Binchen schon gehen, der Bau sei kaum eine halbe Stunde weit von hier; außerdem werde sein Vater vielleicht ganz in der Nähe sein, er habe heute früh davon gesprochen.
›Nun, meinetwegen, lauft‹, sagte Frau von Hartenstein freundlich, ›aber bleibt nicht zu lange. Bittet Marinka, daß sie euch ein Vesperbrot mitgibt.‹
Die Kinder jauchzten, Sabina umarmte die Mutter stürmisch, und weil ihr Gewissen wegen des heimlichen Schauens durch das Guckerchen nicht ganz leicht war, nahm sie einen so zärtlichen Abschied von der Mutter, als ginge sie auf eine große Reise. Da wurde der Frau das Herz seltsam schwer. Sie preßte ihr Kind fest an sich und sagte mit einem ängstlichen Unterton in ihrer Stimme: ›Gib mir gut acht auf mein Mädel, Heiner!‹
Das versprach der Bub eifrig, und bald darauf trabten die beiden Kinder dem Wald zu. Die halbe Stunde, die Heiner als Entfernung angegeben, hatte ein tüchtiges Schwänzchen. So geschwind die Buben- und Mädchenbeine auch über den grünen Waldboden liefen, es dauerte doch über eine Stunde, ehe sie am Fuchsbau anlangten. Sie hatten zuletzt die Landstraße überschreiten müssen, die in einem Bogen um Schloß Moorheide herum in die nächste Stadt führte. Eine Seitenstraße ging von ihr aus zu dem einsamen Gutshof und dem benachbarten Dorf ab.
›Bis an die Landstraße sollte ich aber nicht gehen‹, sagte Bin-

chen zaghaft beim Überschreiten, ›Mutter hat es streng verboten!‹
›Pah, was ist dabei!‹ meinte Heiner. ›Komm nur rasch! Eins, zwei, drei sind wir drüben. Wir gehen doch nicht die Straße entlang, und ob wir jenseits durch den Wald laufen oder hier, ist doch gleich.‹
Sabina ließ sich nur zu gern überreden, und husch, liefen beide über die Straße. Die breiten Gräben links und rechts am Wegrand wurden mit kühnem Sprung genommen, und dann tauchten die Kinder drüben in der grünen Dämmerung wieder unter. Üppiger Laubwald drängte sich zwischen den Nadelwald hinein. Weil die Vögel hier Nester bauen konnten und ein kleiner Waldsee auch Wasservögel beherbergte, so schwirrte, sang, kreischte, röhrte und schnatterte das oben und unten lustig durcheinander. In all das Vogelgeschwätz hinein aber sagte Sabinchen: ›Horch doch einmal, was da so dröhnt. Es hört sich an wie Donner, was ist das nur?‹
›Es wird ein Wagen auf der Landstraße sein‹, sagte Heiner achtlos, denn seine ganze Aufmerksamkeit galt dem Fuchsbau. Dort mußte er doch sein, dort, wo die Sonne durch eine Lücke drang und einen großen, hellen Fleck auf den Waldboden malte. Aber die Füchslein lagen nicht wie am Tage vorher vor dem Bau und sonnten sich. Alle miteinander steckten sie in ihrer dunklen Wohnstube, und nicht eine einzige rote Fuchsrute war zu sehen.
›Das ist doch zu dumm‹, brummte Heiner. ›Wir müssen warten. Komm, wir legen uns hier auf den Boden. Ich habe aber auch ein Feuerzeug mit, und wenn sie nicht kommen, räuchere ich sie aus.‹
Dieser Plan war Sabinchen etwas zu abenteuerlich; sie meinte, man sollte es lieber mit Warten versuchen. Erst steckte sie aber neugierig ihr Näschen in den Fuchsbau hinein, sie fuhr aber geschwind wieder zurück und rief verächtlich: ›Pfui, wie das da drin riecht, brr! Na, weißt du, wegen diesen Stinktieren hätten

wir nicht so weit zu laufen brauchen!‹
›Wart doch ab, bis sie herauskommen, dann werden sie dir schon gefallen!‹ murrte Heiner Strohmann gekränkt. ›Aber wenn du plapperst und schreist wie eine Elster, dann natürlich, dann können wir lange warten. Auf der Jagd hält man den Schnabel!‹
Des Freundes Strafrede verfehlte ihre Wirkung, denn Sabinchen kicherte so vergnügt darüber, daß es die Fuchsfamilie im Bau sicher hören mußte. Endlich tat ihr aber Heiner, der ein betrübtes Gesicht machte, leid, sie versprach, still zu sein, und beide legten sich dann wie richtige Jäger lang auf den grünen, weichen Waldboden nieder, um die Füchse zu belauschen. Doch kaum hatten sie sich hingelegt, da sprangen sie auch schon wieder entsetzt auf und starrten einander schreckensbleich an. Der ganze Boden dröhnte. Das konnte nicht nur ein Wagen sein, der die Landstraße entlang fuhr, es mußten viele sein, und viele Menschen, die da marschierten.
›Es sind Feinde‹, stammelte Heiner, ›Franzosen!‹ Alle Schrekkensgeschichten fielen ihm ein, die man sich noch in der Gegend von ihnen erzählte.
Sabinchen wiederholte angstvoll: ›Feinde!‹
›Wir müssen uns verstecken‹, sagte Heiner, ohne lange zu zögern, ›wir sind hier zu nahe an der Straße, dein weißes Kleid kann man schon von weitem sehen.‹ Er zog seine kleine Freundin mit einem kräftigen Ruck in einen Graben hinein, der durch den Wald lief. Er war trocken und von bunten Blumen überwachsen; in diesem duftigen Blütenbett versanken die Kinder fast vollständig. Einige Minuten saßen sie stumm, fast betäubt von dem Schrecken, während das dumpfe Dröhnen lauter und unheimlicher durch den Wald klang.
›Wenn sie unser Haus finden und dort eindringen!‹ flüsterte Sabinchen zitternd.
›Und deinen Bruder! Den – den nehmen sie gefangen, er ist doch ein Flüchtling‹, sagte Heiner, und sein sonst so ver-

schmitztes Bubengesicht war tiefernst geworden.
Das Mädchen schmiegte sich bebend an den Freund und schluchzte leise: ›Oh, der arme Ferdinand! Ach Heiner, wir müssen nach Hause una es ihm sagen!‹
Sie wußte nur zu gut, daß Heiner mit seiner Befürchtung recht hatte. Erst gestern hatte sie gehört, wie Lisabetha sagte: ›Wenn nur keine Franzosen kommen! Die nehmen den jungen Herrn gleich mit oder schießen ihn mausetot.‹ Und dann hatten die Mägde und Knechte schauerliche Geschichten erzählt, von den jungen Offizieren, die Napoleon in Wesel hatte erschießen lassen, und von noch manch anderen schrecklichen Ereignissen. Sabinchen hatte schaudernd in einer Ecke gesessen und gelauscht – jetzt kam ihr alles wieder ins Gedächtnis, und aufgeregt flehte sie: ›Komm, wir müssen zurück!‹
Heiner schüttelte nachdenklich den Kopf: ›Hör nur, sie müssen schon ziemlich nahe sein, und wenn wir über die Straße zurück laufen, dann sieht man uns, und dann – nein, das geht nicht.‹
›Wir rennen eine Weile am Rande des Waldes entlang und dann schnell hinüber!‹ rief Sabinchen.
Der Bub betrachtete seine Gefährtin. ›Dein weißes Kleid kann uns verraten!‹ Er wußte als Förstersohn zu gut, daß etwas Weißes im Wald weithin leuchtet, deshalb wagte er sich mit seiner Freundin nicht zu nahe an den Rand. Er allein wäre ohne zu überlegen über die Straße gelaufen, aber er durfte Sabinchen nicht verlassen. Er fühlte sich als ihr Beschützer. Er hatte versprochen, das Mädchen sicher heimzubringen.
›Ach, wenn ich doch dunkel angezogen wäre‹, schluchzte das Mädel, ›dann könnten wir schnell vierbeinig über die Straße laufen, und die Franzosen dächten, es wären Rehe, und –‹
›– schießen auf uns!‹ vollendete Heiner. Da schwieg Sabinchen verzagt und lauschte bebend auf den Lärm, der mehr und mehr den Wald erfüllte.
›Wir müssen aber hinüber‹, überlegte Heiner, ›und zwar rasch. Wir müssen doch alle zu Hause warnen!‹ Und er meinte, das

einzige Hindernis sei Sabinchens weißes Kleid. Daß den Soldaten auch dunkle, über den Weg huschende Gestalten verdächtig sein könnten, darauf kam er nicht.
Auf einmal aber hatte er einen rettenden Gedanken; ja so mußte es gehen, so. Hier ganz in der Nähe war ein Moorloch. Sein Vater hatte ihn einmal gewarnt, dem Loch zu nahe zu kommen, er hatte ihm auch die Stelle gezeigt, wo der feste Grund begann. In das Moorloch mußte Sabina ihr weißes Kleid tauchen, es darin dunkel färben, dann war das Rennen über die Straße ungefährlich. Hastig teilte er seiner Gefährtin den Plan mit, und die fand ihn auch sehr schlau. ›Ausziehen tu' ich mich nicht erst, das dauert zu lange, ich steig' gleich mit dem Kleid hinein‹, sagte sie entschlossen.
Heiner nickte. Ja, so war es ihm auch recht; er wollte sie halten, damit sie nicht im Moor versinken konnte, denn wirklich, das Umziehen hätte zu lange gedauert. Sabinchen war sonst ein kleiner Angsthase, aber in dieser Stunde vergaß sie alles. Sie war zu allem bereit, nur heim mußte sie so rasch wie möglich, heim, alle warnen und bei der Mutter sein. Wie sehr sie sich jetzt nach der Mutter sehnte! In wenigen Minuten waren die Kinder an dem Moorloch angelangt; wie die Rehe sprangen sie durch den Wald und vergaßen in ihrem Eifer, daß scharfe Augen sie jetzt gut von der Straße aus hätten sehen können.
Doch dort befanden sich jetzt noch keine Soldaten, nur der Schall ihrer Schritte, das Rasseln und Rollen ihrer schweren Wagen kam immer näher wie ein aufziehendes Unwetter.
›Hier ist das Loch!‹ frohlockte Heiner und führte seine kleine Freundin ein Stück auf dem festen Boden entlang ins Moor hinein. Ein Busch stand am Rand, an dem machte Heiner halt und sagte: ›Hier kannst du hinein, ich halt' dich fest. Hab' keine Angst, du versinkst nicht!‹
Und Sabina trat in ihrem weißen Kleidchen ganz still und ergeben auf die Moordecke. Sie stand ein Weilchen drauf wie eine weiße, helle Blüte, auf einmal aber begann sie zu sinken, nicht

tief, nur bis an die Knie, da fühlte sie schon wieder festen Boden unter sich. ›Es geht nicht weiter!‹ klagte sie. Aber Heiner, über den im Augenblick, da Sabina zu sinken begann, eine jähe Angst gekommen war, sagte ganz beruhigt: ›Das ist ganz gut, dann legst du dich hin, dabei besteht keine Gefahr. Dreh' dich ein bißchen im Moor herum, dann bist du dunkel genug.‹
Sabina befolgte auch diesen Rat des Freundes. Sie drehte sich geschwind im Moor herum und geriet mit dem Gesicht hinein, aber da riß Heiner sie schon wieder mit kühnem Griff empor und zog sie auf den festen Boden zurück. Aus der weißen, feinen Lilie war nun auf einmal ein kleines, grünbraunes Ungeheuer geworden. Ein dicklicher Brei rann an ihr herunter, klebte im Gesicht, an den Händen und troff aus den dunklen Locken.
›Himmel!‹ stammelte Heiner, nun doch entsetzt von dem Anblick, ›du siehst ja gräßlich aus!‹«
»Fein ist das!« rief hier Jackenknöpfle andächtig; ihm gefiel dieses Moorbad ungemein.
Die andern tuschelten: »Sei doch still, jetzt wollen sie doch hinüberlaufen!«
Frau Frey hielt einen Augenblick inne, und dann fuhr sie fort, während ihr Blick freundlich die Kinder streifte: »Sabinchen schluckte und pustete, weil ihr der Schlamm in den Mund gekommen war; als sie endlich Luft bekam, sagte sie tapfer: ›Ach, was schadet das, komm nur schnell, schnell heim!‹
›Wirst du überhaupt so rasch laufen können?‹ fragte der Bub besorgt.
Die Kleine aber nickte nur, denn das Sprechen war beschwerlich: wenn sie den Mund auftat, lief ihr Schlamm hinein. Heiner sah die Freundin stolz an, und er fand, weil diese sich so tapfer verhielt, daß sein Plan doch ausnehmend gescheit gewesen war.
›Komm!‹ sagte er rasch, faßte Sabinas Hand, und beide eilten weiter durch den Wald.

Nach einem Weilchen gebot der Junge: ›Leg dich einmal auf die Erde, ich klettere geschwind auf einem Baum und sehe, ob wir hier hinüberkommen können.‹ Und wieder gehorchte Sabina wortlos; in ihrer großen, lähmenden Angst hätte sie alles getan.
Heiner kletterte unbekümmert um Hose und Jacke an einer hochgewachsenen Tanne empor. Er riß sich die Hände blutig am rauhen Stamm, die schlanke Tanne bog sich unter seiner Last, aber der Försterbub hatte noch jeden Baum bezwungen, auf den er klettern wollte, er kam auch hier hinauf. Nur einige Augenblicke spähten seine scharfen Augen über die Wipfel der niedrigen Bäume hinweg, dann sah er, was da heranzog; eine ungeheure Staubwolke, in der blitzte und blinkte es, er sah Pferde und Menschen; es war kein Zweifel mehr, die Feinde kamen. Aber noch waren sie nicht so nahe, noch konnten es die Kinder wagen, über die Straße zu laufen. Heiner sauste so blitzschnell den Stamm hinunter, daß er unten das Gleichgewicht verlor und etwas unsanft auf dem Waldboden ankam.
Pah, die paar Löcher in den Hosen, darum kümmerten sie sich im Augenblick nicht. Sie schnellten beide wie Gummibälle empor und liefen weiter. ›Noch ein Stück, da macht die Straße einen Bogen‹, sagte Heiner im Laufen, ›da kommen wir hinüber.‹ Er hatte Sabinas Hand gefaßt und zog die Freundin mit sich fort.
Nun standen sie am Graben, und es galt, die breite, sonnenbeschienene Landstraße zu überqueren.
Einige Augenblicke zögerten die Kinder. Ihre Herzen schlugen laut, ihre Knie zitterten, und mit bangen Augen sahen sie auf den sonnigen Weg hinaus. Sie hatten beide in ihrem jungen Leben schon zuviel von der Not und dem Jammer des Krieges gehört, um nicht zu wissen, wie groß die Gefahr war, in der sie sich befanden. Heiner legte schützend seinen Arm um Sabina, er fühlte sich verantwortlich für die Freundin. Aber die sonst so ängstliche Kleine war in dieser Stunde wirklich eine Heldin. Sie

dachte nur immer an daheim, und sie hatte das Gefühl, wieder durch das Guckerchen zu sehen, wie der Bruder zu des kranken Großvaters Füßen saß. Sie wußte, wie viele Tränen die Mutter um den fernen Bruder geweint hatte! Sie erinnerte sich noch, wie die Mutter sie einmal in die Arme genommen und mit tränenerstickter Stimme gesagt hatte: ›Laß uns beten, mein Marjellchen, und dem lieben Gott danken, dein Bruder ist gerettet!‹
Sabina umfaßte die Hand des Freundes, und aus ihrem braunen Schlammgesicht schauten ihn ihre Augen zuversichtlich an.
Heiner nickte: ›Komm, wir müssen jetzt schnell hinüber. Bücke dich etwas und renne, so schnell du kannst, ich will zuerst hinaus!‹
Nun waren sie in dem Graben, den sie kaum eine Stunde vorher lachend übersprungen hatten. Diesmal sprangen sie nicht, sie kletterten hindurch, holten noch einmal tief Atem, und los ging es.
War die Straße hell, war die Straße breit!
Die Kinder rasten mit vorgebeugtem Oberkörper hinüber, ihre Füße flogen, aber wie weit schien doch der Wald entfernt zu sein!
Heiner wagte einen einzigen scheuen Blick zur Seite. Dort in der Ferne blitzte es auf, von dort kam etwas schnell heran. Wie ein Ruf klang es, dann hörte man einen Schuß.
Aber da war schon der jenseitige Graben. Heiner sprang hinüber, Sabina kollerte und fiel, der Bub riß sie empor. Nur schnell in den Wald, hinein in das schützende Dunkel!
Keuchend rasten beide vorwärts, sprangen über Baumwurzeln, zwängten sich durch dichtes Gebüsch, unbekümmert, ob Dornen ihre Kleider zerrissen. Feucht und schwer schlug Sabina das schmutzige Kleid um den Körper, aber die Kleine hielt doch mit dem Freund Schritt.
Klangen dort nicht Stimmen? Hörte man nicht Pferdegetrappel? Kam nicht der Lärm näher und näher?

Sie haben uns doch gesehen, dachte Heiner Strohmann voll Angst und griff nach Sabinas Hand. ›Komm, komm, hier müssen wir durch!‹ Sie krochen durch dichtes Buschwerk, dahinter war ein kleiner Kiefernwald, in dem sie leichter vorwärts kamen, und endlich erreichten sie einen schmalen Fußweg. Hier blieben sie aufatmend stehen und lauschten in den Wald hinein. Das Rollen und Stampfen klang schon ferner, es wurde mehr und mehr übertönt von dem Jubilieren und Zwitschern der Vögel.
Aber die Kinder hörten weder auf den Gesang der Vögel, noch achteten sie auf die Blumen, die dort, wo die Sonne in den Wald hineinscheinen konnte, ihre zarten, bunten Kelche geöffnet hatten.
›Wir müssen weiter‹, sagte Heiner rasch, er hatte nur Angst um seine Freundin.
Sabina nickte stumm. Sie fühlte jetzt auf einmal, wie schwer ihr moorgetränktes Kleid war, und der getrocknete Schlamm brannte auf ihrem Gesicht. Dennoch folgte sie mutig dem Freund und rannte mit flinken Füßen auf dem schmalen Weg hinter ihm drein. Sie sprachen beide nicht viel, nur einmal sagte Heiner: ›Jetzt links!‹; dann nach einer Weile: ›Wir kommen noch rechtzeitig!‹
Es war jetzt still geworden, nur ein ganz fernes, leises Grollen hörte man noch. Aber die Kinder rannten in der gleichen Hast weiter, bis auf einmal die Stille wieder gestört wurde und menschliche Laute ertönten. Wie aus einem Munde jauchzten sie beide: ›Wir sind da!‹
Wirklich, nach wenigen Minuten standen sie vor dem Schloß Moorheide, in das Sabina wie ein richtiges Moorfräulein zurückkehrte. Die alte Marinka sah die Kinder zuerst, sie schlug die Hände über dem Kopf zusammen und wollte eine lange Strafrede beginnen, aber zu ihrer grenzenlosen Verwunderung rasten die Kinder einfach in das Haus hinein. Sie liefen die Treppe hinauf, über die Gänge, den gleichen Weg, den sie vor

wenigen Stunden heimlich und leise geschlichen waren. In das Zimmer des Großvaters rannten sie, und dort rief Heiner Strohmann mit seiner hellen Knabenstimme: ›Die Franzosen kommen!‹

Der alte Herr von Hartenstein richtete sich jäh in seinem Stuhl auf und sah die Kinder an, sein Enkeltöchterchen und den Buben, der vor Aufregung bebte. ›Erzähl! Wo?‹ fragte er kurz.

Und Heiner Strohmann erzählte alles ganz kurz und eilig, Sabina sprach atemlos auch noch ein paar Wörtlein dazu, und nach wenigen Augenblicken wußten die Erwachsenen so ziemlich alles.

›Ferdinand‹, stammelte Frau von Hartenstein totenbleich, und der, denn er war wirklich der flüchtige Sohn des Hauses, nahm sein kleines, schmutziges Schwesterlein in den Arm und sagte bewegt: ›O ihr Kinder, ihr tapferen Kinder, du kleines Schwesterchen, du!‹

Die Mutter schlang die Hände fest ineinander, unterdrückte die Tränen und fragte zitternd: ›Was tun wir?‹

›Förster Strohmann muß kommen‹, gebot der Großvater. ›Geh Heiner, wenn du noch laufen kannst, und hol deinen Vater her, und deine Mutter soll sich geschwind rüsten und mit den andern Kindern zu uns kommen.‹

Heiner lief schon, da hörte er noch hinter sich das Wort: ›Ein Prachtbengel!‹ Hei, das fuhr ihm ordentlich in die Beine, er merkte nichts mehr von Müdigkeit, sondern raste den kurzen Weg bis zum Försterhaus hin wie ein Windhund.

Der alte Gutsherr gab inzwischen kurz und bündig seine Befehle, kein Wort zuviel, keines zuwenig. Es war, als sei auf einmal alle Schwäche und Krankheit von ihm gewichen, und seine Gelassenheit beruhigte auch alle Hausgenossen.

Dann kam Förster Strohmann und sprach mit seinem Herrn, und wenige Minuten später zog er mit den beiden Gästen davon. Vorher aber umarmte der Bruder seine kleine Schwester noch einmal. ›Auf Wiedersehen!‹

›Auf Wiedersehen!‹ wiederholte Sabina, die alle Scheu vor dem großen, ihr eigentlich so fremden Bruder verloren hatte. ›Versteck dich, versteck dich gut!‹ bat sie flehend.
Ferdinand von Hartenstein nickte schwermütig. Wirklich, er mußte sich in seiner eigenen Heimat wie ein Verbrecher verbergen, nur weil er sein Vaterland liebte.
Als er ging, sahen ihm Heiner und Sabina nach. Mit Förster Strohmann schritt er in den Wald hinein, und Heiners Augen blitzten. ›In Vaters Obhut sind sie sicher«, sagte er, und gar zu gern wäre er mitgelaufen. Aber da kam seine Mutter mit den drei kleinen Geschwistern, die alle drei geradeso flachsblond und stupsnasig waren wie er selbst. Nun fühlte er sich wieder als Beschützer, und auch Sabina, die sich inzwischen gewaschen und umgezogen hatte und sauber aussah, kam sich den heulenden Försterkindern gegenüber sehr verständig vor. Sie nahm sie mit in die Wohnstube, dort sollten die Kinder bleiben, und dort beschrieben sie und Heiner ihren Weg zu den Füchslein so spannend, daß die Kleinen das Heulen darüber vergaßen.
›Ich glaube immer noch, die Franzosen kommen gar nicht zu uns«, prophezeite Lisabetha, ›den Weg hierher finden die nicht!‹
Aber sie fanden doch den Weg in diese friedliche Waldeinsamkeit. Etwa dreißig Mann, geführt von zwei Offizieren, rückten gegen Abend im Schlosse ein. Sie verlangten in ziemlich barschem Ton den Hausherrn zu sprechen, verlangten von diesem Pferde, Schlachtvieh und Lebensmittel aller Art. Herr von Hartenstein erfüllte schweigend die Wünsche, er wußte, Widerstand würde doch nichts nützen. Wohl betonten die Offiziere, daß sie ja Freunde seien, aber dabei sahen sie so drohend aus, daß die alte Marinka sagte: ›Der liebe Gott schütze uns vor solchen Freunden, davon halte ich nichts, rein gar nichts!‹
Drei Wagen waren beladen, Pferde und Rinder standen zum Abtransport bereit, denn die ungebetenen Gäste wollten noch

am Abend weiterziehen, als plötzlich ein neuer Trupp Soldaten ankam. Der Offizier, der sie führte, war ein hochgewachsener, stattlicher Mann, der den alten Gutsherrn deutsch anredete. Es war einer der vielen Deutschen, die unter des französischen Kaisers Fahne fechten mußten. Höflich, aber streng erklärte er, er habe Befehl, das Haus zu durchsuchen.
›Wonach?‹ fragte der Gutsherr gelassen.
›Nach Ihrem Enkelsohn‹, erklärte der Offizier, ›man hat den Verdacht, daß er sich hier aufhält.‹
›Bitte, suchen Sie‹, sagte Herr von Hartenstein ruhig.
Diese Ruhe verwirrte den Offizier. Forschend sah er die Hausfrau an, aber auch sie, obgleich ihr Herz in heißer Angst um den geliebten Sohn schlug, sagte gelassen.: ›Bitte, suchen Sie!‹
Er ist nicht hier, dachte der Offizier und frohlockte innerlich, denn die Ausführung dieses Auftrages war ihm schwer genug, geworden. Einen Mann suchen und verhaften müssen, der sein Vaterland so treu liebte, wie dieser Ferdinand von Hartenstein es tat, das schien ihm eine harte Aufgabe zu sein. Er mußte aber seine Pflicht erfüllen, und so ließ er denn auch das Haus von oben bis unten durchsuchen. Kein Winkel blieb unbeachtet, kein Kleiderschrank, keine Truhe, kein Bett undurchwühlt, sogar in die Mehlkiste schauten ein paar Soldaten zu Lisabethas Empörung hinein. Aus der Räucherkammer nahmen sie dabei gleich noch die letzten Würste und Speckseiten mit. Gut war es nur, daß sie der Wohnstube bloß einen kurzen Besuch abstatteten; darin gab es keine großen Kisten und Wandschränke, in die hineinzusehen sich lohnte. In die blitzenden, triumphierenden Augen Heiners und Sabinas schauten sie glücklicherweise nicht.
Im Haus fand sich keine Spur des Gesuchten, und von den Dienstboten verriet niemand etwas von den geheimnisvollen Gästen, die so plötzlich verschwunden waren. Auch das Forsthaus wurde durchsucht, der Wald durchstreift, nirgends wurde eine Spur gefunden. Sabina zitterte und bebte, denn sie sah

auch in der Mutter Augen Angst und Sorge. Doch Heiner Strohmann tröstete sie: ›Die werden nicht gefunden, mein Vater hat sie geführt, und da sind sie sicher!‹
Das felsenfeste Vertrauen auf die Klugheit und Treue seines Vaters gab Sabina den Mut zurück. Als sie einer der französischen Offiziere ansprach, da riß sie nicht schreiend aus wie die kleinen Förstermädel, sondern schaute zu dem Fremden so furchtlos auf und antwortete so ruhig, daß Heiner wieder sehr stolz auf seine kleine Freundin war.
Am nächsten Morgen kam Förster Strohmann wieder. Er hatte ein paar Raubtiere geschossen, einen Marder, ein paar Habichte und sogar einen Fuchs. Den französischen Offizieren war das Verschwinden des Försters aufgefallen. Wo war er? Warum weilte seine Familie im Herrenhaus?
Als aber nun der Mann so schwerbeladen und jagdmüde heimkam und die unwillkommenen Gäste recht erstaunt und unwillig zu betrachten schien, schwand ihr Mißtrauen, und sie gaben das Suchen nach dem Flüchtling endgültig auf.
Am Nachmittag zogen die Soldaten ab. In den Ställen fehlten Pferde und Rinder, die Vorratskammern waren leer geworden, und mancher Bauer im Dorf dachte sorgenvoll an kommende Zeiten. Hunger und Not würden nun wieder ihren Einzug halten. Diese Sorgen berührten Sabina und Heiner nicht, sie dachten nur an Ferdinand und seinen Freund. Waren sie noch in der Nähe, im Wald verborgen, wie Heiner meinte, oder waren sie schon wieder in ein fremdes Land geflüchtet?
Einmal fragte Sabina die Mutter; da strich ihr diese sacht über die Locken und sagte seufzend: ›Wir wollen hoffen, mein Kind, daß alles gut wird. Noch ist dein Bruder nicht ganz in Sicherheit.‹
Es vergingen einige Tage. In der Umgebung war es wieder ruhig geworden. An einem schönen Sommermorgen weckte Frau von Hartenstein Sabina mit der Frage: ›Wollen wir heute zusammen eine große Waldwanderung unternehmen?‹

Das Mädchen sprang geschwind mit beiden Beinen aus dem Bett. ›Zu Ferdinand?‹ fragte es ahnungsvoll und voll Hoffnung. Die Mutter nickte, sie forderte aber Stillschweigen, denn nur der Großvater und Marinka wußten etwas davon. Sie mahnte ihr Mädchen zur Eile. Eine Weile später stand Sabina erhitzt und aufgeregt vor dem Großvater, der sagte herzlich: ›Grüß deinen Bruder, Kind, bringe ihm meinen Segen.‹ Und leiser, fast zu sich selbst sprechend, fügte der alte Mann hinzu: ›Ich wollte, es dächten viele so und liebten ihr Vaterland so wie er, wären so treu in den Tagen der Not!‹ Sabina machten diese Worte des Großvaters glücklich.
Frau von Hartenstein trug einen Korb mit Eßwaren, und auch Sabina hatte einen zu tragen bekommen. Still bogen Mutter und Tochter gleich dicht am Haus in einen schmalen Waldweg ein, nicht jenen, den die Kinder vor wenigen Tagen gelaufen waren. Kaum waren die beiden ein Stück Weges gegangen, als ein lautes Hallo sie grüßte. Da stand Förster Strohmann mit Heiner, und der Bub schrie seiner kleinen Freundin entgegen: ›Wir gehen auch mit!‹
Sabina hätte sich nicht gefürchtet, mit der Mutter allein zu gehen, sie fand es aber doch beruhigend, unter Förster Strohmanns Schutz zu stehen. Bald bogen die vier Wanderer von dem Weg ab, und es ging nun pfadlos quer durch den Wald. Nur jemand, der sehr gut im Wald Bescheid wußte, konnte so zielstrebig und sicher, ohne sich nur einmal zu irren, mitten hindurchgehen.
Die vier Wanderer schritten kräftig aus. Nach etwa zwei Stunden hörte der Hochwald auf, es gab nur noch niedriges Gebüsch und Gestrüpp, der Bruch, das Sumpfland; über all dem stand hell und golden die Sonne. Hier mußte man vorsichtig gehen, denn es gab tiefe Moorlöcher, in die ein Unkundiger leicht versinken konnte, da man sie unter der schimmernden grünen Moosdecke nicht bemerkte. Förster Strohmann führte die kleine Gesellschaft am Rande des Moors entlang, und als

Heiner, froh über seine Ortskenntnis, sagte: ›Hier geht es zu dem Torfstich‹, nickte der Vater und wies nach einer Stelle. Dort arbeiteten zwei Männer. Sie stachen aus dem schwarzen Boden etwa backsteingroße Stücke aus und schichteten sie zum Trocknen übereinander. Mit diesem trockenen Torf wurden nachher im Winter die Öfen geheizt. An der Arbeitsstelle war eine kleine Holzhütte, daneben brannte ein Feuerchen. Sabina wunderte sich, daß es die Mutter auf einmal so eilig hatte, und plötzlich begann sie sogar zu winken; der eine der Männer ließ seine Schaufel fallen und kam in großen Sätzen angelaufen – es war Ferdinand.

Heiner und Sabina hatten gemeint, sie würden die Flüchtlinge tief im Wald geheimnisvoll verborgen finden, nun standen beide im hellen Sonnenlicht da; ach – und wie sahen sie aus! Mit Moor beschmiert von oben bis unten. Selbst die Mutter schaute den Sohn erstaunt an. Der war wirklich von einem echten Torfstecher nicht zu unterscheiden, auch sein Freund nicht, der nun gleichfalls herankam. Die beiden Männer lachten fröhlich, und Ferdinand nahm Sabinas beide Hände und sagte schelmisch: ›Weißt du auch, kleine Schwester, daß dein Moorkleid neulich unsern guten Strohmann auf den Gedanken gebracht hat, uns hier einfach als Torfarbeiter einzustellen, weil wir da am sichersten wären? Unter dieser Verkleidung sucht uns niemand.‹

›Und geschafft haben die Herren, alle Achtung!‹ rief Förster Strohmann und schaute zufrieden auf die großen Haufen aufgeschichteter Torfstücke. ›Das nenne ich arbeiten!‹

›Will's auch meinen‹, sagte Ferdinands Freund stolz. Er erzählte noch, daß ein paar französische Soldaten auch am Torfstich vorbeigekommen seien und nach dem nächsten Weg zur Landstraße gefragt hätten. Sie hätten aber weder ihn noch den Freund richtig angesehen.

Ein paar Stunden blieb Frau von Hartenstein mit den Kindern bei den jungen Männern, dann mußte sie Abschied nehmen.

›Und was hast du nun vor?‹ fragte sie den Sohn traurig.
›Wir bleiben hier.‹ Er nickte seinem Freund zu. ›Ein paar Wochen wollen wir noch Torfarbeiter sein, später finden wir schon einen Weg zur Flucht.‹
›Komm doch mit uns heim!‹ flehte Sabina. ›Es sind doch gar keine Feinde mehr da!‹
Aber der Bruder schüttelte den Kopf. ›Es kommen aber noch Abteilungen nach, es ist zu gefährlich.‹
Der Abschied wurde allen schwer; die Kinder versprachen eifrig, sie würden bald wiederkommen, und sie nahmen sich dies auch fest vor.
Doch Tag um Tag verging, aus den Tagen wurden Wochen, Förster Strohmann führte die Kinder nicht mehr ins Moor hinaus.
Aber manchmal hörte Sabina in der Nacht in Großvaters Zimmer sprechen. Einmal kam Ferdinand auch an ihr Bett und küßte die kleine Schwester; da wußte sie, er kam zu nächtlichen Besuchen. Am Tag konnte er nicht kommen, denn immer noch zogen Truppen auf der Landstraße dahin, immer wieder suchten Franzosen das einsame Schloß heim.
Der Sommer verging, der Herbst kam heran. Er brachte klare, helle Tage, aber auch frühe Kälte. Die Wetterkundigen sagten einen harten Winter voraus, und oft sah Sabina in diesen ersten kalten Tagen die Mutter traurig hinausschauen. Der Bruder war immer noch in der kleinen Hütte am Moor.
Sie wagte es endlich, die Mutter zu fragen. ›Der Großvater ist sehr krank, darum will dein Bruder das Land nicht verlassen. Er ist noch im Moor, und sein Freund hält bei ihm aus.‹
Sabina und Heiner redeten oft von den beiden Freunden im Moor. Sie konnten es gar nicht begreifen, warum die nicht doch irgendwo versteckt im Hause untergebracht wurden. Aber da kamen wieder unerwartet ein paar Offiziere von der nahen Festung, und die Kinder merkten nun doch, daß der Bruder recht hatte, wenn er sich weiter verborgen hielt.

Weihnachten rückte näher, aber in diesem Jahr gab es keinen Weihnachtsjubel und keine Weihnachtsfreude. Es gab viel Armut und Not im Land, und immer heißer brannte die Sehnsucht, das Joch der Fremdherrschaft abzuschütteln, in den Herzen der Deutschen. Dazu kam für Frau von Hartenstein noch die Sorge um den Schwiegervater. Seine Krankheit hatte sich verschlimmert, und wer in das bleiche, abgezehrte Gesicht sah, ahnte wohl, daß der Tod bald in Schloß Moorheide Einzug halten würde.
Es war am letzten Adventsonntag. Es brannten nicht wie sonst vier Adventlichter, und die Mutter erzählte Sabina keine Weihnachtsgeschichten. Sie saßen alle beieinander im Krankenzimmer, lauschten auf des Großvaters matte Atemzüge, und Heiner saß dabei, als müßte das so sein. Eigentlich hätte er zu Hause Mutter und Geschwister beschützen sollen, denn seit mehreren Tagen war sein Vater fort. Niemand ahnte wohin, selbst Frau von Hartenstein schien es diesmal nicht zu wissen, sie hatte schon etliche Male gefragt: ›Wo mag nur der Förster sein?‹
Die alte Kastenuhr an der Wand tickte laut und schwer, kein Laut unterbrach sonst die Stille.
Doch plötzlich schlugen auf dem Hof die Hunde an, kurz und scharf; sie schwiegen gleich wieder, sie mußten den Menschen kennen, der kam.
›Ferdinand!‹ Der Kranke richtete sich plötzlich im Bett auf, laut und froh klang seine Stimme.
›Ferdinand ist nicht hier‹, sagte Frau von Hartenstein. Doch sie hatte noch nicht ausgesprochen, da erklangen draußen Schritte, und über die Schwelle traten wirklich die beiden Freunde und Förster Strohmann.
›Ferdinand, was bringst du?‹
Der Großvater sah seinen Enkel fragend an, der mit einem Jubelruf an dem Bett niedersank. ›Großvater‹, stammelte Ferdinand, ›das französische Heer ist in Rußland vernichtet worden,

Napoleon ist nach Frankreich entflohen.‹
›Das bedeutet die Freiheit für uns!‹ Der alte Mann sagte es laut und feierlich. Er legte die Hand auf den Scheitel des Enkels. ›Gott segne dich für diese Botschaft! – Nun erzähle!‹
Und Ferdinand berichtete. Mit seinem Freund und dem Förster war er in Rußland gewesen, dort hatten sie von dem Untergang des napoleonischen Heeres auf den Schneefeldern Rußlands erfahren. Mit ihren eigenen Augen hatten sie die Jammergestalten der wenigen Heimkehrenden gesehen.
Napoleons Heer vernichtet! Vielleicht schlug nun auch für Deutschland die Stunde der Befreiung!
Der Großvater lag still mit gefalteten Händen da, und die Mutter flüsterte: ›Er stirbt!‹
Aber wunderbarerweise ging es ihm von dieser Stunde an besser. ›Mein Gott läßt mich noch so lange leben, bis mein Vaterland frei ist‹, sagte er freudig.
So war es auch. Das neue Jahr brachte die Freiheit. Bei Leipzig kämpfte Ferdinand von Hartenstein für diese Freiheit wie Tausende mit ihm.
Er wurde zwar schwer verwundet und war lange krank; aber als die Adventglocken wieder läuteten und zum vierten Male mahnten, an das hohe Fest der Liebe zu denken, kehrte Ferdinand heim. Der Großvater lebte nur noch wenige Tage. Er schlief friedlich ein mit dem Bewußtsein, daß sein geliebtes Deutschland frei war von fremder Herrschaft.«

Frau Frey schwieg, und eine Weile blieb es still im Zimmer. Endlich tat Frau Besenmüller einen tiefen Atemzug und sagte feierlich: »Gott behüte uns vor solchen Zeiten!«
»Ja, Gott erhalte uns den Frieden«, sagte der junge Lehrer. Aber das hörten nur seine Mutter und Besenmüller. Regine hatte ein Lied angestimmt:

»Es gibt nichts Schönres auf der Welt,
als wenn das Christkind Einzug hält
ins Haus, ins liebe Vaterhaus,
trotz Sturmgetön und Wetterbraus.
Es kommt so still in heil'ger Nacht
durch Schneeflock und Eises Pracht.
Begleiter ist der Weihnachtsmann,
der trägt, was er nur tragen kann.
Wen's Kindlein noch so arm und klein,
das Christkindlein gedenket sein:
Im Hüttlein klein, im reichen Haus
teilt es die Liebesgaben aus.
Drum gibt's nichts Schönres auf der Welt,
als wenn das Christkind Einzug hält.«

»Und nun geht's heim!« Frau Frey sagte es, als das Lied verklungen war. Ein paar Minuten später liefen die Kinder jauchzend die Dorfstraße entlang, und Frau Besenmüller räumte auf. Sie brummte dabei nicht wie sonst, sondern sagte vergnügt: »Schön war's, sehr schön!«

Zwei Buben und eine große Dummheit

Eines Tages wusch Frau Besenmüller siebenundsechzig Paar rosarote und himmelblaue Strümpfe und hing sie vor dem Schulhaus zum Trocknen auf. Alle diese Pracht hatte Besenmüller gestrickt, und nun hatte ihn Frau Frey gefragt, ob sie etwas davon bekommen und an eine alte Freundin schicken dürfe, die in der Wohlfahrtspflege tätig war und dabei viele bedürftige, insbesondere alte Leute zu betreuen hatte. Schon oft hatte die Dame feststellen müssen, daß es den Leuten vielfach an guten Wollstrümpfen fehlte. Besenmüllers hatten sich bereit

erklärt, ihr den gesamten Vorrat zu diesem Zweck zu überlassen und, hilfsbereit wie sie waren, wollten sie nicht einmal ihre Auslagen für die Wolle ersetzt haben. Doch die Kostenfrage wurde dann doch zur allgemeinen Zufriedenheit von der Wohlfahrtspflege in der Stadt geregelt.
»Es ist trotzdem ein wirklich gutes Werk, das sie mit der Überlassung so vieler Strümpfe tun«, sagte Frau Frey freundlich, »was meinen Sie, was meine Freundin für Augen machen wird, wenn sie den ganzen Vorrat bekommt!«
So hatte Frau Besenmüller die Strümpfe noch einmal gewaschen, sie fürchtete, sie könnten abfärben, und rote und blaue Beine sollten die Leute nun doch nicht von den Strümpfen bekommen. »Sie werden sowieso nicht gerade begeistert sein über die bunten Strümpfe«, meinte sie und überschaute die stattliche Reihe.
»Ach was, Lydia«, tröstete sie ihr Mann, »ob ein rotes oder ein blaues Bein im Schuh steckt, ist doch gleich, wenn die Strümpfe nur recht warm sind! Das ist die Hauptsache.«
»Du hast immer recht«, sagte seine Frau. Sie schaute dabei befriedigt auf die bunte Pracht. Wie ein farbenfreudiger Festschmuck sahen die auf den Trockenseilen hängenden bunten Strümpfe aus. »Hundertvierunddreißig sind es!« rief sie stolz. »Na, die in der Stadt werden staunen, daß es so viele gibt!«
»Hundertdreißig!« brummte Schwetzers Fritz von der Tür her, der dort saß und auf Frau Frey wartete und inzwischen die Strümpfe gezählt hatte.
»Hundertvierunddreißig, du Naseweis!« rief Frau Besenmüller ärgerlich, »was ich weiß, das weiß ich.«
»Nein, hundertdreißig«, sagte Fritz.
Traugotts Hanne ging gerade vorbei, und Frau Besenmüller rief ihr zu: »Hanne, wieviel Strümpfe hängen hier?«
Hanne zählte stöhnend.
»Hundertachtzehn!« rief sie.
»Hundertdreißig«, brummte Fritz.

»Hundertvierunddreißig!« schrie Frau Besenmüller.
»Hundertdreiundfünfzig!« Hinzpeters Malchen war noch dazugekommen und hatte auch mitgezählt.
»Hundertdreißig!« rief nun auch Besenmüller selbst. »Fritz hat recht!«
»Hundertvierunddreißig!« Frau Lydia wurde rot wie ein Krebs vor Ärger. »Unsere alte Frau Lehrer hat sie vorhin auch gezählt, und die kann's bestimmt.«
Zur rechten Zeit, so fanden alle, kehrte da gerade Frau Frey heim. Die zählte noch einmal und noch einmal, es waren und blieben nur hundertdreißig Strümpfe, vier fehlten, denn auch Frau Frey sagte, vorhin seien es hundertvierunddreißig gewesen.
»Die sind weggeflogen«, sagte Hanne und sah sich um.
»Da müßtest du den Wind in deinem Korb mitgebracht haben«, spottete Besenmüller. Es wehte wirklich kein Lüftchen. Der Tag war warm und schön, es hätte ein Hochsommertag sein können. Man merkte kaum, daß es schon Herbst war.
»Die hat jemand gestohlen!« rief Frau Besenmüller.
»Ach was, ich hab' doch allweil hier gesessen!« sagte ihr Mann und schüttelte den Kopf. Wer sollte wohl in Steinach Strümpfe von der Leine wegnehmen? Solche Diebstähle mochten vielleicht in großen Städten vorkommen, in Steinach nicht.
»Aber es waren doch hundertvierunddreißig«, sagte Frau Besenmüller jammernd, als Frau Frey einwarf, sie selbst könnte sich ja auch verzählt haben.
»Zählen, das kann ich, schreiben und lesen weniger, aber zählen sehr gut. Und hundertvierunddreißig waren es«, behauptete wieder Frau Besenmüller.
Dabei blieb sie auch, aber so oft sie es auch wiederholte, die fehlenden Strümpfe kamen nicht wieder, und es wußte ihr auch niemand zu sagen, wohin sie gekommen waren.
Vier Strümpfe waren plötzlich spurlos verschwunden, das war doch schon sonderbar, viel sonderbarer aber war es, daß am

hellen Tag zwei Buben aus dem Dorf verschwinden konnten, als hätte sie die Erde verschluckt.
Am Abend dieses schönen Herbsttages sagte Arne Webers Mutter ärgerlich: „Der Junge ist noch nicht heimgekommen, seit Mittag sitzt er nun anscheinend bei Knöpfles."
Knöpfles Haus lag am andern Dorfende, man hatte sechs Minuten bis dahin zu gehen, und in Steinach nannten sie das einen weiten Weg. Frau Weber schickte daher auch niemand zu Knöpfles; kam Arne gar nicht heim, so schlief er wohl im Knöpfle-Haus.
Um die gleiche Stunde sagte dies auch Frau Knöpfle. Auch sie war ärgerlich, daß ihr Jakobus seit Mittag anscheinend bei Webers war, denn dahin hatte er gehen wollen.
In dieser Zeit der Herbstarbeiten hatten die Mütter in Haus und Garten viel zu tun, um den Obstsegen zu ernten, der in diesem Jahr besonders reichlich war, und um die Kinder, zumal die größeren, konnten sie sich nicht viel kümmern. Erst am nächsten Morgen, nachdem die meiste Arbeit im Haus getan war, lief von Webers zu Knöpfles und von Knöpfles zu Webers je eine Magd, die fehlenden Buben heimzuholen. Aber Arne war nicht bei Knöpfles und Jackenknöpfle nicht bei Webers. Die Mägde kamen mit viel Geschrei zurück.
Vielleicht waren sie bei Zimplichs, vielleicht bei der kleinen Krämersfrau Langbein, vielleicht da, vielleicht dort? Erst war es ein Fragen ohne Sorgen, aber als der Tag weiter vorschritt und immer mehr Leute im Dorf erklärten, sie hätten die Buben nirgends gesehen, da wurden die Mütter ängstlich. Wo waren sie nur? Vielleicht auf dem Schafskopf, dachte Bauer Weber, aber er sagte nichts davon, welche riesengroße Angst in ihm aufstieg, die beiden könnten vielleicht da oben in dem eingestürzten alten Gemäuer verschüttet worden sein.
Er stieg selbst hinauf mit seinem alten Knecht, so schnell er konnte, andere Leute folgten, aber auch dort oben war keine Spur von den beiden verschwundenen Jungen. Nicht einmal

eine frische Fußspur war zu sehen. Die Hagebutten glänzten rot wie vor einem Jahr, als Heinrich Frey zum erstenmal auf dem Berg gewesen war. Waren die Buben in den Wald gelaufen und hatten sich dort verirrt? Es glaubt eigentlich niemand recht daran, immerhin begann man im Wald zu suchen. Der Förster war nicht da, nur der alte Waldhüter Michael, und der hatte an diesem Tag keine Buben im Walde gesehen.
Unten im Dorf vergaßen die Leute ihre Arbeit. Je weiter der Tag vorschritt, desto unheimlicher erschien ihnen das Verschwinden der beiden Buben. Frau Besenmüller sagte wieder zu ihrem Mann: »Wenn auf einmal zwei Buben und vier Strümpfe verschwinden, dann hängt das irgendwie zusammen.«
»Hm« – Besenmüller sah nachdenklich auf seinen Strumpf, den er gerade strickte. »Die haben sicher irgendeine Dummheit vor, die ihnen ungemein gescheit vorkommt.«
Ein tiefer Seufzer von Fritz, der an der Tür stand, war zu hören. Besenmüller sah den Jungen durchdringend an. »Heda, mein Freund, du weißt anscheinend etwas! 'raus mit der Sprache!«
Das ging nun freilich nicht so flink, und Frau Besenmüller tat das Vernünftigste, was sie tun konnte, sie holte Frau Frey. Die fragte so liebevoll, daß nach etlichen schweren Seufzern Fritz endlich Antwort gab.
»Die sind in die Stadt.«
»Was wollen sie denn dort?« rief Frau Besenmüller erstaunt. Die Steinacher Kinder liebten die Stadt nicht sonderlich. »Einfach nur so in die Stadt, hast du nicht gesehen? Und was haben sie dort vor?«
»Die wollen sich nach unserem jungen Lehrer erkundigen«, druckste Fritz. Jetzt war auch Frau Frey sprachlos. In der Stadt erkundigen? Ja, was in aller Welt hatten die Buben da ausgebrütet?
Fritz heulte auf einmal laut los. Es tat ihm plötzlich bitter leid, daß er nicht mitgegangen war. Arne hatte nämlich erst ihn gefragt, ob er mitwolle. Sie wollten sich in der Hauptstadt beim Rundfunk,

beim »Sender«, wie Arne sagte, melden und dort ins Mikrophon sprechen, damit es ihr Lehrer in Asien hören konnte. Er hatte ihnen, ehe er fortging, erzählt, daß sie die Nachrichten aus der Heimat immer durch ihr Empfangsgerät hören könnten. Welche Freude würde es da für ihn sein, so ganz unverhofft die Stimmen der Buben aus Steinach und die neuesten Nachrichten aus der Heimat zu hören! Und wie würde man sie deshalb bewundern, wenn sie von ihrer Heldentat in Steinach erzählen konnten! Fritz war nur deshalb nicht mitgefahren, weil er wußte, daß er seinen Mund nie aufbrachte, wenn es drauf ankam. Arne aber, dessen Mund wie eine Klappermühle ging, und auch Jackenknöpfle, krähten bestimmt tüchtig drauflos. Sie hatten niemand etwas von ihrem Vorhaben erzählt, weil sie ja die Schule versäumen mußten, aber wenn sie mit ihrer Neuigkeit nach Hause kämen, würde ihre Tat nur bestaunt werden, und Vater Hiller würde sie ganz sicher loben.

»Gut, dann kriegen wir sie bald«, tröstete der Pfarrer, als er das hörte. »Irgendwo werden sie eines Tages hungrig und verzagt aufgefunden und nach Steinach zurückbefördert werden.«

Nun rief es durch die Drähte ins Land hinaus: »Von Steinach haben zwei Buben in die Stadt zum Rundfunksender gewollt, sie werden seitdem vermißt. Wer sie gesehen oder etwas von ihnen gehört hat, melde es an den Bürgermeister des Ortes.« Der Bahnvorsteher in Steinach hatte die beiden nicht gesehen, aber in Rotenberg, dem nächsten Ort an der Bahn, hatten sich an dem Tag zwei Buben Fahrkarten nach der Hauptstadt gelöst.

»Verlorengegangen sind die beiden nicht«, tröstete jetzt auch Frau Frey die verstörten Mütter, und der Pfarrer und Herr Weber fuhren selbst in die Hauptstadt. Und richtig, schon am andern Tag erschienen sie wieder in Steinach und brachten die beiden Ausreißer zurück. Das ganze Dorf atmete auf. Nun aber mußten Arne und Jackenknöpfle erzählen, aber es waren durchaus keine Heldentaten, die sie zu berichten hatten.

Bis in die Hauptstadt waren sie also mit der Bahn gefahren,

und dann hatten sie sich zum Sendehaus durchgefragt. Soweit hatte alles ganz gut geklappt, obwohl sie die Stadt viel größer fanden, als sie angenommen hatten, so daß sie sich nur schwer zurechtfinden konnten. Sie waren also schon bald müde, hungrig und verzagt gewesen, aber Arne hatte sich doch noch weiter durchgefragt. Und schließlich war es ihm gelungen, einen »Sender« ausfindig zu machen.
»Einen Sender?« fragte Frau Frey etwas verständnislos. Arne wurde verlegen.
»Einen Mann, der senden kann!« erklärte er. »Er hieß sogar Funk, Hans Funk, und er war sehr freundlich, nicht wahr, Jakkenknöpfle? Und er nahm uns mit in den Senderaum hinein, und da...«
»Da? Na los, warum erzählst du denn nicht weiter?« fragte sein Vater verschmitzt lächelnd. »Jetzt kommt doch wohl die Hauptsache!«
Ach ja, jetzt kam es. Arne stockte, als wäre er Schwetzers Fritz und könnte nicht mehr reden. Und auch Jakobus hatte einen roten Kopf und mochte niemand ansehen.
Herr Funk hatte die Bubern wirklich mit in ein Zimmer genommen und ausgefragt. Als er nach langem Fragen endlich verstand, was sie wollten, und daß sie zu diesem Zweck in Steinach durchgebrannt waren, hatte er sie zuerst gleich wieder heimschicken wollen, sich dann aber die Sache anders überlegt.
»Gut«, hatte er gesagt, »wir machen jetzt eine Aufnahme. Ihr könnt dann nachher selbst von der Platte abhören, was ihr gesagt habt. Einverstanden?«
Die Buben machten große Augen. So leicht ging das also? Sie wurden in ein anderes Zimmer geführt, wo auf einem Tisch merkwürdige Instrumente standen, eins sah fast aus wie ein Grammophon. Herr Funk ließ es anlaufen und sagte dann:
»So, meine Herren, jetzt Achtung Aufnahme!«
Ja, und da standen die beiden Steinacher nun und hatten rote Köpfe und wußten nicht, was sie sagen sollten. Arne stotterte

einmal »Herr Lehrer – Herr Frey –«, verhaspelte sich aber sofort und konnte nicht mehr weitersprechen. Jackenknöpfle stand dabei und verwünschte schon lange Arne und seine Idee, ihre Fahrt und die ganze Hauptstadt. Als ihn Arne puffte, damit er jetzt sprechen sollte, heulte er einfach los. Ja, so war es gewesen.
»Und weiter?« fragte Besenmüller. Um seinen Mund zuckte es bedenklich. Widerstrebend berichteten nun die Buben weiter, sie waren jetzt beinah noch verlegener und schweigsamer als vor dem Mikrophon. Der Pfarrer und Herr Weber halfen nach.
Ja, da hatte also Herr Funk schließlich den Apparat abgedreht und gesagt:
»So, ihr beiden Ausreißer, nun sollt ihr mal hören, was ihr alles verzapft habt!« Er hatte dabei auf einen anderen Knopf gedrückt. Da hatte sich eine Scheibe gedreht, und dann hatten die beiden Buben sich selbst gehört, und zwar Arnes Gestammel und Jackenknöpfles Geheule – und sie konnten sich nur beglückwünschen, daß *das* nicht über den Sender lief, weder durch Deutschland noch nach Tibet.
»Dann hat sie Herr Funk nach Hause geschickt – mit einem schönen Gruß an ihren Lehrer«, schloß der Bauer Weber grimmig seinen Bericht. »Das hat er allerdings nicht gewußt, daß die beiden für die Rückfahrt nach Steinach kein Geld mehr hatten. Und da haben sie schließlich auf dem Bahnhof gesessen und geheult. So eine Heldentat hat man in Steinach noch nie erlebt«, meinte zum Schluß Arne Webers Vater und legte den Arm um die Schulter seines Jungen. »So, jetzt kommt beide mit heim.«
Arne und Jackenknöpfle wären am liebsten am nächsten Tag nicht in die Schule und acht Tage überhaupt nicht auf die Dorfstraße gegangen. Überall wurden sie gehänselt, und mindestens ein Vierteljahr lang riefen die Steinacher Kinder noch, wenn sie sich sehen ließen: »Arne Funk« und »Sender-Knöpfle«. Aber ihre Mütter kochten ihnen doch am Abend ihrer Rückkehr etwas recht Gutes, weil sie froh waren, daß die Ver-

mißten gesund und wieder da waren. Ein geheimes Nachspiel hatte die Sache am nächsten Sonntag auch noch. Frau Frey hatte absichtlich so lange gewartet, damit es nicht allzu sehr auffiel. Am Sonntag aber schickte sie Fritz fort, die beiden Buben zu holen, und als sie in die Stube der alten Frau Lehrer kamen, wurden ihre Augen rund und glänzend. Frau Frey hatte einen dicken Kuchen gebacken und Schokolade gekocht, und es war für vier gedeckt. Sie setzte sich selbst zu ihren jungen Gästen und hielt mit.
»Ihr habt es doch nur gut gemeint mit meinem Sohn«, sagte sie einmal und sah die beiden sehr, sehr liebevoll an. Aber gerade, als diese sich nun endlich doch noch ein bißchen als Helden fühlten, schoß jemand zur Tür herein, sogar ohne anzuklopfen: die Besenmüllerin. Sie hatte bisher gewartet, aber nun –
»Meine Strümpfe! Wo habt ihr meine Strümpfe gelassen!« zeterte sie.
Die Buben wurden feuerrot, sie wären jetzt lieber wieder auf dem Bahnhof der Hauptstadt gesessen, ohne Kuchen und Schlagsahne, außerhalb der Reichtweite dieser schimpfenden Frau Besenmüller. Schließlich gestand Arne. Ja, jeder hätte sich ein Paar von der Leine genommen. Barfuß konnten sie doch nicht gut in die Hauptstadt fahren, und ihre eigenen Strümpfe hielten die Mütter unter sicherem Verschluß, bis es kälter würde. Ihre Schuhe waren für sie erreichbar, die hatten sie angezogen, und die Strümpfe hatten sie ja nur leihen und bestimmt wiederbringen wollen, und sie seien auch nicht zerrissen, darum...
»Darum lirumlarum! Setzt euch auf den Schafskopf! Da paßt ihr hin, ihr Schafsköpfe!« schrie Frau Besenmüller erbost. »Nein, so was, meine schönen, sauber gewaschenen Strümpfe! Und gestimmt hat's doch, hundertvierunddreißig. Ja, zählen, das kann ich! Und gesagt hab' ich's auch gleich, wenn zwei Buben und vier Strümpfe gleichzeitig verschwinden, dann hängt das irgendwie zusammen.«